KB0208068

위대한 파괴자들
★ROCKIN'★
★THE BOAT★

ROCKIN' THE BOAT: 50 ICONIC REVOLUTIONARIES
Copyright © 2014 by Jeff Fleischer
All rights reserved.
Published by Zest Books LLC arrangement with Rights People, London.

Korean language edition © 2019 by WILLCOMPANY
Korean translation rights arranged with Zest Books LLC c/o Rights People through
EntersKorea Co., Ltd., Seoul, Korea.

이 책의 한국어판 저작권은 (주)엔터스코리아를 통해 저작권자와 독점 계약한 윌컴퍼니에 있습니다 .
저작권법에 의하여 한국 내에서 보호를 받는 저작물이므로 무단전재와 무단복제를 금합니다 .

위대한 파괴자들
세상에 도전한 50인의 혁명가

펴낸날 ǀ 2019년 1월 7일
지은이 ǀ 제프 플라이서
옮긴이 ǀ 박은영
펴낸곳 ǀ 윌컴퍼니
펴낸이 ǀ 김화수
출판등록 ǀ 제300-2011-71호
주소 ǀ (03174) 서울시 종로구 사직로8길 34, 1203호
전화 ǀ 02-725-9597
팩스 ǀ 02-725-0312
이메일 ǀ willcompanybook@naver.com
ISBN ǀ 979-11-85676-52-4 03900

이 도서의 국립중앙도서관 출판예정도서목록(CIP)은 서지정보유통지원시스템 홈페이지
(http://seoji.nl.go.kr)와 국가자료공동목록시스템(http://www.nl.go.kr/kolisnet)에서
이용하실 수 있습니다.(CIP제어번호: CIP2018041438)

위대한 파괴자들

제프 플라이셔 지음 | 박은영 옮김

세상에 도전한 50인의 혁명가

WILLCOMPANY

━━━━

아직은 매일같이 인터넷이나 케이블에 접속하지 않던 어린 시절, 중요한 뉴스를 처음으로 접할 수 있었던 곳은 TV였다. 중요한 뉴스라는 건 채널마다 방영하고 있던 프로그램을 중단하고서 내보냈다는 뜻이다. 그 무렵, 주말에 정규 방송을 보고 있는데 갑자기 넬슨 만델라에 관한 뉴스가 나왔다. 남아프리카의 혁명가로서, 당시 내가 살아온 전 생애의 두 배가 넘는 세월 동안 감옥에 갇혀 있던 만델라가 마침내 자유의 몸이 된 순간이었다. 만델라가 아파르트헤이트에 대항해 투쟁한 것에 대해서는 학교에서도 배웠고, 잡지에서도 읽었으며, 노래를 통해서도 배웠다. 그가 석방되기 훨씬 전부터 나는 그를 존경하고 있었고, 이후로도 그가 세상을 떠날 때까지 그의 여정이 어떻게 역사를 변화시켜 나가는지 지켜보았다(만델라는 내가 이 책을 쓰기 불과 몇 달 전에 세상을 떠났다). 그는 한 인간이 더 나은 역사를 만들어나갈 수 있다는 것을 나 같은 어린아이에게 실시간으로 똑똑히 보여준 인물이었다.

　이 책에 소개된 인물들 모두가 만델라만큼 훌륭한가에 대해서는 이견이 있을 수 있지만, 그들 모두가 자신의 시대에 중요한 혁명가였던 것은 분명하다. 이들은 한결같이 역사에 기록될 만큼 숱한 사람들의 지지를 얻었으며, 권력에 맞서거나 밖으로부터의 침입을 막아내고, 소수자들 또는 가난한 이들을 위해 싸웠다.

짐작하겠지만 딱 50명의 혁명가를 추리는 것은 쉬운 일이 아니었다. 4천여 년 전, 세계 최초로 강력한 제국을 이루었던 아시리아만 해도 쉴 새 없이 봉기가 일어났는데, 이 한 나라에서 일어난 혁명적 사건만 해도 셀 수 없이 많으니 말이다.

인물의 선정 방식은 몇 가지 방법으로 추려졌다. 첫째, 혁명가라는 이름을 붙이는데 분야를 가리는 것이 온당하지는 않지만, 여기서는 조국의 위정자 또는 지도자들에게 영향을 미침으로써 큰 변화를 이끌어내거나, 인간을 대하는 태도에 변화를 일으킨 인물들을 가려 뽑았다. 따라서 알베르트 아인슈타인이나 밥 딜런, 레오나르도 다빈치는 여기에 속하지 않는다. 둘째, 역사의 수많은 혁명에는 분명한 지도자가 없거나 우리에게 거의 알려지지 않은 지도자들이 많았다는 점을 염두에 두었다. 자료에 남겨진 혁명의 지도자는 의외로 적다는 것이다. 셋째, 서로 행적이 비슷하게 겹친다는 이유로 제외하는 일은 하지 않았는데, 그러다 보면 중요한 것을 놓치기 쉽기 때문이었다.

분명히 해 둘 것은 이 책이 '톱 50인'이나 다른 어떤 종류의 순위 매기기를 하는 책이 아니라는 것이다. 인물들을 연대순으로 배치한 것도 그런 이유에서다. 각 인물의 간략한 인생 스토리와 업적을 소개하면서 보너스 정보도 함께 실었다. 앞에서부터 순서대로 읽어도 되고, 건너뛰어 읽어도 되며, 먼저 볼 인물과 나중에 볼 인물을 나눠 읽어도 상관없다.

인물들을 한 권에 담아내는 이 재미있는 작업을 통해, 나는 이 모든 이야기들을 다시 훑어볼 기회를 누릴 수 있었다(짐작하듯이 어린 시절부터 나는 역사에 빠져 지냈다). 책을 쓰기에 앞서 대학 강의 노트에서부터 백과사전까지 잡히는 대로 읽어댔으며, 그리스의 역사가 리비^{Livy}가 쓴 포에니 전쟁의 역사나 노예제에 대항해 봉기한 냇 터너$^{Nat\ Turner}$의 구술 자서전 등을 읽고 또 읽었다. 또한 관련 자료를 찾기 위해 신문 기사를 검색하여 오래전에 세상을 떠난 이들의 영향이 지금도 여전히 역사를 만들어가고 있다는 것을 밝혀내려 애썼다. 오바마 전 미국 대통령이 이주 노동자의 권익을 위해 투쟁한 세자르 차베스$^{Cesar\ Chavez}$를 위한 공휴일을 승인해준 것, 뉴질랜드 정부가 와이탕이 조약의 부당함에 항거한 추장 호네 헤케$^{Hone\ Heke}$의 우려를 해소하기 위해 계속해서 노력하고 있는 것 등이 그런 예이다. 물론 이 50인의 혁명가들은 각자의 이야기만으로도 책 한 권이 부족할 만한 인물들이다. 다만 이 책은 이들 혁명가들에 대해 더 많이 알고 싶게 만드는 자극제가 되어, 더욱 깊은 독서를 위한 발판이 될 수 있기를 바랄 뿐이다.

최종 50인을 선택한 데에는 다양성도 중요한 기준이 되었다. 이들 중에는 누가 봐도 '선한 사람들'이 있다(간디 같은 사람에게서 결점을 찾기는 어렵다). 또 꽤나 악당 같은 사람들도 있다. 그러나 대개의 인물들은 선함과 악함의 중간쯤에 있다. 사실 선과 악이란 것은 이야기하는 사람이 누구인가에 따라 달라지기 마련이다. 자유를 위해 싸우는 투사도 반대쪽에서 보면 테러리스트일 따름이라는 이야기가 괜히 있는 것이 아니다. 그들 중에는 위대한 승리자로 남은 이들이 있는가 하면 승리의 밑거름이 되고 세상을 떠난 이들도 있다. 또한 비참하게 스러져 간 사람들도 물론 있다.

최종 50인은 고대 로마에 맞섰던 한니발에서 시작해 불과 한 세대 전에 시민권을 위해 투쟁했던 이들까지 역사에 고루 걸쳐 있다. 지역적으로는 남극 대륙을 제외한 세계의 전 대륙을 대표하는 인물들이 섞여 있다. 어떤 이는 십대에 혁명가가 되었는가 하면 인생의 후반기에 떨치고 나선 사람도 있다. 노예도 있고, 장군, 여성 참정권 운동가, 여왕, 공산주의자, 민족주의자도 있다.

잔 다르크에서부터 블라디미르 레닌에 이르기까지 쉰 명의 매력적인 인물들이 지닌 공통점은, 각자 한 명의 위대한 약자에서 시작했지만 결국 지지자들의 힘으로 투쟁을 해나갈 수 있었다는 점이다. 존 레논과 비틀스가 '혁명Revolution'에서 노래했듯이 우리 모두의 바람은 세상을 바꾸는 것이다. 승리했든 그렇지 못했든 이 50명의 인물들은 세상을 변화시켰다.

차례

한니발이 자마 전투 중에 높다란 전쟁용 코끼리 위에 올라타 있다.

한니발 바르카

HANNIBAL BARCA

시기	**BC 247~183**
지역	**카르타고**
투쟁 대상	**로마**

전성기의 로마는 세계의 제국 중 헤비급 챔피언이었으며, 겨뤄서 비기기만 해도 행운이라고 할 상대였다. 그러나 로마가 최고의 자리에 올라서기 위해서는 반드시 넘어가야 할 산이 있었는데, 바로 카르타고의 명장 한니발 바르카라고 하는 난적이었다.

카르타고는 지금의 북아프리카 해안 튀니지 일대에서 번성한 페니키아의 도시국가였다. 막강한 해군력을 바탕으로 지중해 일대를 완전히 장악하고 무역을 했던 카르타고는 로마의 최대 맞수였다. 기원전 264년, 시칠리아에서 일어난 국지전에 개입해 달라는 요청을 받았을 무렵 로마와 카르타고(로마에서는 포에니라고 불렀다)는 누가 뭐래도 양보할 수 없는 최강국들이었다. 상황은 걷잡을 수 없이 번졌고, 두 나라는 곧 전쟁에 돌입하여 13년에 걸친 1차 포에니 전쟁

IMAGE COURTESY OF LIBRARY OF CONGRESS

을 벌이게 되었다. 끈질긴 전쟁이 끝난 후, 카르타고는 시칠리아와 몇몇 다른 지역에 대한 영유권을 포기하고 로마에게 해마다 무거운 전쟁 배상금을 갚기로 하는 평화조약을 받아들여야 했다.

이후 상황은 더 나빠졌다. 첫째, 카르타고 군대가 비무장화되자 기다리고 있던 로마가 평화조약의 내용을 바꿨기 때문이다. 카르타고는 더 무거운 배상금을 무는 수밖에 없었다. 그 결과, 대부분 인접국에서 고용한 용병으로 구성된 병사들에게 돈을 지급할 수 없게 되었고, 화가 난 다수의 병사들은 칼끝을 돌려 카르타고로 진격해 들어갔다. 카르타고는 자신들의 용병이었던 군사들을 상대로 어쩔 수 없이 더 많은 용병을 고용해서 전면전을 벌이느라 정신없이 바빴고, 로마는 그 틈을 타 방어가 허술한 지중해의 섬 여러 개를 손에 넣었다.

하밀카르 바르카Hamilcar Barca는 이런 상황을 도저히 받아들일 수 없었다. 카르타고 군에서 가장 뛰어난 지휘관이었던 하밀카르의 군대만은 포에니 전쟁에서도 패배한 전적이 없었다. 그는 정부가 평화조약을 받아들이자 배신감을 느낀 데다 자신의 부하들을 상대로 싸워야 한다는 사실에 괴로워했다. 그는 로마에 대한 복수를 맹세했다. 일단 이전의 용병들을 진압하고 나서 하밀카르는 역시나 대부분이 용병인 새 군대를 이끌고 유럽으로 향했다. 그리고 남은 생을 지금의 스페인 지역을 중심으로 정복 활동을 하며 보냈다(스페인의 바르셀로나는 하밀카르의 성을 따서 명명되었다).

그가 지휘하는 군대는 명목상 카르타고 군이었지만, 사실은 개인적인 권위가 통솔의 힘이었기 때문에 병사들은 그에게 충성을 바쳤다. 그러나 뼛속까지 카르타고인이었으며 죽어도 로마에 우호적인 감정을 가질 수 없었던 그는 맏아들인 어린 한니발에게 일찍부터 로마에 대한 평생의 원한을 심어 주었고, 소년 한니발은 아버지의 원한을 오롯이 받아들였다.

●●●●●●●

하밀카르가 켈트 족과의 전투에서 물에 휩쓸려 전사하고 지휘권을 이어받았던 그의 사위마저 켈트에게 암살당하고 나자, 병사들은 병영에서 성장하며 전투에서 함께 싸워온 한니발을 새 지휘자로 추대했다. 당시 한니발은 고작 스물여섯 살밖에 되지 않았지만 카르타고 본국의 정부에서도 이 결정에 찬성했다.

한니발이 아버지와의 약속을 지키고, 로마가 카르타고에 강요한 가혹한 '평화'를 되돌리기 위해 움직이기까지는 그리 오랜 시간이 걸리지 않았다. 그는 곧장 로마와의 조약에서 국경으로 정해진 에브로 강 이남의 이베리아반도에서 남은 지역들을 정복하기 시작했다. 그는 예정된 복수를 시작하기 위해 교묘한 방식으로 자신의 행동을 정당화할 수 있는 핑계를 댔다. 사군툼(Saguntum 지금의 스페인 사군토 지방-역주)은 별도로 로마와 보호 협정을 맺고 있었지만, 불운하게도 에브로 경계 바로 아래쪽에 위치해 있었다. 한니발은 이 점을 이용해 이 지역을 정복하는 것이 정당한 권리라고 주장하면서 219년, 이 도시를 공성하여 어려운 전투 끝에 차지했다.

한니발은 로마가 어떻게 나올지를 미리 간파하고 있었다. 로마에서는 군대를 보내 사군툼을 돕는 위험을 감수하지는 않는 대신, 카르타고로 대사를 파견해 한니발을 넘겨 달라는 요구를 해왔다. 한니발은 카르타고에서 그 요구를 받아들이지 않을 것도 알고 있었다. 그는 엄연히 조약을 지키고 있었고, 오히려 수많은 영토를 획득한 개선장군으로서 금의환향할 수 있는 상황이었다. 결국 로마는 또다시 전쟁을 선포했다. 이제 한니발로서는 진짜 상대를 무찌를 수 있는 절호의 기회를 맞이하게 된 셈이었다. 로마 해군이 지중해에 버티고 있었고, 사실상 본국의 지원을 받기도 불가능했던 한니발이 이탈리아로 진격할 수 있는 길은 하나뿐이었다. 정확한 수를 파악하기는 어렵지만, 그가 이끄는 군대는 4만 명에서 10만 명 사이의 병사들과 약 40마리에 이르는 전투용 코끼리로 이루어져 있었다. 그는 거의 미쳤다고 할 만한 아이디어로 진군을 시작했다. 그 대부대를 이끌고 알프스를 넘기로 한 것이었다. 그야말로 당시로써는 거의 불가능해 보이는 미션이었다.

그들은 알프스를 통과하는 진군을 시작했고, 이내 한니발의 이름은 전설이 되었다. 알프스를 넘는다는 것은 산지 부족들의 공격, 혹독한 추위, 보급품의 부족, 자칫하면 사람이고 동물이고 낭떠러지로 떨어질 수 있는 위험한 지형을 모두 견디고 살아남는다는 뜻이기 때문이었다. 마침내 한니발이 알프스의 반대편에서 모습을 드러냈을 때 남은 병사는 2만 명 남짓에 코끼리는 몇 마리에 불과했지만, 그것만으로도 그는 로마가 결코 가볍게 대할 인물이 아니라는 것을 증명해 보인 것이었다.

그는 이탈리아 땅에서도 로마 군을 상대로 연이어 멋진 승리를 거둠으로써 적에게 자신을 더욱 깊이 각인시켰다. 먼저 트레비아 강에서, 그리고 더 멀리 남쪽의 트라시메네 호수에서, 한니발은 미리 전장을 선택한 후 전투 대형을 갖추고 있다가 자신들에게 유리한 방식으로 로마 군을 끌어들여 완전히 섬멸시켰다. 그는 이탈리아의 주민들에게는 동맹을 제안했다. 로마의 통치에서 놓여날 수 있는 최선의 희망이 자신이라는 걸 보여주려 했으며, 전쟁포로로 잡힌 병사들 중에서도 로마인이 아닌 사람들은 풀어주었다. 일련의 승리들 덕분에 사람들은 그가 진짜 좋은 기회를 가져다주었다고 믿게 되었다.

칸나이 전투에서 한니발이 다시 한번 불가능해 보이는 승리를 거머쥐자 일은 한층 쉬워졌다. 한니발은 군의 중앙부대를 천천히 뒤로 물리면서 양 날개 쪽 부대를 전진시켜 훨씬 규모가 큰 적의 군대를 완벽하게 에워쌌다. 로마 군은 이 전투에서 2차 포에니 전쟁 중 최악의 패배를 기록하게 되었다. 로마 군의 전사자 수가 7만 명이라고 한 것이 과장된 기록일 수는 있겠지만, 아무튼

영웅들의 영웅
한니발의 알프스 횡단은 후세의 장군들이 군대를 이끌고
산을 통과할 때마다 으레 인용하곤 했던 감동적인 위업이었다.
율리우스 카이사르, 샤를마뉴, 나폴레옹 보나파르트 등이 한결같이
한니발에게 경의를 표하고 동시에 자신의 위엄을 과시하려 했지만,
군대와 코끼리까지 이끌고 알프스를 넘은 첫 번째 인물이
카르타고의 장군 한니발이었다는 사실은 변하지 않는다.

어마어마한 수였다는 것은 분명했다. 게다가 전사자의 규모도 규모였지만, 그중에는 한두 명의 현직 집정관과 상당한 수의 로마 원로들 및 통치 집단이 포함되어 있었다는 것 역시 특기할만했다.

•••••••

로마는 결국 이 불세출의 장군이 지휘하지 않는 곳에서만 카르타고를 상대하는 것이 최선이라는 사실을 받아들였으며, 가능한 한 전투에서 한니발과 마주치지 않으려고 애썼다. 그리하여 한니발과 그의 군대가 이탈리아에서 총 15년 동안 머물며 도시를 정복하고 동맹을 맺는 사이, 로마 군은 밖으로 나가 이베리아를 성공적으로 침략해 나갔다. 그 과정에서 로마를 직접 공격할 병사를 모으고 있던 한니발의 남동생 하스드루발이 스페인에서 벌어진 전투에서 죽임을 당하고 만다. 한니발은 로마의 기병들이 자신의 진영 가까이까지 다가와 동생의 머리를 던지고 가는 걸 보고는 지원군이 오지 않을 거라는 걸 알았다.

로마에서는 새로 떠오른 스타 장군 스키피오^Scipio가 아프리카로 파견되었다. 그는 누미디아와 중요한 동맹을 체결하고 카르타고를 칠 준비를 했다. 누미디아는 카르타고의 이웃 국가로, 이 나라의 기병대가 한니발 군대에서 핵심 역할을 했다. 다급해진 카르타고 정부는 한니발에게 귀환하여 도시를 지킬 것을 명했고, 기원전 203년 한니발은 어린 나이에 떠났던 조국 땅을 처음으로 밟았다. 로마와의 조약은 파기되었고, 한니발의 군대와 스키피오의 군대가 자마 전투Battle of Zama에서 맞닥뜨렸다. 꾸준히 한니발의 전술을 익혀 그와 상대하는 방법을 알고 있던 어린 장수와의 싸움에서 한니발은 진정한 첫 패배를 안았다. 곧 카르타고는 전보다 훨씬 가혹한 조약을 받아들여야 했다. 막대한 전쟁 배상금을 무는 것은 물론 국외의 영토 일체를 내놓아야 했으며, 덕분에 북아프리카의 패권이 완전히 로마에게로 넘어갔다. 게다가 로마는 아프리카를 포함한 모든 곳에서 카르타고의 군사적 행동을 제재할 무조건적인 거부권도 가지게 되었다.

　전쟁 후 마흔네 살이 된 한니발은 카르타고의 행정관청에서 통치를 바로잡고 경제를 재건하는 데 매진했다. 그 덕분에 카르타고는 자마 전투가 끝나고 7년 만에 다시금 부유한 도시국가가 될 수 있었다. 로마는 여전히 그를 위협적인 존재로 여겨 자기들에게 넘겨달라고 카르타고 정부에 종용했다. 결국 그는 국외로 도피할 수밖에 없었다. 이후 내내 도망자의 신세로 망명 생활을 계속하면서 로마를 적으로 삼는 군대에 군사 전략을 제공했고, 잡힐 만하면

따라 하기엔 너무나 어려운

군 지휘관들은 칸나이에서 엄청난 수의 열세를 뒤집은 한니발의 전술에 오랫동안 열광해왔다.
독일 전술가 알프레트 폰 슐리펜(Alfred von Schlieffen)은 칸나이 전투를 '완벽한 궤멸 전투'라고
평가하면서 이를 바탕으로 1905년 '슐리펜 플랜'을 고안해냈다.
슐리펜 플랜은 독일이 프랑스를 포위하여 패퇴시킨 후 방향을 돌려 러시아를 상대한다는
이면전쟁(two-front war, 두 군데의 전선에서 싸우는 전쟁-역주) 전략이었다.
독일은 제1차 세계대전과 제2차 세계대전에서도 이를 응용한 전략을 채택했지만,
결과적으로는 한니발의 전술을 모방하기가 얼마나 어려운지를 알게 된 것으로 그쳤다.

달아나기를 반복하며 살았다. 그러다 그의 나이 60대 중반쯤 되던 어느 날 마침내 지금의 터키 영토의 일부인 비티니아에서 로마 군에게 사로잡히고 말았다. 한니발은 끊임없이 탈출 시도를 했지만 실패했고, 더 이상의 탈출로가 보이지 않자 목숨에 대한 미련 없이 늘 가지고 다니던 반지 속의 독을 마시고 최후를 맞이했다.

카르타고는 보호를 약속한 평화조약을 무시하고 계속해 이것저것을 요구하는 로마에게 시달렸다. 기원전 149년, 로마는 의도적으로 무기와 포로, 해군을 포기하라는 말도 안 되는 요구를 하면서 이를 빌미로 조약을 깨고 제3차 포에니 전쟁을 선언했다. 반드시 카르타고를 붕괴시키겠다는 의도였다. 146년, 혹독한 포위 공격 끝에 도시는 결국 함락되었고, 카르타고의 전 국민이 죽임을 당하거나 로마의 노예가 되었다. 마침내 로마 최대의 라이벌이 영원히 사라진 것이다.

유다 마카베오
JUDAH MACCABEE

시기	BC 190~160
지역	유대
투쟁 대상	셀레우코스 왕조

유대교의 기원은 5천 년 이상을 거슬러 올라가야 하며, 가장 오랫동안 유지되어 온 종교에 속한다. 유대인들은 자신들의 종교가 지켜져 온 세월만큼 기나긴 침략에서 살아남았으며, 이들이 맞서 싸운 정복자들도 그 못지않게 많았다. 유다 마카베오는 셀레우코스 왕조가 유대 문화를 말살하려 했을 때 떨치고 일어나 맞서 싸운 사람이었다.

유다가 태어난 기원전 2세기에 유대의 영토는 현재 이스라엘 크기의 한 조각에 지나지 않을 만큼 작았다. 문제는 이 땅이 늘 주변 강대국들이 이용하는 통로 위치에 있었다는 것이다. 바빌로니아, 페르시아, 알렉산더 대왕이 이끄는 마케도니아까지 차례로 유대를 정복했다. 기원전 332년, 알렉산더가 예기치 않은 죽음을 맞이한 뒤에는 휘하 장군들끼리 제국을 나눠 먹기 하면서 자

유다가 승리를 가리키고 있다. 19세기 목판화.

IMAGE BY MCLEOD / WIKICOMMONS

기들끼리 싸움이 일어났고, 유대는 이번에는 그 틈을 타 손을 뻗친 셀레우코스 왕조(Seleucid Empire, 때에 따라 시리아제국으로 불리기도 한다)의 통치하에 놓이는 신세가 되었다.

당시 알렉산더 대왕의 정복 과정에서 성장한 여러 제국들은 모두 그리스의 문화와 언어, 종교에서 전파된 헬레니즘을 신봉했다. 그중에서도 셀레우코스 왕조가 가장 엄격하게 헬레니즘을 지켰는데, 특히 안티오코스 4세 에피파네스 치하에서는 훨씬 더 심했다. 기원전 167년, 안티오코스는 그나마 덜 극단적인 프톨레마이오스 제국이 다스리고 있던 예루살렘을 공격해 탈취하고 유대인들에게 셀레우코스식의 통치에 강압적으로 따르게 했다.

안티오코스는 유대교의 관행을 전면 금지했다. 유대인이 유대교도가 되는 것을 근본적으로 막고 제우스와 여러 그리스 신들에게 예배할 것을 명했다. 이런 명령이 유대인들에게 받아들여질 리가 없었다. 많은 사람들이 따르지 않겠다고 반발하고 나서자 안티오코스는 점령군을 보내 자신의 법을 따르지 않는 자들을 처단케 했으며, 수천 명의 유대인들이 불복종을 이유로 처형되었다.

그런가 하면 안티오코스의 법을 따르는 사람들도 많았다. 단순히 두려워서가 아니라 꽤 많은 집단이 헬레니즘을 진심으로 받아들였다. 유대인들 중 안티오코스의 지배를 받아들이고 동화하려는 사람들이 늘어나면서 그렇지 않은 사람들과 충돌이 빚어지게 되었으며, 이것이 내전으로까지 번져 167년, 마카베오 전쟁이 시작되었다.

원래 마카베오 일가 중 혁명가는 유다의 아버지인 마타티아스^{Mattathias}였다. 마타티아스는 모딘 마을의 종교 지도자이며 탁월한 혁명 지도자였다. 그는 다섯 아들 시몬, 엘르아잘, 유다, 요아난, 요나단을 데리고 예루살렘으로 피신했다가 그리스의 신들에게 제물을 바치고 싶어 한 동료 유대인에게 살해되고 말았다. 그 후 마카베오 형제들은 숲으로 숨어들었다.

166년 마타티아스가 세상을 떠나고 마카베오 일가와 이들을 따르는 무리의 지도자 역할을 셋째 아들인 유다가 맡게 되었다. 원래 유다의 성은 마카베오('망치'라는 의미)가 아니었는데, 봉기의 의미와 어울리는 이름으로 쓰기 시작한 것이 일가 전체에게 딱 맞는 별명으로 굳어진 것이다.

마카베오 형제들은 자신들이 승리할 수 있는 최선의 방책이 게릴라 전술이라는 사실을 터득하고, 기회가 될 때마다 적을 기습 공격했다. 유다가 처음으로 큰 승리를 거둔 것은 와디 하라미아에서였다. 이곳에 매복해 있던 유다의 군대는 훨씬 수가 많았던 셀레우코스 군을 궤멸하고 지휘관의 목숨을 앗았다. 이 승리로 헬레니즘화에 반감을 품고 있던 유대인들이 확신을 가지고 속속 합류했으며, 전투에서의 승리 또한 이어졌다. 엠마우스 전투는 셀레우코스 군이 유다의 소재를 파악하기 위해 흩어진 틈을 타 적의 진영을 공격해 대승을 거둔 사례였다.

마카베오의 봉기는 서로 승패를 주고받으며 오랫동안 계속되었고, 봉기의 원인을 제공한 안티오코스 4세는 이미 세상을 떠났다(기원전 164년). 그는 유다와의 전투에서가 아니라 파르티아를 상대로 별개의 군사 작전을 펼치다가 죽임을 당했다. 같은 해에 유다 편에서도 둘째 형 엘르아잘이 벳세-즈가리야 전투에서 패배하면서 목숨을 잃었다. 엘르아잘은 거대한 전투용 코끼리를 공격해 죽이는 데 성공했지만, 쓰러지는 코끼리의 몸이 그를 덮치고 말았다. 이렇게 수많은 희생을 치르기는 했지만 끝내 마카베오 형제는 셀레우코스 왕조에 두고두고 고민거리가 될 것이라는 점을 증명해 보임으로써, 종교의 자유를 되찾고 예루살렘에 유대 사원을 다시 봉헌할 수 있는 권리를 황제로부터 승인받았다. 또한 안티오코스 4세의 죽음과 함께 주둔하고 있던 최고 지휘관도 철수하여 유대는 명목상으로는 셀레우코스의 지배하에 있기는 했지만 실제로

스포츠로 이어지다

유다 마카베오는 유대인들의 올림픽이라고 불리는 경기대회의 명칭에 그 이름이 남아 있다. 대회의 설립자들이 이 혁명 지도자를 기리기 위해 그의 이름을 따서 명칭을 정한 것이다. 이스라엘에서 4년마다(이전에는 3년마다) 열리는 마카비아 경기대회(Maccabiah Games)는 처음에는 유대인들을 공식적인 스포츠 경기에 참여하지 못하게 한 유럽 국가들에 대한 대응으로 시작되었으나, 점차 올림픽과 월드컵을 제외한 가장 큰 국제 스포츠 대회로 성장했다. 80개국이 넘는 국가의 유대인 선수와 이스라엘에 거주하는 비유대인 선수들이 이 대회에 출전하고 있다.

마카비아 경기대회에 얽힌 혁명적인 역사는 이뿐만이 아니다.

영토가 또다시 제국주의 강대국(이 경우에는 대영제국)에 의해 지배받기 시작한 1932년에 처음 개최된 것, 게다가 이날은 로마에 대항해 132년~136년에 일어난 또 다른 유대 봉기인 바 코흐바 반란(Bar Kokhba revolt)의 1,800주기와도 일치한다는 것이다. 마카비아 경기대회는 올림픽과 마찬가지로 거리를 달리며 성화를 봉송하는데, 성화는 항상 유다 마카베오의 탄생지인 모딘에서 출발한다.

는 아무런 제약도 받지 않는 땅이 되었다.

•••••••

그러나 유다의 승리는 그리 오래가지 못했다. 셀레우코스 왕조는 물러갔지만 여전히 헬레니즘화를 원하며 새로운 제국의 모습에 경도된 다른 유대인들을 상대로 계속해서 전투를 벌여야 했기 때문이다. 마카베오를 적대시하는 사람들은 셀레우코스 왕조를 찾아가 도움을 청했고, 다시 전쟁이 시작되었다. 새로 시작된 이 전쟁에서 유다 마카베오는 결국 목숨을 잃는다. 기원전 160년

축일의 탄생

마카베오 일가와 그들의 혁명은 해마다 유대의 명절인 '빛의 축제' 하누카를 통해 되새겨지고 있다. 안티오코스는 유대인들에게 그리스 문화를 이식하기 위한 시도의 하나로 유대의 성전에 그리스 신상들을 세웠다. 뿐만 아니라 돼지가 정결한 동물이 아니며 더럽게 여겨진다는 이유를 붙여 성전에서 돼지를 도살해 희생 제물로 바치기까지 했다. 마카베오는 예루살렘을 수복한 뒤 침략자들의 흔적을 모두 지우고 유대의 관습을 되돌리면서 사원을 봉헌했다. 그리고 기름을 태워 사원의 메노라(menorah, 유대교 의식에 쓰이는 여러 갈래의 촛대-역주)에 불을 밝혔다. 전해지는 이야기에 따르면 사원에는 단 하룻밤 동안 태울 기름밖에 없었다. 그런데 기적적으로 촛불은 8일 밤 동안 계속 꺼지지 않았고, 덕분에 정결한 새 기름을 만들 시간을 벌 수가 있었다고 한다. 이 기적의 이야기는 유대의 승리와 침략자들의 흔적을 지우는 강력한 상징이 되었으며, 더 높은 힘이 승리를 뒷받침해주고 있다는 믿음의 표시로 받아들여졌다. 마카베오 일가는 이것을 기념하는 의미로 해마다 8일간의 축일을 제정해 선포했으며, 오늘날까지도 메노라 촛불로 밤을 밝히고, 기적적으로 오래 타오른 기름을 상징하는 의미로 기름에 부쳐낸 감자 팬케이크 요리를 만들어 경축하는 전통이 전해지고 있다.

에 있었던 엘라사 전투에서 친(親) 헬레니즘 군대를 상대로 패색이 짙은 상황에서 죽임을 당한 것이다.

유다는 죽었지만 그가 일으킨 봉기는 그의 죽음을 딛고 살아남았다. 오히려 그의 순교는 침략에 대한 저항정신에 불을 붙여준 것이나 마찬가지였다. 곧 동생 요나단이 지휘권을 이어받았고, 그마저 암살당하자 유일하게 살아남았던 시몬이 뒤를 이었다. 그리고 시몬의 지휘 아래 마침내 유대에 독립적인 정부가 세워질 수 있었다. 시몬은 유대의 영토를 크게 확장했으며, 유다가 세상을 떠난 지 20년 만에 왕의 자리에 올랐다. 시몬의 후계자들은 하스모니안 왕조를 이루고 한 세기가 넘는 기간 동안 유대를 다스리다가 결국 로마에 의해 몰락하게 된다.

가이우스 그라쿠스
GAIUS GRACCHUS

시기	BC 153~121
지역	로마
투쟁 대상	로마 원로원

로마의 호민관 가이우스 그라쿠스가 그의 형 티베리우스 그라쿠스^{Tiberius} ^{Gracchus}가 개혁에 투신한 것처럼 정치에 뛰어들었을 때는 바야흐로 로마의 부와 권력이 빠른 속도로 불어나던 때였다. 그러나 이미 그로 인해 생긴 이익은 대부분 부유하고 권력을 가진 사람들의 것이 되어 있었다. 그라쿠스 형제는 진심을 다해 로마 원로원의 권력에 도전한 최초의 로마 정치인들이었다. 그러나 로마 역사의 진로를 바꿔 놓은 두 형제가 치른 대가는 값비쌌다.

가이우스 그라쿠스는 기원전 153년경에 태어났으며 형과는 아홉 살 차이가 났다. 아버지 티베리우스 셈프로니우스 그라쿠스는 집정관을 두 번이나 지냈으며 로마에서 높은 직책을 여럿 맡고 있었다. 어머니 코르넬리아는 스키피오 아프리카누스, 즉 제2차 포에니 전쟁에서 한니발에게 패배를 안겨준

바로 그 지휘관의 딸이었다. 말하자면 형제는 부유하고 힘 있는 가문 출신이었다. 그런데 이것이 나중에 적대자들은 물론 지지자들에게조차 계급이 다르다는 이유로 이들을 배신자로 몰 수 있는 빌미가 되었다.

형제가 태어날 무렵 로마는 카르타고, 마케도니아, 코린토스, 루시타니아, 일리리아 그리고 셀레우코스 왕조까지 무너뜨리면서 한 지역의 강국에서 벗어나 지중해를 아우르는 초강대국으로 빠르게 나아가고 있었다. 잇단 정복으로 로마는 넓은 땅을 다스리게 되었다. 온갖 종류의 새로운 재화와 사람들이 유입되었으며, 새로운 사상도 함께 들어왔다. 부유한 로마인들 사이에서는 자녀들에게 그리스의 전통과 문화를 가르치는 것을 최선의 교육이라고 여기는 풍조가 생겼다. 그라쿠스 형제에게도 예외는 아니었다. 두 사람은 자연스럽게 로마의 공화정과는 현격하게 차이를 보이는 그리스의 민주정에 대해 배우게 되었다. 로마의 정치 체제는 민주적인 양상(선거, 임기제, 견제와 균형이 가능한 권력 분립)도 띠고 있었지만, 비민주적인 측면(주로 귀족으로 구성된 원로원 등)도 동시에 지니고 있는 것이 특징이었다.

● ● ● ● ● ● ●

형인 티베리우스 그라쿠스는 일가에서 가장 먼저 정치 개혁가로 나선 사람이었다. 그는 기원전 133년에 호민관으로 선출되었다. 호민관은 로마의 평민인 플레브스Plebs의 권리와 이익을 대변하는 직책이었다. 티베리우스는 특히 토지개혁에 깊은 관심을 두고서 부유한 지주들이 독점하다시피하고 있는 토지를 거두어 일반인들에게 분배해주어야 한다고 주장했다.

땅을 나누어 주자는 그의 계획은 로마 사회에 또 다른 이익도 가져다줄 수 있었다. 군대는 군인이 필수적인 요소인데, 로마의 법에 따르면 레기온(legions, 고대 로마의 군단-역주)에 들어가려면 자기 땅이 있어야 했기 때문에 땅을 가진 사람들이 많아지면 자연히 군사력이 증대될 수 있었다. 게다가 참전 군인들이 로마에 귀환했을 때 집이 없어서 생기는 문제도 해결할 수 있었다(많은 군인들이 전투를 치르느라 농사를 짓지 못해 파산 상태에 빠져서 땅을 잃곤 했다.) 또한 이것은 정부의 입장에서 보면 한 푼도 없는 신세가 될 뻔한 사람들이 새로운 땅 주인이 되어 세금을 낼 수 있게 된다는 것을 의미했다.

그러나 일부 권력을 쥔 원로원 의원들은 이 개혁을 지주들의 힘을 희석시켜보자는 것으로밖에 보지 않았다. 이들 보수파 원로원 의원들은 토지개혁에 반대하는 호민관을 선출하여 티베리우스와 맞서게 했다. 그러나 티베리우스는 투표를 통해 새 호민관을 물러나게 할 방법을 찾아냈고, 원로원의 뒷받침 없이 개혁안을 통과시켰다. 그는 곧 가난한 사람들의 영웅으로 떠올랐으며, 동시에 원로원의 표적이 되었다. 티베리우스가 개혁을 완성하기 위해 호민관을 연임하려 하자 많은 원로원 의원들이 개혁안의 모호한 표현을 핑계로 불법이라고 비난하고 나섰으며, 그를 적대시하는 사람들은 그가 사실은 로마의 왕이 되려는 것이라고 비방하기 시작했다. 로마인들에게 왕이라는 단어는 금지어였다. 왕을 모신다는 것은 로마인들 거의 전부가 절대로 있어서는 안 될

평민의 권리와 이익을 대변했던 가이우스 그라쿠스.

일이라고 의견을 일치시킨 유일한 일이었다.

결국 티베리우스는 폭도로 변한 군중들에게 몰매를 맞아 3백 명이 넘는 지지자들과 함께 죽임을 당했다. 그전까지는 로마인들끼리 그렇게 심한 폭력 사태를 빚은 적이 한 번도 없었다. 원로원 의원들의 하수인들은 경멸의 표시로 그와 지지자들의 시신을 티베르 강에 던져 버렸다. 그가 세운 토지개혁안의 일부가 법률로 제정되기는 했지만, 그 대가가 너무 비쌌던 것이다.

●●●●●●●

티베리우스가 세상을 떠난 지 10년째 되던 해에 가이우스가 형과 똑같은 직책에 선출되었다. 호민관이 된 가이우스는 일련의 정치 개혁에 대한 형의 명성을 바탕으로, 한층 적극적인 의제와 뛰어난 웅변술을 선보임으로써 그 역시 만만치 않은 정치가라는 것을 스스로 증명해 보였다. 그는 형이 이끌던 토지개혁 위원회에서 일하는 한편 더 많은 사람들이 로마의 경제 성장에 따른 혜택을 입을 수 있게 돕는 일에도 매진했다. 가이우스 그라쿠스는 맡은 직책의 원칙을 지킬 때 진정한 힘이 나온다는 것을 잘 이해하고 있었다. 그래서 그는 자신이 가진 힘을 더 많은 로마인들이 국가의 미래에 대해 말할 수 있게 하는 방식으로 행사했다.

가이우스 그라쿠스가 제정한 개혁안 중 많은 수가 대중의 지지를 얻은 것은 당연한 일이었을 것이다. 그는 군인들의 갑옷과 무기 값을 각자의 임금에서 공제하지 않고 정부가 지불하는 법을 통과시켰으며, 곡물 지급제를 제정해 극도로 빈곤한 로마인들도 기본적인 식생활을 할 수 있도록 해외의 로마 통치령에서 곡물을 수입해 나눠줄 수 있게 했다. 또한 호민관들의 재가 없이 법정이 단독으로 로마 시민에게 사형을 내리는 것을 불법화했다. 가이우스로서는 합법적인 방법으로 형과 그 지지자들이 당했던 일에 대해 복수를 한 셈이었다.

개혁은 대성공을 거두었고, 그는 두 번째 임기에 재선출되었다. 원로원에서도 친(親)평민법을 만들어 지지자들을 끌어들이며 그의 인기몰이를 저지하고 나섰다. 게다가 원로원에서 밀어주는 동료 호민관 마르쿠스 리비우스 드루수스가 가이우스보다 한 단계 위의 정책을 내놓기 시작했다. 예를 들어, 가이우스가 토지를 저렴하게 임대해 주는 정책을 내놓으면 드루수스는 그 땅을 무상으로 빌려주겠다고 하는 것이었다. 드루수스의 개혁안 중에서는 실제로 적용할 수 없는 것들이 여럿 있었지만, 사람들을 솔깃하게 만들었기 때문에 정치적으로는 유리한 전술로 작용했다.

특히 가이우스의 개혁 중에서 논쟁거리가 된 것들이 있어서 상황은 더 불리해졌다. 그중 가장 논란이 심했던 것은 로마 시민권과 선거권을 소수 라틴

호민관 Tribune
'호민관'이라는 단어는 '민중의 목소리' 그리고 '민중의 이익을 옹호하는 사람'이라는
의미를 지니고 있으며, 이 시대의 로마 역사에서 가져온 단어다.
나중에 여러 정부에서 이 말의 개념을 베껴 공식적으로 대중의 대변자를 자처하곤 했다.
또한 이 단어는 신문사들 사이에서 인기를 끌어 〈시카고 트리뷴〉, 〈솔트레이크시티 트리뷴〉
등으로 사용되었고, 유럽 전역의 미국인 공동체에서도 '트리뷴'이라는 이름을 쓰고 있다.

계 사람들에게도 부여하고, 점차 다른 이탈리아 주민들도 라틴 사람들과 똑같은 법적 지위를 누릴 수 있게 한다는 것이었다. 로마인이 아닌 사람들과 로마인을 똑같이 대우한다는 것을 기본 방침으로 한 이 개혁안에 대해서는 가이우스의 일부 지지자들까지도 반대하고 나섰을 정도였다. 이런 식의 무리수를 둔 정책은 가이우스를 파멸시킬 수 있는 두 번째 빌미를 원로원에 제공하는 결과가 되었다.

•••••••

121년, 마치 형의 비극의 속편처럼 가이우스와 그의 개혁 의제는 폭동 속에서 끝을 맺었다. 그가 제안한 선거권 법안과 드루수스를 앞세운 원로원의 전략 때문에 다수의 유권자가 가이우스 그라쿠스에게 반감을 품게 되었고, 그는 세 번째 연임 선거에서 실패하고 만다. 순식간에 일촉즉발의 위기 상황이 닥쳤다. 로마법에서 호민관은 폭력과 고발로부터 신성불가침의 보호를 받게 되어 있었지만 가이우스는 연임 실패로 호민관 신분을 유지하지 못하는 상황이 되어 있었다.

그러던 차에 오피미누스Opiminus가 원로원을 등에 업고 새로운 집정관이 되었다. 그는 가이우스가 해놓은 개혁들을 해제해 나가기 시작했다. 가이우스 그라쿠스는 무기를 든 지지자들 한 무리를 이끌고 수도를 향해 항의의 행진을 벌였고, 오피미누스는 시위행진이 공화국에 위협이 된다는 이유를 들어 비상

계엄을 선포했다. 가이우스는 몸을 피했고, 그를 지지하는 평민 수천 명이 거리에서 원로원을 등에 업은 군대와 싸웠다.

가이우스 그라쿠스는 폭력으로 로마가 분열되고 있다는 사실에 절망하여 맞서 싸우기보다는 피신해서 사태를 가라앉히려고 했다. 노예인 필로크라테스와 함께 티베르 강을 건너는 그를 정부군이 바싹 뒤쫓았다. 전해지는 이야기로는, 길가에 늘어선 사람들이 그에게 환호를 보내며 탈출을 응원했지만 정작 그가 타고 갈 말이나 필요한 것들을 요청하면 보복이 두려워 아무도 도움의 손길을 내밀지 않았다고 한다.

도저히 달아날 가망이 보이지 않게 되자 가이우스는 스스로 죽는 길을 선택했다. 필로크라테스가 가이우스의 부탁에 따라 그를 칼로 찌르고 이어서 자신도 목숨을 끊었다. 형 티베리우스처럼 가이우스의 시신도 티베르 강에 던져졌다. 그를 따르던 사람들 3천 명이 살해된 후, 원로원은 정치 개혁의 종식을 선언했다. 그러나 개혁의 불씨는 살아남아서 이후 수 세기에 걸쳐 후대 로마의 혁명가들이 그라쿠스 형제가 다져놓은 길을 걸어갔다.

반복의 역사

1960년대 후반에 미국에서 그라쿠스 형제에 대해 폭발적인 관심이 일어났다. 이들의 이야기가 존 F. 케네디와 로버트 케네디 형제의 이야기와 닮았다고 생각했기 때문이다. 실제로도 유명한 정치 가문의 아들들이라는 것, 형이 지도자의 직책에 선출되어 개혁을 주도하다가 재직 중에 암살당했다는 것, 그리고 몇 년 후에 동생이 형의 뒤를 이어 개혁을 완수하려고 나선 것, 심지어 동생이 더 개혁적인 의제를 추진하다가 역시 살해당한 것 등이 모두 비슷했다. 비록 로버트 케네디는 가이우스 그라쿠스처럼 실제로 개혁법안을 제정할 기회를 가져보진 못했지만, 이 형제들의 불운한 운명의 반복은 부정하기 힘들 만큼 닮아있었다.

스파르타쿠스
SPARTACUS

시기	BC 109~71
지역	로마
투쟁 대상	로마

로마에 점령당한 트라키아의 검투사 스파르타쿠스에 대해 역사가들이 아는 것은 생각보다 많지 않다. 그들이 아는 것은 스파르타쿠스의 봉기가 적의 간담을 서늘하게 만들었으며, 로마공화국이 로마 시민들이 믿는 만큼 무적이 아니라는 것을 보여주었다는 것 정도다.

스파르타쿠스라는 이름을 널리 떨치게 한 이 봉기는 제3차 노예전쟁이라고 불렸다. 제3차라는 말에서 알 수 있듯이 이미 로마는 노예들의 봉기를 막는 일에 어려움을 겪고 있었다.

고대 로마에서는 노예가 당연하게 받아들여졌으며, 사람들은 온갖 이유로 노예가 되었다. 전쟁포로들, 점령된 도시의 시민들, 빚을 지고 갚지 못한 사람들, 부모에게서 버림받아 다른 사람의 소유물이 된 아이들까지. 원칙적으로는 노예도 자유의 몸이 되면 시민이 될 수 있었지만, 실제로 로마의 노예제도는 혹독하고 잔인했다. 세 번의 노예 전쟁은 서로 연관성 없이 일어났지만 모두 자유를 쟁취하려는 노예들의 몸부림이었던 것이다.

앞선 두 노예 전쟁이 달랐던 것은 로마에서 멀리 떨어진 시칠리아 섬에서 시작되어 로마에 실제 위협이 되었다기보다는 성가신 일이라는 측면이 더 부각되었다는 점이다. 제1차 노예 전쟁은 기원전 135년, 그 지방의 마술사가 노예들을 규합하여 로마에 대항하면서 일어났다. 제2차 노예 전쟁은 기원전 104년에서 100년까지, 로마가 시칠리아의 이탈리아인 노예들을 대거 자유인으로 풀어주면서 비 이탈리아인 노예들을 제외한 일이 원인이 되어 벌어졌다. 두 봉기 모두에서 로마는 처음에는 별 관심을 두지 않다가 일이 커지자 군대를 파견해 노예군을 진압했다.

그러나 제3차 노예 전쟁은 이탈리아 본토에서 시작되었으며, 로마인들이 스파르타쿠스를 진심으로 두려워했다는 점에서 달랐다.

●●●●●●●

스파르타쿠스는 그리스 동쪽의 넓은 지역에 위치했던 트라키아 출신으로, 한때 로마의 외인부대에 속해 있었던 것으로 추정된다. 그가 돈을 받고 용병으로 나선 것인지 혹은 전쟁포로가 되어 전투에 끌려나간 것인지는 확실하지 않지만, 이후 군대에서 달아났다가 잡혀서 노예로 팔렸다는 것은 정확한 정

끝까지 싸우는 스파르타쿠스.

보다. 그를 산 주인은 카푸아에서 검투사 양성소인 루두스^{ludus}를 운영하는 사람이었다. 군대 시절의 경험 덕택에 스파르타쿠스는 인기 있는 검투사가 되었다.

기원전 73년에 루두스의 노예들 몇 명이 탈주할 계획을 꾸몄다. 그들은 꽤 많은 수의 동료 노예들도 설득해 참여하게 했다. 사실 검투사들의 미래는 원형경기장에서 서로 싸우며 동료의 손에 죽는 순간까지 자신들을 노예로 만든 시민들에게 재밋거리를 제공하는 것이었으며, 그것을 벗어나려면 반란을 일으키는 것뿐이었다. 반란을 일으켰을 때의 최악의 시나리오는 로마에 맞서 싸우다 죽는 것이었지만 검투사로서의 미래와 다를 것이 없었고, 운이 좋으면 자유를 얻을 수 있었다. 그러니 많은 노예들이 선뜻 따라나선 것은 당연한 일이었다.

몇몇이 약속을 저버리기는 했지만 78명의 검투사가 탈주에 성공했다. 부엌에서 찾아낸 칼붙이 등을 나눠 든 채였다. 이들은 검투사의 무기를 운반하는 수레를 덮쳐 무기를 확보하고 산으로 올라가 베수비오 산 근처에 진영을 꾸렸다.

스파르타쿠스는 갈리아인인 크릭수스, 오이노마우스와 함께 세 명으로 구성된 지휘관에 선출되었다. 스파르타쿠스에 관해 알려진 것이 지극히 적기 때문에 그가 정확히 무엇을 상대로 봉기를 일으킨 것인지 말하기는 쉽지 않다. 그저 노예제도에 대항한 것일 수도 있고, 자신의 군대에 합류해오는 노예들의 수를 늘려 자유를 확산시키는 것에만 목적을 두었을 수도 있다. 어느 쪽이든, 그의 군대는 규칙적으로 로마 근교를 습격해 보급품을 확보하고 더 많은 군사를 끌어모으는 데 열중했다.

이번에는 로마 정부도 기다리는 시간 없이 즉각 대응했다. 그러나 역시 사태를 심각하게는 여기지 않았다. 대부분의 강력한 레기온들이 다른 전쟁을 치르느라 국외로 파견되어 있었기 때문에, 로마에 남아 있던 지휘관 가이우스 클라디우스 글라베르가 검투사들의 반란을 진압할 군사를 모집했다. 그러나 글라베르의 작전은 여의치가 않았다. 그는 스파르타쿠스 군대를 굶주리게 하고 퇴로를 차단하여 베수비오 산에서 일망타진하려고 했다. 그러나 검투사들은 덩굴로 사다리를 만들어 타고 내려와 로마 군의 진지를 급습하는 등 오히려 반격으로 응수했다. 검투사 훈련을 받은 스파르타쿠스의 군사들은 한 명 한 명이 뛰어난 투사였기 때문에 경험이 많지 않은 글라베르의 군사들을 쉽사리 물리쳤다.

• • • • • • •

임시변통으로 모인 로마 군대가 패배하고 나자 스파르타쿠스는 한층 더 위험한 인물로 떠올랐다. 봉기에 대한 입소문이 퍼져나가자 수천 명의 노예는 물론 심지어 자유민인 이탈리아인 소작농들까지 합류했다. 기원전 73년에서 72년에 걸친 겨울 동안, 스파르타쿠스 군대는 훈련을 통해 더 조직적인 군대로 갖추어졌다. 마침내 스파르타쿠스는 7만 명에서 10만 명에 이르는 군사들을 휘하에 거느리기에 이르렀다.

기원전 72년 봄, 검투사 군대는 둘로 나뉘어 그중 한 부대는 이탈리아 군대를 상대로 싸우도록 베수비오 산에 남았다. 로마 군은 부대가 나뉜 틈을 타서 두 개의 레기온을 보내 크릭수스를 죽이고 그가 이끌던 부대를 이탈리아 남부에서 패배시켰다. 스파르타쿠스는 자신의 부대를 이끌고 알프스로 향하고 있었다. 크릭수스를 무너뜨린 두 레기온은 각각 다른 방향에서 스파르타쿠스 군에게 다가갔다. 스파르타쿠스 군은 먼저 북쪽을 공격해 한 레기온을 격퇴시키고, 방향을 틀어 다른 레기온을 치는 전술로 승리를 거두었다.

그러나 다음 순간 스파르타쿠스가 저지른 실수 때문에 그는 결국 패배하고 만다. 누구도 이해하지 못할 이유로 그는 기껏 알프스에 도착한 후 산을 넘지 않고 다시 이탈리아를 향해 남하하기 시작했다. 결과적으로는 이탈리아를 벗어나는 것이 최선이었는데, 그는 계속해 로마 군과 싸워 가면서 남으로 남으로 향하여 마침내 이탈리아의 남단에까지 이르렀다. 메시나해협을 건너 시칠리아로 가려는 것이었다. 더 나쁜 것은 그가 시칠리아 해적의 도움으로 바다를 건너려고 한 것이었다. 돈을 건네받은 해적은 (배신을 했거나 적과 내통했거나) 끝까지 나타나지 않았다. 스파르타쿠스와 그의 군대는 이탈리아에서 오도 가도 못 하는 신세가 되었다.

••••••••

게다가 노예 군대 앞에는 더 실력 있는 적수가 나타났다. 마르쿠스 리키니우스 크라수스는 로마 최고의 부자이면서 가장 뛰어난 장군 중의 한 명이었는데, 그가 직접 군대를 이끌고 스파르타쿠스와 그 군사들을 궤멸시키겠다고 자원한 것이었다. 크고 작은 전투가 이어지던 기원전 71년 봄, 마침내 크라수스는 스파르타쿠스 군을 이탈리아에서 장화의 발끝에 해당하는 장소에 밀어넣고 옴짝달싹 못 하게 만들었다. 크라수스는 수 마일에 걸친 기다란 벽과 도랑을 이용해 한때 노예였던 군사들을 가두고 공성전을 펼쳤다. 포위되어 시칠리아로 갈 수 없게 된 데다 추가로 로마 레기온이 오고 있다는 것을 알게 된 스파르타쿠스 군은 공격 태세로 나갔다. 그러던 4월의 어느 날, 그들은 실라루스 강 전투에서 느닷없이 크라수스의 군대를 공격했다. 수적으로 도저히 승산이 없다는 것을 깨닫고 마지막 전술로 택한 것인지, 아니면 그저 전장에서 영광스러운 죽음을 맞이하려고 한 것인지는 알 수 없다. 다만 그들은 로마 군들을 향해 돌격했으며, 예상했던 대로 백병전에서 패배했다.

　스파르타쿠스는 전투 중에 사망했으며, 그의 시신은 어디에서도 발견되지 않았다. 그건 어떤 면에서는 운이 좋은 것이었다. 군사들 중 일부는 달아났다가 로마 군을 상대로 계속해서 전투를 치렀지만, 그건 단지 시간을 연장한 것에 불과했다. 6천 명에 이르는 스파르타쿠스의 부하들이 산 채로 사로잡혀 카푸아에서 로마로 가는 간선 도로인 아피아 가도를 따라 십자가에 매달렸다. 몇 년이 지난 후에도 그들의 시신은 거두어지지 않았다. 로마를 찾는 이 들에게 감히 로마에 맞서 반란을 일으킨 사람들의 최후를 되새겨주기 위해 서였다.

너는 누구인가?

전설적인 영화감독 스탠리 큐브릭의 1960년 영화 〈스파르타쿠스〉를 통해
이 검투사는 미국 대중문화에서 불멸의 존재가 되었다.
배우 커크 더글러스가 스파르타쿠스를, 로렌스 올리비에 경이 크라수스를 연기했다.
영화에서 가장 유명한 장면은 로마인들이 포로가 된 노예들에게
스파르타쿠스를 지목하라고 하는 대목일 것이다.
한 노예가 분연히 일어나 "내가 스파르타쿠스다!"라고 외치자,
한 명씩 차례로 다른 노예들도 일어나 같은 말을 외친다.
그리고 그들은 스파르타쿠스 혼자의 책임으로 떠넘기기를 거부한 대가로
모두 함께 십자가에 못 박힌다. 정말 대단한 장면이기는 하지만
로마인들이 수많은 사람을 십자가에 매달았다는 것을 제외하고는
이 장면은 실제 일어난 일을 바탕으로 한 것은 아니고,
하워드 패스트(Howard Fast)가 쓴 책에서 가져온 것이다.
하워드의 〈스파르타쿠스〉는 옥중에서 쓰였다. 그는 조지프 매카시(Joseph McCarthy)가
연예계에서 공산주의자들을 색출하겠다면서 벌인 마녀사냥에서
동료들의 이름을 대기를 거부했다는 이유로 감옥에 갇힌 것이었다.
이후 이 상징적인 장면은 자신의 안위를 위해 친구를
고해바치는 것을 거부한 사람들에 대한 경의의 의미를 지니게 되었다.

안드레아 안드레아니(Andrea Andreani)의 연작
'율리우스 카이사르의 승리'에 나타난 카이사르.

율리우스 카이사르
JULIUS CAESAR

시기	BC 100~44
지역	로마
투쟁 대상	로마 원로원

사실 율리우스 카이사르를 역사상 가장 중요한 혁명가로 손꼽기에는 힘든 측면이 있다. 어쨌든 그가 군대 경력의 상당 부분을 로마의 통치에 대항하는 혁명을 진압하면서 보냈던 것은 부정할 수가 없으니 말이다. 그렇기는 해도 그가 나중에 자국민을 상대로 싸우기로 한 결정은 대단히 혁명적이라고 하지 않을 수 없다. 그의 결정이 로마의 체제를 준(後)민주공화정에서 단 한 사람의 명령으로 움직이는 제국으로 바꾸어 놓았기 때문이다.

가이우스 율리우스 카이사르는 기원전 100년에 태어났다. 그의 집안은 어엿한 귀족 가문이기는 했지만 고모가 가이우스 마리우스와 결혼하기 전까지는 강력한 정치적 영향력을 갖고 있지는 않았다. 카이사르가 십 대였을 때 마리우스는 이전 집정관이자 동료였던 루키우스 코르넬리우스 술라에 맞서서

IMAGE COURTESY OF LIBRARY OF CONGRESS

제1차와 2차 로마 내전을 치렀다. 한 번 실세를 쥔 사람은 의심되는 지지자들을 제거하려 들기 마련이어서 젊은 카이사르는 독재관 술라의 제거 대상 명단에 오르게 되었고, 그가 다스리는 로마를 벗어나 몸을 피해야 했다. 나중에 카이사르는 술라로부터 사면을 받기는 했지만 그때도 역시 군대에 합류하여 군사 경험을 쌓는 대신 로마에서 떨어진 곳으로 피신했다.

술라가 죽고 나서야 로마로 돌아간 카이사르는 곧 로마의 중류층과 하층 시민들로 이루어진 평민파populares의 지지를 받는 인기인이 되었다. 처음에는 법률가 겸 대중 연설가로 활동하다가 이십 대 후반부터 정치 경력을 쌓기 시작해 로마의 정계에서 승승장구했다. 마리우스가 했던 것처럼 시민권의 혜택을 더 많은 로마인에게로 확대하는 정책을 지지하는 등 자신이 마리우스의 후계자임을 공공연히 드러낸 것도 효과를 보았다.

팬들의 눈에 카이사르는 진정한 민주주의 개혁가로 보였고, 적대적인 사람들에게는 권력을 손아귀에 넣으려고 대중의 기호에 맞추는 포퓰리스트로 비춰졌다. 어느 쪽이 됐든, 카이사르는 차례차례 공직을 따내면서 성공적으로 평판과 대중의 지지, 로마에서의 영향력을 고루 키워나갔다.

•••••••

기원전 60년, 카이사르는 자신의 영향력을 한층 더 증대시킬 수 있는 절묘한 방법을 찾아냈다. 로마 역사상 가장 부자로 꼽히는 크라수스와 로마에서 가장 명망 높은 군 지휘관인 폼페이우스 두 사람과 비밀 동맹을 맺는 것이었다. 이 두 사람은 기원전 70년에 공동 집정관을 지냈지만 사이가 틀어졌다가 카이사르가 정치 동맹에 합류하면서 함께 제1 삼두정치 시대를 열게 되었다. 세 사람은 서로 필요한 부분을 채워주었으며, 일단 뭉치고 나자 원로원의 반대도 누를 수 있을 만큼 막강한 권력을 누렸다. 심지어 카이사르는 자신보다 나이가 많은 폼페이우스를 사위로 삼아 관계를 돈독히 했다. 역사가인 리비가 삼두정치를 "3인의 1급 시민이 국가를 상대로 벌인 음모"라고 불렀을 정도였다.

기원전 59년, 폼페이우스와 크라수스의 도움으로 카이사르는 해마다 로마에서 선출하는 두 명의 집정관 중 한 명이 되었다. 집정관을 하면서 카이사르에게는 수많은 적이 생겼다. 그도 그럴 것이 그와 동료들은 원로원과 다른 집정관의 의견을 묵살하고 법을 좌지우지하기도 했으며, 대놓고 특정 원로원 의원들에게 영향력을 행사하여 원하는 것을 얻어내기도 했다. 임기가 끝나갈 무렵이 되자 카이사르는 정적들이 호시탐탐 그에게 죄를 뒤집어씌울 기회를 노리며 자리에서 내려오기만 기다리고 있다는 것을 눈치채게 되었다. 로마의 지도자들은 관직에 있는 동안은 불소추권으로 보호되었기 때문에 카이사르는 동맹자들의 힘을 빌려 재빨리 갈리아 지방의 총독 자리를 따냈다. 덕분에 그는 안전한 관직에 머물 수 있었을 뿐 아니라, 집정관 시절에 진 엄청난 빚도 해결할 수 있었다. 또한 삼두정치를 통해 고향에서도 자신의 영향력을 요령 있게 유지하고 있었다.

집정관 자리에서 내려온 이후 10년 동안 카이사르는 자신의 레기온을 이끌고 끊임없이 정복 활동에 나섰다. 그 결과 로마의 영토는 물론 카이사르 자신의 재산도 엄청나게 늘릴 수 있었다. 그는 갈리아를 정복하고, 게르만 부족들과도 싸웠으며, 영국까지 침략해 들어갔다. 그는 여론과 대중적인 이미지를 관리하는 것이 얼마나 중요한지를 당대의 누구보다 더 잘 이해하는 사람이었다. 갈리아에서 자신이 펼친 군사 작전을 박진감 있게 묘사한 책을 해마다 출간한 것은 그런 이유에서였다. 그 과정에서 그가 자행한 약탈 중에는 당시 로마법에서 범죄에 해당하는 것도 많았지만 카이사르는 처벌을 피하기 위해 고향으로 돌아가지 않았다.

그러나 때를 같이 하여 삼두정치가 막을 내렸고, 카이사르가 누렸던 면책의 특권도 함께 사라졌다. 기원전 53년, 크라수스가 파르티아를 상대로 군사작전을 벌이다 사망했으며, 카이사르의 딸 율리아가 죽으면서 폼페이우스와의 강한 결속도 끊어졌다. 한편에서는 카이사르의 권력에 대해 나날이 불안감을 키워가는 원로원이 버티고 있었다. 결국 그의 총독 임기가 끝난 기원전 50년에 원로원은 카이사르에게 레기온을 해산하고 로마로 돌아오라는 명령을 내리기에 이른다. 그것이 소추를 하여 죄를 묻겠다는 의미라는 것을 알고 있었던 카이사르는 명령에 따르기를 거부했다.

●●●●●●●

기원전 49년 1월, 카이사르는 생애에서 가장 위험천만하고 대담한 도전에 나섰다. 로마와 변경지역을 가르는 경계인 루비콘 강을 건너기로 한 것이다. 로마법에 따르면 특정한 이유로 승인받지 않은 경우, 어떤 장군도 군대를 이끌고 도시 안으로 진입할 수가 없었다. 카이사르도 루비콘 강을 건너는 것이 전쟁을 의미한다는 것을 알고 "주사위는 던져졌다"는 말을 남긴 것으로 전해지고 있다. 결국 그는 레기온을 이끌고 이탈리아로 진격해 들어가 로마를 위기로 몰아넣었다. 원로원은 즉시 전쟁을 선포하고 카이사르의 동맹이었던 폼페이우스에게 공화국의 안녕을 지키게 했다.

카이사르에게 군 지휘관으로서의 능력이 충분할 것인지 조금이라도 의심했던 사람들은 순식간에 입을 다물었다. 그동안 변방의 부족들을 이기는 것만 보여주었던 카이사르가 이제 역사상 가장 위대한 장군 중 한 명이 이끄는 로마의 정예 레기온들을 대파하고 있었기 때문이다. 그는 전투에서 포로로 잡은 로마인들에게 자비를 베풀어 자신의 군대로 흡수하는 능력을 발휘해 보이기도 했다.

루비콘 강을 건너서

카이사르가 루비콘 강을 건너 진군한 일은 우리의 언어를 바꿔 놓을 만큼 기념비적인 일이었다. 이제 "루비콘 강을 건너다"라는 말은 일단 실행하고 나면 포기하거나 되돌릴 수 없는 대담한 행동을 가리킬 때 일반적으로 쓰이고 있다.

카이사르는 기원전 48년 그리스 중부 지역에서 벌어진 파르살루스 전투에서 압도적인 수적 열세에도 불구하고 적의 요새화된 진지를 뛰어넘어 폼페이우스 군에게 결정적인 패배를 안겼다. 폼페이우스는 이집트로 달아났다가 파라오의 부하에게 암살당하고 만다. 폼페이우스를 추격하던 카이사르 역시 로마에 힘 있는 협력자들을 안배해 놓은 후 이집트에 도착했고, 거기서 정치적으로나 개인적으로 인연을 맺게 되는 클레오파트라를 만난다. 그는 스페인에서 폼페이우스에게 충성을 바치는 남은 무리들과 소규모의 전투를 치렀으며 얼마 지나지 않아서 대부분의 적대 세력은 소멸하였다.

•••••••

카이사르의 승리로 로마에는 새로운 질서가 확립되었으며, 그는 사람들에게 이 사실을 널리 알렸다. 그는 스스로 독재관이 되어 로마의 헌법을 다시 쓰기 시작했다. 또한 자신의 지지자들을 원로원 의원으로 임명하여 한때 로마 정부 권력의 핵심이었던 이 기관으로 하여금 자신의 제안을 무조건 통과시키는 고무도장의 역할을 하게 했다. 그런가 하면 기존의 전통에서 벗어나 독재관에게 새로운 사법권을 대거 부여하기도 했다. 그가 바꾼 것 중에는 무거운 부채를 탕감해주고 공공건물을 건설하는 등, 대중의 호감을 얻은 것들도 꽤 있었다. 그러나 예의 오만함 때문에 그는 원로원은 물론 어디에나 적을 만들었다.

이미 몇 차례 독재관의 임기를 연장하고 난 뒤 기원전 44년 2월 그는 스스로를 종신 독재관이라 칭했다. 이 일은 그를 끌어내릴 계획을 세우기 시작한 다수의 원로원 의원들에게는 결정타가 되었다. 카이사르는 기원전 44년 3월 15일(Ides of March, 이데스오브마치, 3월 15일), 예언가가 위험을 경고했던 그 날 살해되었다. 막 원로원 회의장에 들어서는 그를 60명의 원로원 의원들이 둘러싸고 무차별적으로 칼로 찔러댔다.

카이사르가 권력을 장악함으로써 로마의 공화정이 종식되었다고들 하지만, 어쩌면 그의 죽음이 불러온 여파가 공화정을 끝냈다고 하는 것이 맞을지도 모르겠다. 그의 장례식에서 하층 계급의 로마인들이 대규모 시위를 벌이고, 심지어 그를 죽인 사람들의 집까지 공격했다. 수많은 하층민들이 카이사르를 자신들의 대변자라고 믿고 있었던 것이다. 게다가 그가 죽고 나서 생긴

하일 카이사르 Hail Caesar, 카이사르 만세
율리우스 카이사르의 이름은 그가 죽고 난 후에도 오랫동안 살아남았고,
특히 카이사르라고 하는 성은 자신의 뒤를 따르는 계승자들을 가리키는 칭호가 되었다.
시작은 카이사르가 자신의 뜻에 따라 옥타비아누스를 양자로 삼았기 때문에
초기의 황제 몇 명이 카이사르의 계승자라는 의미로 자신의 이름의 일부로서 쓴 것이었다.
그러다가 4대 황제인 클라우디우스가 권력을 확고히 한 후 카이사르를 칭호로 사용하기
시작했으며, 그것이 관례가 되어 지금은 '카이사르(영어식 발음으로 시저-역주)'라고 하면
로마의 황제를 의미하게 되었다.
로마제국이 영토를 확장해나가는 것에 발맞추어 유럽 전역에서 그의 이름이 불렸다.
독일에서 오랫동안 지도자를 가리키는 말로 썼던 카이저(Kaiser)와 러시아의 차르(Czar)도
모두 카이사르를 번역한 말에서 비롯되었다. 독일에서는 이 말을 제1차 세계대전이
끝날 때까지, 러시아에서도 볼셰비키 혁명 때까지 사용했다.

권력의 공백 때문에 잇따른 내전이 일어났다. 카이사르의 계승자로 정해져 있던 옥타비아누스는 마르쿠스 안토니우스와 힘을 합쳐 암살의 주모자인 브루투스, 카시우스와 싸웠다. 그런 다음에는 옥타비아누스가 카이사르의 연인이었던 클레오파트라와 한편이 된 안토니우스를 패배시켰다. 율리우스 카이사르가 세상을 떠난 지 17년이 되던 해에, 옥타비아누스는 권력을 굳건히 한 후 스스로를 카이사르 아우구스투스라고 부르며 종신 황제임을 선포했다. 그와 함께 로마공화국은 영원히 로마제국으로 바뀌었다.

베르킨게토릭스
VERCINGETORIX

시기	BC 82~46
지역	갈리아
투쟁 대상	로마

율리우스 카이사르가 갈리아 정복을 사명처럼 여겨 끝없이 나아갈 무렵 로마는 벌써 몇 세기째 주변 지역의 부족들을 정복해오고 있었다. 기원전 52년, 그중의 한 족장이 기치를 높이 들어 갈리아인들을 하나로 모으고 최후의 용감한 항전에 나섰다. 비록 항전은 무위로 돌아갔지만 베르킨게토릭스는 프랑스 역사의 국민 영웅이 되었다.

고대 세계에서 갈리아로 불렸던 지역은 지금의 프랑스와 벨기에, 룩셈부르크 전역 그리고 독일과 이탈리아, 스위스, 네덜란드의 일부 땅을 아우른다. 갈리아인들(Gauls, 골 족으로 부르기도 한다-역주)은 이 지역 전체에 퍼져 다른 부족들과 섞여 살아가던 켈트 족 무리를 가리킨다. 갈리아인들은 이따금 힘을 합쳐 전쟁을 치르기도 했지만 단 한 번도 중앙 지도자나 정부를 가져본 적이 없으며,

오로지 자신들의 영토와 문화를 지닌 개별 부족들의 무리로만 움직였다. 로마 입장에서는 이들의 개별성이 이용하기 쉬운 약점이었다.

　로마가 갈리아인들과 처음으로 맞붙은 중요한 전쟁은 기원전 390년에 일어났다. 세노네스 부족이 로마 영토를 침공하여 로마 본국의 코앞까지 진격했으며, 로마가 힘든 전투 끝에 어렵사리 물리친 것이 그것이었다. 이후로도 갈리아와 로마 사이의 긴장이 정말로 풀어진 적은 한 번도 없었으며, 2세기에 걸쳐 여섯 차례 이상의 굵직한 전쟁이 추가로 벌어졌다. 갈리아 부족들은 로마에 대항하기 위해 다른 민족과 연대하기도 했는데, 한니발이 대표적인 경우였다. 한니발은 갈리아에서 용병을 고용했으며, 이탈리아에서 갈리아인 군사들을 모집하여 2차 포에니 전쟁에서 지원군으로 활용했다. 기원전 225년경, 진저리가 난 로마 원로원에서는 갈리아인들을 이탈리아에서 몰아내고 알프스를 천연의 경계선으로 남겨두기로 결정한다. 이 계획은 거의 성공할 뻔했다.

● ● ● ● ● ● ●

알프스 서쪽에서 벌어진 로마-갈리아 사이의 2차전은 기원전 58년에 시작되었다. 율리우스 카이사르가 집정관 직에서 물러나 로마가 다스리던 여러 갈리아 땅의 새 총독으로 부임하게 된 것이 발단이었다. 카이사르는 당시 전쟁일지에 자신의 정복 활동이 과거에 문제를 일으켰던 적을 선제공격하는 의미라고 기록했다. 그러나 평가에 다소 인색한 역사가들에 따르면 이는 카이사르가 집정관 시절에 진 막대한 빚을 갚고, 군사적인 대 승리로 자신의 경력을 채우기 위한 정복 전쟁이었을 따름이었다.

일부 갈리아 부족들은 로마와 조약을 맺고 싶어 협상을 신청해오기도 했고, 심지어 공동의 적들(대개는 동쪽의 게르만 부족들)에 맞서 싸우는 일에 로마의 도움을 청하기도 했다. 물론 로마에 대항하려 한 부족들도 있기는 했지만 카이사르와 그의 레기온은 그들 모두를 쳐부수었다. 더욱이 기원전 54년에서 53년 사이의 겨울, 카이사르는 로마의 수비대를 공격한 것에 대한 보복으로 에부로네스 부족을 쓸어버렸다.

베르킨게토릭스는 아르베르니 부족의 족장이었다. 그는 로마가 갈리아인의 저항에 대처하는 모습을 보고 머지않아 카이사르가 군사를 몰고 와서 갈리아를 궤멸시키거나 항복을 받아 내리라는 것을 알았다. 갈리아는 단합된 민족으로 움직이는 것을 거부해온 오랜 역사를 지니고 있었다. 베르킨게토릭스의 아버지 켈틸루스Celtillus도 더 많은 갈리아 부족으로 힘을 확장하려다 독재를 꾀한다는 이유로 처형되었다. 그러나 베르킨게토릭스는 다수의 부족이 뭉친 갈리아 군대만이 살아남을 수 있는 단 하나의 방법이라고 믿었다.

기원전 52년, 연례 부족장 회의에서 베르킨게토릭스는 로마의 힘이 더 커져서 너무 늦기 전에 반란을 일으켜야 한다는 주장을 펼쳤다. 당시 갈리아인들은 로마에 대항하기에 무력한 현실 때문에 고통스러워했으며, 베르킨게토릭스가 나서서 무장봉기만이 힘을 되찾을 유일한 방법이라는 것을 많은 이들에게 확신시켰다는 사실이 카이사르의 일지에도 기록되어 있다. 베르킨게토릭스를 지지하는 사람들은 그를 아르베르니 족의 왕으로 추대했으며, 몇몇 부족들은 그를 갈리아 연합군의 사령관으로 삼는 데 동의했다.

정확한 자료가 남아 있지는 않지만, 이때 아마 그의 나이는 이십 대 또는 삼십 대 초반이었을 것이다. 그는 대단히 전술적인 지휘관으로서 이미 명성이 높았으며, 실제에서도 이를 증명해 보여주고자 했다. 그러나 중요한 첫 전투에서는 일이 뜻대로 되지 않았다. 로마가 노비오두눔에서 쉽사리 갈리아를 꺾어버린 것이다. 베르킨게토릭스는 게릴라전으로 전술을 바꾸었다. 자신을 지지하는 부족에게 농지와 마을을 불태우는 초토화 작전을 지시하여 침략해 오는 로마 군이 쉬거나 보급품을 확보할 수 있는 길을 막아버리고 자신은 로마 군의 보급로를 급습했다.

코믹 릴리프 Comic Relief

유럽에서 가장 인기 있는 만화 중에 베르킨게토릭스 시대를 배경으로 하는 것이 있다.
르네 고시니가 쓰고 알베르 우데르조가 그려서 1959년에 처음 출간한
〈아스테릭스의 모험(The Adventures of Asterix)〉이 그것이다.
로마에 지배당하기 전의 마지막 갈리아인 마을에 사는 주인공 아스테릭스와
그 동료 갈리아인들이 겪는 모험담인데, 개중에는 베르킨게토릭스가 등장하는
이야기들도 더러 있다. 시리즈의 초기 스토리들에서는 카이사르와 로마 군에 맞서 싸우는
갈리아인들의 모습을 주로 다루었는데, 뒤로 가면 등장인물들이 고향을 벗어나
먼 곳으로 모험을 떠난다. 유럽, 특히 프랑스 독자들은 순식간에 만화의
등장인물들에게 빠져들었으며 덕분에 3억 권이 넘는 책이 날개 돋친 듯 팔려나갔다.
〈아스테릭스의 모험〉은 12편짜리 영화로도 제작되었으며, 1989년에는 파리 외곽에
디즈니랜드와 비슷한 놀이공원이 〈아스테릭스 공원(Parc Asterix)〉이라는 이름으로 개장되었다.

베르킨게토릭스와 그의 군대가 아바리쿰에 본부를 설치하자 카이사르는 거의 한 달가량 이 마을을 포위하여 갈리아인들을 굶주리게 했다. 그런 후에 공격이 개시되자 갈리아 병사들은 뿔뿔이 흩어져 버렸고, 남은 마을 사람들과 다수의 베르킨게토릭스 휘하 병사들은 로마 군의 칼에 살육되었다. 베르킨게토릭스에게는 뼈아픈 교훈이 남은 전투였다. 그것은 로마 군에게 다음 전투를 준비할 여지를 주지 말라는 것이었다.

베르킨게토릭스가 이끈 반란의 정점은 게르고비아 전투에서 찾아왔다. 카이사르는 이때도 마을을 포위하는 작전을 썼지만 이번에는 베르킨게토릭스의 군대가 로마 군의 공격을 되받아쳤다. 로마 군은 수백 명의 병사를 잃고 후퇴했다. 그러나 이것이 베르킨게토릭스의 마지막 승리였다.

전통적인 방식의 군대 대 군대 전투에 능한 로마 군은 들판에서 갈리아 군을 연파하기 시작했다. 결국 베르킨게토릭스가 갈리아 저항군의 사령관이 되고서 일 년도 채 못 되어 그와 8만 명의 남은 군사들은 갈리아 북동부의 알레시아 요새에 고립되고 말았다. 카이사르의 레기온들은 두 달에 걸쳐 요새를 포위 공격했다. 47개 부족에서 모인 베르킨게토릭스의 동맹군은 로마 군을 에워싸고 끊임없이 싸움을 걸면서 포위를 풀어주려고 백방으로 노력했다. 그러나 사령관이 요새에 고립되어 있어서 군대를 정비하는 일조차 힘겨웠던 갈리아 군이 엄격한 훈련을 거친 로마 레기온을 상대하는 일은 그야말로 악전

베르킨게토릭스가 카이사르에게 항복하고 있다.
리오넬 로이어(Lionel Royer)의 그림, 1899년.

고투였다. 로마는 모든 공격을 막아냈고, 베르킨게토릭스와 부하들이 마을을 탈출하려고 한 필사의 시도까지 차단했다. 양쪽 편 모두 갈리아가 졌다는 사실을 알고 있었다.

•••••••

마지막까지 위엄을 잃지 않았던 베르킨게토릭스는 알레시아에서 자신을 희생하기로 결심했다. 사령관인 자신을 로마에 바치는 것으로 병사들에게 자비를 베풀어 달라고 청하기로 한 것이다. 전해지는 이야기에 따르면 그는 말을

효과적인 찬양

베르킨게토릭스는 프랑스에서 위대한 영웅으로 여겨진다. 그런데 그는 살아생전에 대단히 명성을 떨친 것에 비하면 놀라울 만큼 정말 오랜 세월 동안 완전히 잊힌 인물이었다. 이 갈리아 지도자가 다시 명성을 떨치게 된 것은 1800년대에 이르러서였다. 나폴레옹 3세(나폴레옹 보나파르트의 조카)가 정치적인 이유로 영웅의 전설을 부활시킨 것이었다. 프랑스 최초의 선출 대통령이었던 나폴레옹 3세는 의회의 저지로 대통령직 연임에 제동이 걸리자 쿠데타를 일으켜 스스로 황제가 되었다.

나폴레옹 3세는 프러시아와의 전쟁을 앞둔 시점에서 자신의 정통성에 대해 국민들 사이에 남아 있는 의문을 해소하고 백성들을 단합시키기 위해, 그리고 그 과정에서 자신의 리더십 아래 사람들을 모으기 위한 구심점으로 삼을 공통의 유산이 필요했다.

그는 알레시아의 전투 현장을 발굴하도록 지시했으며, 1864년에 결정적이라고 하기에는 부족한 증거를 바탕으로 부르고뉴 지방의 알리즈생렌 마을 인근에서 전쟁터가 발견되었다고 공표했다(이것에 대해서는 지금도 추측이 분분하다). 황제는 전쟁터로 추정되는 그 장소에 베르킨게토릭스의 동상을 우뚝하니 세워 놓았는데, 이 역사적 영웅의 얼굴이 황제 자신의 얼굴과 흡사하게 닮았다는 것은 공공연한 비밀이었다.

타고 카이사르의 막사까지 간 뒤 말에서 내려 무장을 풀고 조용히 이 로마 군 사령관의 발치에 무릎을 꿇고 기다렸다고 한다. 그는 쇠사슬에 묶였다.

베르킨게토릭스는 로마의 감옥인 툴리아눔에서 5년을 보냈다. 먹을 것은 겨우 생명을 부지할 수 있을 만큼만 주어졌다. 기원전 46년, 율리우스 카이사르는 트라이엄프(Triumph, 대대적인 군 축하행사 및 승전 행진으로 로마에서 최고의 영예로 여겨졌다)를 개최하여 갈리아를 비롯해 적들을 영구히 지배하게 된 것을 기념했다.

축제 도중 베르킨게토릭스가 툴리아눔에서 끌려 나와 로마 군중 앞을 걸어 갔다. 패배한 적들 중 한 명에게 공개적으로 모욕을 주는 행사 순서였다. 행사에서 충분히 모욕을 받는 역할이 끝난 그는 결국 공개적으로 교수형에 처해졌다. 그것이 모욕 행사의 마지막 순서였다. 베르킨게토릭스의 조국 갈리아는 그 후로도 5세기 동안 로마의 지배 아래 남아 있었다.

클레오파트라
CLEOPATRA

시기	BC 69~30
지역	이집트
투쟁 대상	남동생, 로마

현대의 사람들에게 클레오파트라는 대개 전설적인 미모와 비극적인 죽음으로만 기억된다. 그러나 자신의 시대에 그녀는 세계무대에서 능력 있는 정치 플레이어로 명성을 얻었다. 수완 좋은 군사 전략가이자 외교관이었던 클레오파트라는 남동생을 왕좌에서 끌어내리고 당대의 유일한 단독 여성 통치자가되었다. 그녀는 나일 왕국의 마지막 파라오였다.

클레오파트라는 이집트의 공주로 태어났지만 그리스 혈통을 지니고 있었다. 알렉산더 대왕 휘하의 최고 장군 중 한 명의 직계 후손이었기 때문이다. 알렉산더 사후에 사령관들끼리 제국을 분할할 때, 프톨레마이오스 장군이 이집트를 차지하고 왕조를 세운 후 나라 이름을 프톨레마이오스 왕국으로 정하고 스스로를 파라오라 칭한 것이 기원전 305년이었다. 혈통의 정통성을 보장하기 위해 프톨레마이오스 왕조의 파라오(이름이 모두 프톨레마이오스였다)들은 남매끼리 결혼을 했으며, 수 세대 동안 이집트의 통치자들은 마케도니아 혈통의 근친혼 가계로 이어져 왔다.

알렉산더 대왕의 영향으로 이루어진 다른 왕조와 달리 프톨레마이오스는 그리스 문화를 강요하지 않았다. 비록 프톨레마이오스 왕족들은 결코 백성들의 문화를 받아들이지 않았지만, 이집트인들이 이집트인답게 살 수 있게 허락했으며 이집트 고유의 신들에게 예배를 올리는 것도 허용했다. 처음 세 명의 프톨레마이오스 왕을 거치고 나서부터 왕가는 각종 추문과 부패, 왕위 계승에 관련된 여러 살인 사건으로 인해 위세와 권력을 대폭 잃기 시작했다. 자연히 이집트의 힘도 대내외적으로 약화되었다.

IMAGE COURTESY OF THE BROOKLYN MUSEUM

클레오파트라, 대리석 조상.

클레오파트라의 아버지인 프톨레마이오스 12세가 다스릴 무렵은 혼란이 극심해져서 이집트인들의 봉기, 영토 상실, 다른 왕국의 공격을 모면하기 위한 로마와의 동맹 필요성 등으로 어지럽던 시기였다. 기원전 51년, 왕이 죽자 클레오파트라는 고작 18세의 나이로 이집트의 여왕이 되었다. 또한 프톨레마이오스 왕가의 가계 정책으로 인해 그녀의 남동생은 프톨레마이오스 13세, 즉 파라오가 되었다. 파라오는 열 살에 불과했지만 전통에 따라 클레오파트라의 공동 통치자였을 뿐 아니라 그녀의 남편이기도 했다.

●●●●●●●

한동안 클레오파트라는 동생 겸 남편의 간섭을 크게 받지 않고 그럭저럭 통치를 해나갈 수 있었다. 모든 공무를 직접 관장했으며, 남동생이 아니라 그녀 자신의 얼굴을 넣어 주화를 만들기도 했다. 프톨레마이오스 왕가의 후손 중 이집트 언어를 배우기 위해 노력한 최초의 인물도 그녀였으며, 처음으로 이집트의 종교의식에 참여한 것도 그녀였다. 파라오들은 원래 스스로 신을 자처했지만, 클레오파트라는 특별히 당시 가장 열렬한 숭배를 받던 이시스 여신을 자신과 결부시켰다(자기가 이시스의 화신이라고 주장했을 것이다). 사이가 좋지 않은 프톨레마이오스의 기준에서 보면 그녀는 거의 백성의 여인(woman of the people, 평범한 사람들의 근심 걱정에 공감하며, 그들과 친근한 관계를 맺는다는 의미-역주)이었다.

그런 만큼 많은 이집트인들에게 그녀는 대단히 자격 있는 여왕으로 받아들

여겼으며, 역으로 수도 알렉산드리아의 권력층들에게는 위협이 되었다. 환관인 포티누스가 이끌던 파라오의 조언자 무리는 클레오파트라를 외곽으로 보내버리기로 결정했다. 기원전 48년, 그들은 그녀를 수도 밖으로 쫓아내고 프톨레마이오스 13세를 유일 통치자로 앉혔다. 당연히 포티누스 일파는 권력을 마음껏 누리게 되었다.

클레오파트라는 얌전히 유배를 받아들이지 않았다. 그녀는 권력을 되찾기 위해 봉기를 계획했다. 시나이반도의 펠루시움에 근거지를 마련하고 재력과 영향력을 이용해 이집트인 군대는 물론 외국인 용병을 막론하여 군사를 모았다. 그러나 이내 자본이 달리기 시작했다. 프톨레마이오스와 그 무리는 그녀의 보급로를 막을 수 있는 일이면 무엇이든지 했다. 알렉산드리아를 제외한 왕국 전체에서 화물의 선적을 금지하는 일까지 서슴지 않았다. 그녀는 알렉산드리아 근처에 진지를 마련하는 것까지는 어떻게 해냈지만, 진짜 기회를 잡을 수는 없다는 것을 알고 있었다.

•••••••

그러다가 클레오파트라에게 결정적인 기회가 왔다. 자국에서 여전히 내전을 치르고 있던 율리우스 카이사르가 기원전 48년에 알렉산드리아에 도착한 것이었다. 카이사르가 도착하기 직전, 프톨레마이오스와 포티누스에게 충성을 바치던 무리는 카이사르의 정적인 폼페이우스가 도움을 청하자 이 위대한 로마 장군을 살해해 버렸다. 프톨레마이오스는 카이사르의 보상을 기대했지만 존경하던 사람을 죽인 살인자에게 되돌려진 것은 분노였다. 클레오파트라는 기회를 엿보았지만 카이사르를 설득해 뒷배로 삼으려던 남동생이 그의 처소를 철통같이 지키고 있었기 때문에 가까이 갈 방법이 없었다.

클레오파트라가 카이사르를 만나 모반에 협력하게 만들기 위해서는 일단 알렉산드리아로 몰래 숨어 들어가야 했다. 이 어린 여왕이 커다란 양탄자에 둘둘 말려 카이사르의 숙소로 배달됐다는 전설 같은 이야기가 여기서 탄생한다. 두 사람만 남은 방에서 그녀는 스스로 양탄자를 풀고 모습을 드러냈다. 그녀와 카이사르는 정치적으로, 또 연인으로서 한 팀이 되었다. 예상할 수 있듯이, 프톨레마이오스는 카이사르의 중재를 대단히 불쾌하게 받아들였으며, 카이사르가 데려온 소규모 군대를 포위하여 거의 6개월 동안 알렉산드리아에 봉쇄했다. 그러나 카이사르의 동맹자들이 증원군을 보내오자 사태는 내전으로 번졌다.

기원전 47년, 나일 강 전투에서 클레오파트라와 카이사르는 연합군을 이끌

꿈의 배역

최고의 명성을 떨쳤던 여성으로서의 위상, 당대 최고 권력자들과의 전설적인 로맨스 때문에 클레오파트라는 수 세기 동안 끊임없이 연극과 영화의 주제가 되었다. 셰익스피어의 작품 중 가장 대중적이면서도 뛰어난 비극에 속하는 〈안토니우스와 클레오파트라〉는 1606년에 처음 무대에 오른 이래 클레오파트라의 이야기를 대중의 뇌리에 심어주었으며, 영화가 발명된 후에는 영화의 단골 주제로도 떠올랐다. 1908년에 셰익스피어 희곡을 영화화한 작품을 시작으로 비비안 리, 클로데트 콜베르, 엘리자베스 테일러 등이 차례로 이 이집트의 마지막 여왕을 연기했다.

고 프톨레마이오스 13세와 격돌했으며, 프톨레마이오스는 전투를 피해 달아나던 중 강에 빠져 목숨을 잃었다. 승리한 클레오파트라는 왕관을 되찾았다. 이후 그녀는 더 아래 동생인 프톨레마이오스 14세와 오로지 전통을 지키기 위해 결혼했지만, 그는 너무 어려서 어떤 권력도 휘두를 수 없었다.

그녀와 카이사르는 결혼을 하지 않았다. 로마법에서는 로마인과 비로마인의 결합을 인정하지 않았다. 그러나 두 사람의 연애 관계는 십 년 넘게 이어졌으며, 클레오파트라는 카이사르를 따라 생활의 기반을 로마로 옮겨갔다. 그녀는 카이사르의 유일한 생물학적 아들로 알려진 카이사리온을 낳았다. 기원전 44년, 카이사르가 살해당하자 클레오파트라는 이집트로 돌아갔다. 공동 통치자였던 남동생이 의문의 죽음을 맞은 뒤여서(클레오파트라에게 독살되었을 가능성이 있다) 그녀는 아들 카이사리온을 공동 통치자 자리에 앉혔다.

이집트에 있으면서도 클레오파트라는 로마의 내정에 관여하는 일을 멈추지 않았으며, 결국 그 대가를 치르게 된다. 기원전 41년, 그녀는 카이사르의 사후에 권력을 잡게 된 로마의 지도자들 가운데 마르쿠스 안토니우스와 연애 관계를 시작했다. 안토니우스는 클레오파트라에게 깊이 빠져서 그녀와의 사이에 세 자녀를 두었으며, 로마의 아내를 버리고 이집트로 옮겨가 그녀와 정식 결혼을 감행했다. 그는 로마 군을 동원해 클레오파트라가 이집트의 영토를 확장할 수 있게 도왔으며, 카이사리온이 카이사르의 정당한 상속자임을 공공연히 인정했다.

이것은 카이사르가 유언장에서 후계자라고 밝힌 옥타비아누스의 심기를 건드렸다. 게다가 그는 로마에서 안토니우스의 최대의 정적이기도 했다. 옥타비아누스와 그의 지지자들은 반 클레오파트라 선전 캠페인을 벌이기 시작했다. 클레오파트라가 남자를 꾀어내는 요물이자 장차 로마에 해를 끼칠 위험인물이라고 선전하고, 그녀가 안토니우스를 이용해 힘을 키워나가고 있다고 퍼뜨렸다. 로마에서는 이미 그녀와 카이사르의 관계가 추문으로 퍼져 있었기 때문에 옥타비아누스 입장에서는 시민들을 상대로 이 외국의 여왕이 끼칠 영향을 적대적인 것으로 돌리는 것은 어려운 일이 아니었다.

●●●●●●●

기원전 33년, 옥타비아누스는 원로원을 움직여 이집트에 전쟁을 선포하고 직접 정복에 나섰다. 기원전 31년 9월 2일, 운명의 악티움 해전에서 안토니우스와 클레오파트라가 이끄는 연합 해군은 어찌해 볼 수 없을 만큼 참패했다. 클레오파트라는 이집트로 물러나 아들 카이사리온을 안전한 곳으로 보내놓고 나서 다가올 침공에 광적으로 대비해 나가기 시작했다. 그 사실을 알지 못했던 안토니우스는 클레오파트라가 전투 중에 사망한 것으로 생각하고 자결을 시도했다가 부하들에 의해 가까스로 이집트에 옮겨졌으며, 곧 숨을 거두었다.

기원전 30년 8월 1일, 옥타비아누스는 알렉산드리아를 손에 넣었다. 클레오파트라는 옥타비아누스의 손에 자신의 운명이 결정되는 것을 원치 않았다.

8월 12일, 그녀는 독이 있는 코브라에 물리는 방법으로 자살을 결행했다. 이때 그녀의 나이는 서른아홉 살이었다.

옥타비아누스는 클레오파트라의 핏줄이 이어질 수 있는 싹을 잘라 버리기 위해 카이사리온까지 이집트로 다시 데려다 처형했다. 같은 해에 그는 이집트가 로마의 속주임을 선언하고 로마 총독부를 설치했다. 클레오파트라의 죽음은 3세기 동안 이집트를 통치한 프톨레마이오스 왕조의 소멸이면서 동시에 고대 세계의 가장 비옥한 땅에서 로마의 통치가 시작된다는 신호탄이기도 했다.

뱀에 관한 논란

클레오파트라의 전설적 생애를 이루는 것들 중 독사에게 물리는 방법으로 자살했다는 대목은 가장 중요한 부분이면서 몇 가지 귀중한 의미를 내포하고 있다. 이집트 코브라라고 불리는 작은 독사는 당시에 여신 이시스의 상징으로서 신성한 존재로 여겨졌는데, 클레오파트라의 마지막 순간이 여왕에게 어울리는 것이었다는 의미가 된다. 그녀는 완벽하게 차려입고 장신구를 착용하고서 황금빛 긴 의자에 기대 누워 있었다고 전해진다. 옥타비아누스는 그녀가 선택한 죽음의 방식, 즉 독사에게 물려 죽었다는 것을 인정하려 하지 않았으며, 심지어 뱀을 부리는 사람을 데려다 그녀의 몸에 난 상처에서 독을 빨아내 보려고도 했다. 독사를 이용한 자살에 대해서는 고대에도 의견이 분분했다. 무엇보다 그녀의 여러 방들 어디에서도 뱀이 발견되지 않았던 것이다. 고대의 역사가들은 독이 묻은 머리빗이나 독이 든 연고를 이용했을 수 있다고 생각했으며, 심지어 클레오파트라 자신이 자기 살갗을 물어 상처를 낸 다음 독을 침투시켰을 수도 있다고 했다. 확실한 것은 알 수 없지만 대부분의 로마의 문헌에서는 뱀 이야기를 정설로 다루고 있으며, 결국 옥타비아누스도 로마에서 승리의 퍼레이드를 개최했을 때 뱀에 물리는 클레오파트라의 형상을 사용할 수 있게 허가해 주었다.

아르미니우스
ARMINIUS

시기	BC 18~19
지역	게르마니아
투쟁 대상	로마

역사적으로 가장 고된 여정을 걸은 지도자들 중에는 로마에 대적하다가 고통 받았던 사람들이 많다(이 책에도 그런 인물이 적지 않다). 그건 역사에서 꽤 오랜 기간 동안 로마 제국의 팽창이 계속되었기 때문이다. 로마의 힘은 계속해서 확장되어 끝내 유럽과 지중해 전역을 정복하고야 말 것 같았다. 그런 시기에 분연히 일어나 로마에 맞섰으며, 기어이 승리를 거머쥔 아르미니우스는 혁명가들 사이에서도 혁명적인 인물이었다.

고대 세계에서는 전쟁에서 이긴 측이 패배한 나라의 상류층 자제를 인질로 요구하는 것이 흔한 일이었는데, 인질의 신분이기는 했지만 아이들은 곧잘 자신들을 억류한 집 자제들과 친구가 되어 비교적 잘 성장할 수 있었다. 물론 고국의 부모들이 승전국의 명령에 불복할 경우에는 어떤 일을 당할지 모르는

PHOTO BY SHAKKO / WIKICOMMONS

아르미니우스로 알려진 로마의 흉상이기는 하지만 확실하지 않다.

위험이 늘 따랐다. 아르미니우스는 기원전 18년경에 체루스키 부족의 족장 세기메루스의 아들로 태어나, 그 아버지가 허튼짓을 하지 못하게 하는 역할로서 어린 나이에 볼모가 되었다. 로마에서 성장한 아르미니우스는 로마 사회가 어떤 방식으로 작동하는지를 잘 알게 되었다.

그 무렵 로마는 게르만 부족들과 꽤 오랫동안 전쟁을 치르고 있던 상황이었다. 특히 킴브리와 테우토네스 부족은 아르미니우스가 태어나기 1세기 전쯤부터 로마에 적지 않은 위협이 되고 있었다. 킴브리 족은 불과 몇 년 전까지만 해도 로마인들이 들어본 적도 없는 부족이었는데, 로마로 직접 쳐들어가 기원전 101년에 패배하기 전까지 10만 명이 넘는 로마인들을 죽였다. 그들은 켈트나 갈리아인들처럼 부족 단위로 움직였기 때문에 로마는 틈나는 대로 개별 부족을 복속시켰다. 전쟁을 통해서 정복하기도 하고 때로는 의존국 상태로 두기도 했다.

로마에서 볼모로 성장하면서 아르미니우스는 공식적인 로마 군사 교육을 받는 혜택을 누릴 수 있었다. 그는 로마에 아주 잘 동화된 데다 족장 가문 출신이라는 태생에 힘입어 로마 시민권을 얻고 기사에 해당하는 기병의 지위까지 얻었다. 아르미니우스가 군사 훈련에서 두각을 나타내자 로마는 레기온을 보조하여 전투에 임하는 비 로마인 군대 일부를 그에게 맡겼다.

•••••••

그러다 어느 시점부터 아르미니우스는 자신의 부하들을 이끌고 로마에 대항해 싸우기 시작했다. 그가 갑자기 그런 결심을 하게 된 것인지, 아니면 원래부터 이중 첩자였는데 그동안은 로마의 방식을 배웠다가 그 장점으로 로마를 공격할 수 있는 때를 노려왔던 것인지는 분명하지 않다. 어느 쪽이든 그는 유럽 최강의 제국이 게르마니아를 지배하는 것을 지켜보는 일에 염증을 느껴 행동해야 할 때라고 생각했다.

서기 9년 9월, 고대 세계의 전설적인 승리 중 하나를 이루었을 무렵 아르미니우스는 스물일곱 살 언저리에 있었다. 누구의 입장에서 보느냐에 따라 그는 빛나는 전략가이거나 아니면 협잡꾼이었다. 그는 게르마니아의 총독인 푸블리우스 큉크틸리우스 바루스를 속여 그의 세 레기온을 토이토부르크 숲으로 유인해 교묘하게 쳐 놓은 덫에 빠뜨렸다.

바루스는 로마령 아프리카에 이어 시리아의 총독으로 있을 당시 악랄한 통치자로 악명을 떨친 사람이었다. 그는 이미 북부 게르마니아에서 반란의 조짐이 있다는 보고를 듣고 있었는데, 아르미니우스가 마침 그 지역으로 로마 보조군을 이끌고 다녀온 적이 있어서 아르미니우스의 말을 전적으로 신뢰할 수밖에 없었다.

아르미니우스가 북부 게르마니아로 갔던 진짜 목적은 로마에 대항할 동맹군을 확보하는 것이었다. 그는 그 지역의 게르만 부족들에게 자신이 이끄는 보조군만으로는 부족하다면서 군사를 더 보태 달라고 호소했다. 동의한 부족이 많지는 않았지만 덕분에 꼭 필요한 만큼의 군사는 확보되었다.

일단 준비를 끝내고 아르미니우스는 잘 속아 넘어가는 문제의 총독에게로 돌아가 레기온을 동원해 반란을 막아야 한다고 설득했다. 바루스에게는 잘 갖추어진 세 레기온이 있었는데, 총 2만 명에 육박하는 이 군사들 모두가 아르미니우스의 말에 따라 반란의 움직임이 있다고 의심되는 곳으로 이동했다. 그리고 그중 일부만이 토이토부르크 숲에서 살아남았다.

아르미니우스는 좁은 숲길 양쪽에 군사들을 매복해 두고 로마 군을 곧장 매복 장소로 이끌었다. 반란군은 가벼운 검과 창으로 공격하며 레기온을 포위하기 시작했다. 로마 군은 달아나려고 했지만 퇴로에는 아르미니우스가 마련

이름을 지을 권리

아르미니우스가 세상을 떠나고 수 세기가 흐른 후 그에게 새 이름이 붙여졌다.
헤르만이라는 이름이 그것이었다. 헤르만으로 재명명하자는 아이디어는
마틴 루터에게서 나온 것이 아니었을까 싶다.
루터는 그의 이름이 게르만 성명의 라틴 형태였을 것이라고 생각했는데,
이 생각이 옳았는지는 아직까지 미지수다.
아르미니우스/헤르만은 1800년대에 프로이센 주가 독일의 근대 국가를 형성하는
과정을 밟기 시작했을 때 강력한 상징으로 떠올랐다.
1875년, 프로이센-프랑스 전쟁에서 승리한 후 독일인들은 '헤르만 기념상'을 완성했다.
아르미니우스가 검을 치켜들고 있는 형태상의 이 동상은 토이토부르크 숲에 있으며,
지금도 독일의 가장 유명한 관광 명소로 사랑받고 있다.
미국에서 가장 높은 조각상 중에는 뉴욕 시의 헤르만 하이츠 기념비가 있다.
독일인 이민자들을 지원하기 위해 1800년대에 결성된 '헤르만의 후예 기사단(The Order of the Sons of Hermann)'이 건립한 것이다. 또한 미주리 주의 헤르만 타운 역시
독일인 거주자들의 정착을 위한 마을로 특별히 조성된 곳이다.

해 놓은 또 다른 함정이 기다리고 있었다. 깊은 구덩이와 게르만인들이 숨겨 둔 커다란 벽이 그것이었다. 운 좋게 빠져나간 로마 군사들을 아르미니우스의 기병이 뒤쫓았고, 들판에서는 기다리고 있던 군대가 지친 로마 군들을 공격했다. 나흘을 꼬박 격렬히 싸운 결과는 게르만의 대승이었다. 바루스는 문자 그대로 자신의 칼에 몸을 던져 자살을 선택했다. 그런 식의 참담한 패배를 당한 후 로마로 돌아가는 낭패를 도저히 감당할 수가 없었던 것이다.

●●●●●●●

로마의 역사가 타키투스는 아르미니우스를 '의심의 여지가 없는 게르만의 해방자'로 칭했으며, 실제로 그는 로마의 게르마니아 정복 시도를 저지한 인물의 대명사처럼 여겨졌다. 그러나 여기에는 약간의 과장이 있다. 아르미니우스는 게르만 부족들을 통합하지 못했고, 봉기에 참여한 부족의 수는 몇 되지 않았다. 게다가 로마는 게르마니아의 복속을 포기한 적이 없었다. 아르미니우스의 승리로 로마가 라인강 동쪽의 정복을 멈춘 것은 맞지만, 토이토부르크의 재앙으로부터 몇 년이 지나지 않아 다시 이 지역에서 전투를 시작했으며, 이후로도 오랫동안 게르마니아에서 완전히 물러나지는 않았다. 그렇기는 하지만 아르미니우스가 거대하고도 중요한 봉기를 승리로 이끌었다는 것은 분명하다.

그러나 불행히도, 토이토부르크 이후 아르미니우스의 삶은 고난의 연속이었다. 로마 군은 임신한 그의 아내를 사로잡아 태어나지도 않은 아들까지 평생 노예로 삼는 것으로 보복했다. 또 다른 로마 사령관인 게르마니쿠스는 아르미니우스와 그 군대를 수차례나 효과적으로 공격해 타격을 주었다. 그는 끝까지 로마 군에게 붙잡히지 않았지만 서기 19년, 그의 권력을 두려워한 부족 내의 동료들에 의해 살해되고 만다.

그러나 그가 남긴 것은 뚜렷했다. 로마는 결코 게르마니아를 온전히 정복하지 못했으며, 로마 제국의 몰락에 마지막 결정타를 날린 것 역시 게르만 '야만인'들이었다.

노래가 되다

클래식 음악과 뮤지컬 작곡을 독일보다 더 잘하는 나라는 많지 않다.
따라서 게르만의 영웅 아르미니우스의 위상 정도면 독일에서 그에 관한 서사적 오페라가 탄생하는 것은 당연한 일일 것이다. 1690년대에 하인리히 이그나츠 프란츠 폰 비버가 매우 허구화된 내용의 〈아르미니오(Arminio)〉를 작곡했는데,
이것이 잘츠부르크의 오페라 핫스팟에서 공연된 최초의 오페라였다.
로마 지휘관 게르마니쿠스가 아르미니우스의 아내를 노예로 만들어 티베리우스에게 팔아넘기고, 아르미니우스는 아내를 구하기 위해 하인으로 위장하는 것이 주된 내용이다.
이 오페라의 부제인 '칠라두라라빈체(Chia la Dura la Vince)'는
'끝까지 버티어서 승리한 자'라는 뜻으로, 아르미니우스에게 어울리는 기치라 할 수 있다.
1736년에는 헨델이 새로운 버전의 〈아르미니오〉를 썼다. 이 작품은 유명한 카스트라토(castrato, 남성 거세 가수-역주) 콘티(Conti)가 아르미니우스 역을 맡아 화제가 되었다. 실제로는 노예가 아니라 볼모였으며, 토이토부르크 숲에서의 승리 후에도 로마에 사로잡힌 적이 없었지만 콘티가 맡은 아르미니우스는 거의 쇠사슬에 묶인 모습으로 등장한다. 두 버전 모두 정확한 사실과는 거리가 있지만 작품 자체로는 훌륭하다는 평가를 받고 있다.

부디카
BOUDICA

시기   BC 30~61

지역   브리튼

투쟁 대상   로마

고대 세계에서 혁명은 대개 남성들의 게임이었다. 아마 여성 지도자를 받아들이는 고대 사회가 드물었기 때문일 것이다. 그래서 더욱 부디카가 강렬한 인상으로 남아 있지 않나 싶다. 부디카는 이세니 부족의 여왕으로서 혹독한 배신을 딛고 살아남았으며, 브리튼을 결집시켜 조국의 침략자들에 맞서 싸웠다.

1세기경에 로마의 지배하에 있던 지금의 그레이트브리튼(Great Britain, 영국을 이루는 큰 섬. 잉글랜드, 스코틀랜드, 웨일스로 구분된다-역주) 남쪽에서 켈트 족의 여인으로 살았던 부디카는 로마와 평화롭게 공존할 수 있을 것이라는 부푼 기대를 안고 있었다. 로마는 분할해가며 정복하는 평소의 방식으로 영국제도를 정복하면서 우호적인 태도를 보이는 부족과는 협정을 맺기도 했는데, 이세니 부족도 그중 하나였다.

로마가 브리튼을 침략하기 시작한 것은 기원전 55년, 율리우스 카이사르 때부터였다. 그전까지는 의존국 형태로만 지배했을 뿐 실제로 군대를 주둔시킨 적은 없었는데, 이후의 황제들은 그렇지 않았다. 제국의 다른 지역에서 일어난 봉기 때문에 신경을 딴 곳에 써야 해서 몇 차례 침략 계획을 취소한 것을 제외하고는 끈질기게 브리튼을 침략했다. 43년, 클라우디우스 황제는 레기온들을 보내 브리튼에서의 실질적인 권력 장악에 나섰다. 그가 영국제도의 남부에서 승리를 선언하고 총독부를 설치하기까지 걸린 기간은 고작 16일 정도였던 것으로 전해진다. 부디카의 남편이자 이세니의 왕인 프라수타구스는 로마의 요구에 협조하기만 하면 족장의 통치를 유지하게 해주는 조건으로 로마와 협상을 시도하기로 했다.

다른 켈트 부족들, 특히 웨일스 지역의 부족들은 로마의 통치에 덜 우호적이었으며 더러 봉기를 일으켰다가 참담히 실패하곤 했지만, 이세니 족만은 협상 조건을 잘 지켰다. 심지어 클라우디우스가 죽고 그가 선택한 후계자─조카의 아들로서 가학적인 성격으로 악명 높은 네로─가 황제의 자리를 물려받은 뒤에도 요구 조건을 충실히 이행했다. 그러나 네로는 브리튼 총독에게 더 많은 재량권을 줌으로써 피지배 민족이 견디기 더 힘들게 만들었다. 게다가 로마 군은 도적질을 일삼고 툭하면 어린아이를 납치하여 병사로 만들거나 켈트 족에게 로마 군에 입대하라고 종용했다. 결국 이세니 족에서도 불만이 터져 나오기 시작했다. 그런 중에도 이세니 족장과 황제 사이의 협정은 적어도 원칙적으로는 유지되고 있었다.

IMAGE COURTESY OF LIBRARY OF CONGRESS

군중에게 연설하는 부디카. 존 오피(*John Opie*)의 그림, *1793년.*

••••••

60년에 프라수타구스가 죽으면서 상황은 바뀌기 시작했다. 그는 왕국을 반으로 나누어 절반을 두 딸에게, 나머지 절반을 네로에게 주라는 유언을 남겼는데, 아무런 수고도 없이 왕국의 절반을 차지하게 된 황제는 만족하지 않았다.

로마는 켈트 족보다 남성 지배적인 성격이 훨씬 더 강한 사회였으며, 남성 계보를 통해서만 상속과 후계를 인정했다. 네로는 프라수타구스의 유언에는 아랑곳이 없었고, 땅이 어떤 식으로든 딸들에게 상속된다는 생각 자체를 원칙 위반이라고 여겼다. 그는 특유의 잔인한 방식으로 부디카와 그녀의 가족에게 분풀이를 했다. 두 딸 모두 로마 군사들을 시켜 강간하고, 여왕인 부디카는 공개적으로 발가벗겨 매질을 한 것이다. 다른 부족민들도 저마다 곤욕을 치렀다. 네로는 프라수타구스가 로마에 빚을 졌다면서 죽은 왕의 백성들이 빚을 대신 갚아야 한다고 우겼다. 급기야 그는 이세니 귀족들의 땅을 빼앗고 한 번도 협정을 맺은 적이 없는 다른 부족들과 똑같은 방식으로 이들을 다스렸다.

로마의 역사가 타키투스의 말에 따르면 브리튼인들은 "굴종을 깨고 예속을 거부했다". 그들은 자신들의 여왕에 대한 가혹한 행위를 참을 수 없는 모욕으로 받아들였다. 게다가 켈트 족은 한 번도 스스로의 통제권을 완전히 잃은 적이 없었으며 그걸 쉽게 포기할 생각이 전혀 없었다. 부디카는 분연히 떨치고 일어났다. 그때쯤엔 다른 이세니 부족원들도 로마가 영구히 정복자로서의 위치를 내려놓지 않을 것이라는 걸 알게 되었다. 이세니 부족은 트리노반테스 부족과 군대를 연합하고 부디카를 지휘관으로 추대했다.

● ● ● ● ● ● ●

이세니의 여왕은 과감한 행보로 봉기의 문을 열었다. 로마인 총독이 웨일스에서 교전하는 사이, 그녀는 로마령 브리튼의 수도인 카물로두눔으로 진격해 갔다. 로마는 이 도시의 원주민들을 몰아내고 집을 빼앗았으며, 클라우디우스의 사원 건립비 명목으로 돈을 갈취하고 있었다. 부디카는 그곳을 공격하여 건물들을 불태우고 부수었으며, 마침내 최후의 방어선을 무너뜨렸다. 이어 문제의 악명 높은 사원으로 밀고 들어가 안에 있던 사람들을 죽이고 건물을 파괴해 버렸다.

수도를 파괴하는 것만으로는 로마에 위협이 되지 않으리라 판단한 부디카는 다음 목표를 지금의 런던에 해당하는 론디니움으로 정했다. 론디니움은 무역의 거점으로 성장하는 도시였다. 자신의 부대 인원이 압도적으로 많지만 당장은 부디카가 정말로 위협적이라는 것을 알고 있었던 로마인 총독은 사람들을 도피시킨 후 도시가 파괴되도록 내버려 두었다. 부디카와 그녀의 군대는 반쯤 빈 도시에서 눈에 띄는 대로 사람들을 죽이고 닥치는 대로 태워 버리면서 도시를 휩쓸었다. 기세를 몰아 그녀는 베룰라미움에서도 똑같이 했다.

부디카의 군대가 어찌나 대단했던지, 저 악명 높은 네로가 브리튼에서 아예 철수하는 것을 강력히 고려했을 정도였다. 타키투스는 '브리튼이 그처럼 불안하고 위험한 상태였던 적은 이전에도, 그 이후에도 없었다'고 당시를 묘사했다. 부디카는 7만에서 8만 명에 이르는 로마인과 동맹군들을 죽였다. 거기에는 수천 명의 엘리트 로마 군인들도 포함되어 있었다.

•••••••

그러나 로마에 대항한 다른 많은 혁명가들처럼 부디카도 전투에서는 이겼지

여왕의 부흥

부디카가 여성 전사로서 브리튼인들을 결집시킨 일은 영국인들을 하나로 만들어 권리를 지켜 낸 후대의 여성 전사들 덕분에 두 차례에 걸쳐 전설로 부활했다. 첫 번째는 튜더 왕가의 여왕인 엘리자베스 1세가 막강한 스페인 무적함대를 물리치고 왕국을 성공적으로 지켜 냈을 때였다. 제임스 애스케(James Aske)는 1588년에 쓴 시 '승리의 엘리자베스(Elizabetha Triumphans)'에서 엘리자베스를 부디카에 비유했으며, 그 밖에 수많은 전기에서도 일제히 부디카의 이야기를 다루었다. 1591년 출간된 페트루치오 우발디니(Petruccio Ubaldini)의 〈잉글랜드와 스코틀랜드 왕국의 고귀한 숙녀분들의 삶〉에서는 이 이세니의 여왕을 폭정에 항거한 정의로운 투사로 그려냈고, 1610년에는 존 플레처(John Fletcher)가 연극 〈부디카〉를 통해 그 무렵 세상을 떠난 엘리자베스와의 사이에서 유사점을 이끌어냈다. 부디카는 빅토리아 여왕 시대에도 또 한 번 되살아났다. 빅토리아 여왕은 부디카의 열렬한 팬이었으며, 자신이 부디카와 닮았다고 생각했다 (예를 들면 자신과 부디카의 이름이 모두 '승리(Victory)'에서 비롯된 것이라는 점도 그랬다). 그런데 빅토리아 여왕이 이 켈트 족 선배에게 열광한 것은 다소 얄궂은 부분이 있었다. 빅토리아의 치세는 영국이 세계 지배의 정점에 있던 때로, 이른바 대영제국은 해가 지지 않는다는 말을 듣던 시기였으므로 이 여왕의 상황은 반란을 일으킨 브리튼 쪽보다는 지배자인 로마와 더 흡사했기 때문이다.

만 전쟁에서 승리하지는 못했다. 그녀가 베룰라미움을 공략하는 사이, 로마인 총독 가이우스 수에토니우스 파울리누스는 총력전을 대비해 남겨 두었던 병력을 준비시키고 있었다. 그는 베룰라미움과 론디니움을 잇는 와틀링 가도를 전투 장소로 정하고 적이 도착하기를 기다렸다.

부디카와 두 딸은 전차에 올라 반란군을 이끌었지만, 로마 군은 일제히 무거운 창을 던져 첫 공격을 막아냈다. 이어 수에토니우스의 군대는 전투 대형을 유지하면서 이세니 부족과 그 동맹군들을 좁은 지역으로 밀어 넣고 백병전을 벌였다. 이 전투에서 군대와 함께 이동하던 여자와 아이들까지 모두 로마 군에게 죽임을 당했다. 브리튼인들은 후퇴를 시도했지만 자신들이 몰고 온 수레와 동물들에 의해 퇴로가 막힌 채 로마 군의 후방 공격을 허용하고 말았다.

런던 대화재
부디카에 관해 역사적으로 알려진 사실의 대부분은 로마의 문헌이나
그녀의 팬들 사이에 전해 내려오는 이야기에서 비롯되었다.
그러나 저 유명한 런던 방화에 관해서 만큼은 과학자들과 고고학자들이
나서서 사실이라는 것을 입증해주고 있다.
부디카의 봉기로부터 거의 2천 년이 지난 오늘날까지도 런던의 건축업자들은
붉은 재의 지층에서 그녀가 이 도시를 공격했던 증거를 발견해내곤 한다.
그 시대의 것으로 추정되는 붉은 재는 61년 당시 불에 탄 사람들과 건물들의
잔재인 것으로 여겨진다. 1666년, 런던은 다시 한번 대대적인 화재에 휩싸였다.
이번에는 분노나 의도적인 것과는 상관없이 빵집의 작은 불이 번져 나간 것이었는데,
엄청난 재산의 손실을 기록했지만 인명 피해는 훨씬 적었다.
결국 지금의 런던은 같은 장소에 세워진 대도시의 세 번째 버전인 셈이다.
카물로두눔(지금의 콜체스터)과 베룰라미움(지금의 세인트올번스)에서도
똑같은 종류의 재가 발견되어 부디카의 공격을 증언해주고 있다.

부디카는 전투가 끝난 후 살아남지 못했다. 그녀가 정확히 어떻게 죽었는지는 미스터리로 남았다. 자료마다 달라서 질병으로 사망했다고도 하고, 사로잡히지 않기 위해 자살을 했다고도 한다. 어느 쪽이 됐건, 그녀는 로마가 승리를 선언하고 북으로 진군할 무렵 세상을 떠났다. 그녀의 봉기는 일 년 정도밖에 이어지지 않았지만 로마가 브리튼을 대하는 방식을 다시 고려할 수밖에 없게 만들었다. 또 다른 부디카가 나타나는 것을 두려워하게 만든 것이다. 로마는 브리튼의 총독을 덜 가혹한 관리들로 교체했으며, 이후 수백 년의 지배 기간 동안 조금은 더 융통성 있는 정책을 펼쳤다.

윌리엄 월리스
WILLIAM WALLACE

시기	BC 1270~1305
지역	스코틀랜드
투쟁 대상	잉글랜드

잉글랜드의 지배에 대항하여 일어난 스코틀랜드의 독립 투쟁은 윌리엄 월리스에서 끝이 났지만, 전쟁 초기에 거둔 성공만으로도 그는 살아 있을 때부터 이미 전설이 되었으며 700년이 훌쩍 지난 지금까지도 그는 독보적인 스코틀랜드의 민중 영웅이다.

월리스가 태어났을 무렵 잉글랜드와 스코틀랜드는 비교적 평화롭게 공존하고 있었다. 그러다 1290년에 스코틀랜드의 국왕이 후계자를 남기지 않고 세상을 떠나 버리자 상황이 급격히 바뀌었다. 수많은 후보자들이 저마다 자기가 자격이 있다고 주장하고 나선 가운데, 존 드 발리올^{John de Balliol}이 왕좌에 올랐다. 대신에 그는 권력의 상당 부분을 스코틀랜드의 귀족들로 구성된 통치위원회에 넘겨야 했다. 1296년, 잉글랜드의 에드워드 1세는 존 왕의 약점을 이용해 스코틀랜드를 공격했으며, 두 나라 사이의 평화는 산산이 부서져 버렸다.

잉글랜드 군대는 스코틀랜드의 도시 버위크를 순식간에 점령하고, 던바 전투에서 스코틀랜드 군을 격퇴시켰다. 궁지에 몰린 존 왕은 왕위를 포기하고 왕관을 내놓았다. 에드워드는 퇴위한 왕을 악명 높은 런던탑에 던져 넣고, 스코틀랜드의 귀족들을 전쟁포로로 억류한 뒤 지체 없이 자신을 스코틀랜드의 왕으로 선포했다. 그는 여전히 권력의 자리에 있는 스코틀랜드 귀족들에게 자신에 대한 충성을 선언할 것을 요구하면서 불과 몇 개월 사이에 스코틀랜드의 대부분을 잉글랜드의 지배 아래 두었다. 또한 스코틀랜드에 과도한 세금을 부과하고, 스코틀랜드인들을 강제로 자신의 군대에서 싸우게 했으며, 전반적으로 스코틀랜드를 기존의 자유로운 땅이 아니라 자신에게 예속된 봉건 영지처럼 다루었다.

●●●●●●●

에드워드가 스코틀랜드를 침공하기 전까지 윌리스의 생애에 대해서는 몇 가지 기본적인 사실 외에는 알려진 것이 많지 않다. 그가 스코틀랜드의 소귀족 지주의 아들이라는 것 정도가 확실한 정보다.

그는 1270년에 태어났으며, 이십 대 후반에 봉기를 일으켰다. 또한 얼마간의 군대 경험을 지니고 있었으리라고 추측된다. 그가 중요한 인물로 떠오른

할리우드에서 되살아난 윌리엄 월리스.

것은 1297년 5월, 서른 명가량을 이끌고 라나크 성을 공격해 책임자인 잉글랜드인 치안대장을 죽이면서부터다. 이것이 스코틀랜드 독립전쟁의 서막이었다. 전해지는 이야기에 따르면 이 치안대장이 몇 가지 범죄를 앞세워 월리스를 체포하려고 했는데, 여의치가 않자 대신에 월리스의 아내를 붙잡아 처형한 것이 빌미가 되었다고 한다. 이 이야기가 사실과 정확히 일치하느냐고 하면 장담할 수는 없겠지만, 이와 비슷한 사건이 월리스에게 동기를 부여한 것은 확실한 것 같다.

이유가 무엇이었든 치안대장을 죽인 일로 월리스는 왕좌에 대항하는 봉기의 문을 연 셈이 되었다. 수천 명의 스코틀랜드인들이 그에게 가담했고, 북부에서도 연이은 봉기가 일어났다. 월리스는 남부의 에트릭 숲에 근거지를 두고 잉글랜드의 마을들을 게릴라전 방식으로 급습했다. 그 무렵 에드워드는 프랑스에서 전쟁을 치르고 있었는데, 스코틀랜드 곳곳에서 폭넓게 일어나고 있는 봉기를 처리하는 것이 급선무라고 생각했다.

1297년 9월 11일, 월리스는 심각한 수적 열세를 무릅쓰고 중요한 전투에서 승리를 거두었다. 그의 군대는 포스 강을 사이에 두고 영국 수비대와 마주했다. 월리스는 협상을 하러 온 전령들을 쫓아버리고 언덕의 사면에서 지켜보면서 잉글랜드 군이 좁은 다리를 건너 공격해 올 것에 대비했다. 일단 기사들과 무거운 기병대가 충분히 다리를 건널 때를 기다렸다가 일제히 창을 던져 뒤로 주춤거리며 물러서게 만들어 뒤따라오던 군대와 다리 위에서 엉키게 만드는 것이 월리스의 작전이었다. 작전은 잘 맞아떨어졌다. 선발대와 후발대가 합쳐진 무게 때문에 다리가 무너져 내린 것이다.

이 스털링 다리 전투에서 스코틀랜드는 약 5천 명의 잉글랜드 군을 죽였다. 그중에는 스코틀랜드인들이 증오의 대상으로 여겼던 재무 담당관도 포함되어 있었는데, 사람들은 산 채로 그의 가죽을 벗겨 월리스가 차는 검의 띠를 만들었다고 전해진다. 스코틀랜드 군은 여세를 몰아 스털링 성을 차지하고 잉글랜드의 수비군을 죽이거나 몰아냈다.

●●●●●●●

스코틀랜드의 귀족 통치위원회는 월리스의 공로를 치하하여 기사 작위를 내렸으며, 퇴위한 존 왕의 이름으로 스코틀랜드의 수호자라는 명칭도 하사하였다. 월리스는 군 지휘관의 대행을 맡아 유럽 여러 나라에 스코틀랜드의 독립을 선언하는 서한을 보내는 한편, 군대를 이끌고 잉글랜드 북부로 쳐들어가 몇몇 북부의 마을들을 포위 공격하기 시작했다.

월리스의 성공적인 군사 작전은 지켜보던 스코틀랜드인들을 하나로 뭉치게 하는 힘이 되었다. 그러나 한편 잉글랜드 쪽에서는 에드워드에 반기를 들던 귀족들까지 공동의 적에 대한 두려움 때문에 오히려 왕권에 충성을 바치는 형태로 뭉치는 결과가 되었다. 에드워드는 프랑스에서 돌아와 직접 군대를 이끌고 북으로 향했다. 곧 1만3천 명이 넘는 병사들이 집결했다. 여기에는 장차 잉글랜드 군 장비의 필수요소가 될 혁신적인 신무기, 즉 대궁(大弓)을 장착한 궁수들이 포함되어 있었다.

월리스의 전략은 잉글랜드 군이 스코틀랜드 영토로 더 깊이 들어오게 만드는 것이었다. 거기에는 보급 상황을 어렵게 만드는 전략이 필수적이었다. 그는 북잉글랜드에서의 승리 후 곧장 귀환하지 않고 초토화 작전을 펼쳐 에드워드의 보급로를 끊어버리려 했다. 그러나 이 작전은 절반의 성공인 것으로 드러났다. 잉글랜드 군을 끌어들이기는 했지만, 그들은 월리스의 계산과 달리 1298년 7월에 폴커크 인근의 스코틀랜드 진영으로 불시에 들이닥쳤던 것이다.

월리스 군은 조밀한 전투 대형과 긴 창으로 잉글랜드 기사들의 첫 공격을 잘 막아냈다. 그러나 스코틀랜드의 전투 대형 깊숙이까지 불화살을 날리며 갑옷과 방패마저 뚫어버리는 에드워드 측 궁수들이 지닌 대궁의 위력을 당

브레이브하트 Braveheart

월리스의 이야기는 1995년 멜 깁슨이 감독과 주연을 맡은 영화 〈브레이브하트〉로 우리에게 잘 알려져 있다. 이 영화는 아카데미영화제에서 최우수 작품상을 포함해 여러 상을 받는 개가를 올렸다. 다만 역사적 사실을 근거로 하는 대중 오락물들이 흔히 그렇듯이 이 영화도 자의대로 각색한 부분이 적지는 않다. 어떤 부분이 달라졌을까? 영화에서는 잉글랜드의 점령하에서 월리스가 어린 시절을 보낸 것으로 되어 있는데, 잉글랜드가 침공한 것은 문제의 봉기 직전이었다. 또, 월리스와 스코틀랜드인들이 킬트(스코틀랜드에서 남자가 전통적으로 입는 체크무늬의 스커트-역주)를 입고 있는 것으로 나오는데, 실제로는 당시로부터 수 세기 이후에나 킬트가 등장한다. 영화 내용의 많은 부분은 1400년대에 눈먼 해리(Blind Harry), 또는 음유시인 헨리(Henry the Minstrel)로만 알려진 시인이 쓴 서사시 '월리스'에서 가져온 것이다. 처음에는 공연만 했던 것이 1488년에 인쇄물로 간행되었는데, 이것이 스코틀랜드에서는 성경 다음으로 가장 많이 팔린 책이 되었다.

할 수는 없었다. 혼란의 와중에 일부 스코틀랜드 귀족들이 전장에서 빠져 달아났고, 이로 인해 월리스의 전투 대형은 완전히 무너졌다. 월리스와 몇몇 사람들은 살아남아 가까스로 근처의 숲으로 숨었지만, 나머지 병사들 대부분은 궤멸하였다.

그가 스스로 사임했는지 강등되었는지는 알 수 없지만, 폴커크에서의 패배로 월리스는 지휘관에서 물러나 스코틀랜드의 독립에 대한 지원을 호소하는 외교 사절로 활약했다. 그런데 그가 외국으로 다니는 사이에 스코틀랜드의 핵심 귀족들이 화평을 조건으로 에드워드를 왕으로 인정한다는 협상을 맺고 말았다. 1304년경, 에드워드는 스코틀랜드의 통치권자로 귀환하면서 월리스의 체포에 어마어마한 보상금을 내걸었다.

•••••••

1305년 8월 5일, 월리스는 글래스고 근처에서 잉글랜드 군인들에게 체포되어 런던으로 압송되었다. 그리고 반역과 전쟁 범죄를 죄목으로, 반론을 하거나 증거를 제출하는 일이 허용되지 않는 허울뿐인 재판에 처해졌다. 시작부터 유죄 판결이 내려진 상태였지만 월리스는 자신의 반역죄를 계속해서 부인했다. 자신이 결코 충성을 맹세한 적이 없는 잉글랜드 왕을 배반하는 것 자체가 성립되지 않는다는 말을 거듭해 외친 것이다. 8월 23일, 그는 발가벗겨진 채 말에 묶여 스미스필드로 끌려갔다. 거기서 그는 죽기 직전까지만 목을 매다는 등 오랫동안 고통을 줄 수 있게 짜인 일련의 고문을 계속해 당하다가 처형되었다. 처형의 마지막 단계는 목숨이 붙은 채로 신체 부위들을 절단하고 마지막으로 머리를 벤 후 몸통을 넷으로 자르는 것이었다.

잉글랜드로서는 스코틀랜드의 저항을 종식시키기 위해 월리스를 죽인 것이었겠지만, 그것은 오산이었다. 오히려 월리스는 순교자로 떠올라 다른 봉기들을 연이어 일으키는 도화선 역할을 했다. 짧은 평화가 끝나고 1328년, 이번에는 로버트 브루스Robert the Bruce가 스코틀랜드인들을 이끌고 잉글랜드의 지배에 저항하는 또 다른 전쟁을 일으켰다. 그의 봉기는 에든버러-노샘프턴 조약을 이끌어내면서, 월리스가 생애를 바쳐 원했던 독립을 이루는 것으로 마무리되었다. 안타깝게도 평화의 시기는 고작 몇 개월로 끝나고 스코틀랜드는 또 다른 독립전쟁에 나서게 되지만 말이다.

유니언 표시 Union Label
스코틀랜드의 독립은 월리스의 사후 수 세기 동안 지속되었지만,
1603년 잉글랜드와 스코틀랜드 왕가의 결혼으로 '두 나라 한 국왕' 체제로 바뀌었다.
그때부터 공식적으로 두 영토를 합치려는 시도가 몇 차례 이루어졌으며,
마침내 1707년에 연합법(Acts of Union)이 통과되면서 잉글랜드와 스코틀랜드의 의회가
통합되고 새롭게 그레이트브리튼 의회가 출범하였다. 지금 UK의 국기인 유니언잭의
디자인은 파란 바탕에 흰색으로 된 스코틀랜드의 성 안드레아 십자가 위에 잉글랜드의
붉은색 성 조지 십자가를 한데 합쳐 놓은 것으로, 말 그대로 두 나라의 연합 왕국이라는
의미다(나중에 아일랜드의 성 패트릭 십자가도 합쳐졌지만, 아일랜드는 완전히 다른 문제다).

오와인 글린두어
OWAIN GLYNDWR

시기	BC 1354~1415
지역	웨일스
투쟁 대상	잉글랜드

오와인 글린두어는 초기 브리튼의 민간 전설에 나오는 로빈 후드나 아서 왕 같은 캐릭터와 자주 비교되곤 한다. 그는 조국의 독립을 위한 투쟁에서 큰 성과를 거두었을 뿐 아니라, 웨일스 태생의 마지막 웨일스의 왕자이기도 했다. 이것이 지금껏 그가 웨일스의 국가 영웅으로 남아 있는 이유다.

글린두어가 태어난 1350년대에 브리튼 섬은 연이은 침략과 정복에 시달리고 있었다. 역사로 기록되기 훨씬 전부터 켈트 족 사람들이 정착해 살던 이 섬은 일찍부터 로마의 지배를 겪었고, 게르만 부족들의 침략을 여러 차례 받았으며, 스칸디나비아반도에서 온 바이킹의 공격을 당했다. 그러다가 마침내 1066년 노르만 침공을 감행한 정복왕 윌리엄^{William the Conqueror}의 손으로 넘어갔다.

노르만 침공은 오늘날 존재하는 잉글랜드의 시작으로 알려져 있다. 노르만 족은 잉글랜드를 정복하고 오래지 않아 서쪽으로 방향을 돌려 웨일스로 향했는데, 생각보다 웨일스인들의 반격이 만만치 않았다. 국왕은 결국 잉글랜드와 웨일스 사이의 경계를 따라 성들을 건설하고 그곳에 영주를 임명하는 체계를 만들었다. 그러자 웨일스의 일부 지역은 여전히 독립적인 공국으로 남아 있고, 또 다른 지역들은 국경 지대의 영주들 그리고 왕이 임명한 귀족들에게 복종하는 복잡한 조각 맞추기 형국이 되었다.

1200년대 후반, 에드워드 1세는 어렵사리 나머지 웨일스의 정복에 성공했다. 1277년에 그가 정복을 시작했을 때는 최후의 루엘린Llywelyn the Last이 '프린스 오브 웨일스(Prince of Wales, 웨일스 공이라고도 함-역주)'라는 칭호를 앞세워 웨일스의 대부분을 자신의 통치 아래 두고 있었다. 에드워드의 군대는 6년간의 전투 끝에 루엘린을 전사시키고 귀네드Gwynedd 왕국의 영토까지 정복했다. 에드워드는 잉글랜드의 지배를 공고히 하기 위해 웨일스의 많은 지역을 왕실의 직접 통치 아래 두고 국경 영주들을 더 많이 배치했다.

웨일스 귀족들 중 몇몇은 왕의 영향력 아래에서 봉건 영주로서 봉사하는 조건으로 영지를 존속할 수 있었다. 그러나 에드워드는 누가 주인인지를 대중에게 널리 각인시키는 것을 잊지 않았다. 그는 새로운 읍과 성을 건설하고, 그곳에 대규모 군대를 주둔시켰다. 그 과정에서 수많은 웨일스인 소작농들이 고향에서 내쫓겼으며, 그렇게 하여 빼앗은 땅은 잉글랜드인 정착민의 몫이 되었다.

•••••••

당시의 웨일스 민담에서는 이런 식의 점령에 대항해 다시금 웨일스를 자유롭고 독립적인 땅으로 일으켜 세운 영웅에 관한 이야기들이 많다. 끝내 성공하지는 못했지만 1300년대에 몇 차례의 반란이 시도되었던 것도 사실이다. 그런 때에 오와인 글린두어가 등장하자 마침내 그것을 해낼 인물이 나온 것 같았다.

그러나 오와인 글린두어의 초기 생애를 보면 잉글랜드의 통치에 맞서 싸울 사람 같지는 않았다. 1354년경에 태어난 그는 부유한 귀족 혈통으로서, 양쪽 가문으로부터 웨일스 영지를 받게 될 상속인이었다. 교육은 런던에서 받았고, 법률을 공부했으며, 왕의 판관 중 한 명의 딸과 결혼했다. 심지어 리처드 2세를 대신해 스코틀랜드와의 전투에 나서는 등 젊은 혈기를 다해 잉글랜드에 헌신하는 사람이었다. 1400년에 반란으로 돌아서기 직전까지도 그는 거대한 부지의 저택에서 살아가는 부유한 상류층 웨일스 귀족에 다름 아니었다.

글린두어가 반란을 일으키게 된 원인 중에는 1399년에 리처드 2세로부터 왕좌를 빼앗고 죽음으로 몰고 간 헨리 4세에 대한 원한이 있었다. 헨리 4세가 웨일스에 높은 세금을 부과한 데다 때마침 역병이 창궐하여 웨일스의 인구마저 타격을 입고 있었기 때문이다.

거기에 악연이라 할 이웃의 레지날드 드 그레이Reginald de Grey가 헨리 왕의 추밀원(왕의 국정자문 귀족회의-역주)에 있으면서 글린두어와 헨리 왕의 사이를 이간

윌리엄 블레이크(William Blake, 영국의 시인 겸 화가—역주)가
상상하려 그려낸 오와인 글린두어.

질한 것이 또 하나의 원인이었다. 이래저래 글린두어와 그레이는 도저히 좋게 지낼 수가 없는 사이였다. 모든 일의 발단은 그레이가 글린두어의 땅을 일부 가로챘을 때, 법이 잉글랜드인인 그레이의 손을 들어준 것에서 시작되었다. 그러던 차에 왕이 글린두어에게 군사 의무에 관한 보고를 하라는 소환장을 보냈을 때 그레이가 고의로 혹은 (가능성은 희박하지만) 잊어버려서 전달하지 않는 일이 일어났다.

결과적으로 글린두어는 제때에 보고를 하지 않았을 뿐 아니라 왜 그렇게 됐는지에 대한 이유도 대지 못했다. 왕은 글린두어를 배반자, 무법자로 선언하고 토지를 몰수해 버렸다. 그러나 이 일은 왕이 너무 멀리 간 것이었다. 9월 16일, 글린두어는 자신을 새로운 '프린스오브웨일스'로 칭하는 지지자들의 무리를 결성했으며 3일 후, 그레이가 소유한 루신 성을 쳐서 함락시키면서 왕에게 정면으로 맞서는 첫 번째 공격에서 승리했다.

●●●●●●●

이후 2년에 걸쳐 그는 역사적으로 웨일스의 영토였던 잉글랜드의 성들을 차례로 공략하여 웨일스 북부의 수많은 마을에서 왕의 백성들을 몰아냈다. 그가 이끄는 웨일스 군대는 점점 규모가 커졌다. 잉글랜드는 반란을 진압하기 위한 대책의 하나로 1402년에 일련의 차별법을 통과시켰다. 특정 관직에 웨일스인의 등용 금지, 웨일스 어린이의 교육 제한, 글린두어의 불복종에 대한 보복으로 웨일스인 전체에 대한 처벌 등이 주된 내용이었다. 결과는? 웨일스인들 사이에서 잉글랜드에 대한 적개심이 불같이 일어나 더 많은 이들이 혁명에 동참했으며, 웨일스 학생들과 노동자들까지 자리를 박차고 봉기에 뛰어들었다.

1404년이 되자 웨일스의 독립은 거의 완성 단계에 이르러 있었다. 헨리는 거의 십 년 동안 끊임없이 군대를 보냈지만 글린두어에게 충성을 바치는 군대는 이를 족족 물리쳤다. 글린두어 군은 주로 게릴라 전법으로 상대를 괴롭히다가 급습하여 적을 기절초풍하게 만들곤 했다. 브리튼 역사상 가장 오래 지속된 봉기 중 하나인 오와인 글린두어의 혁명은 약자 쪽에서 승리한 보기 드문 성공 사례였다.

글린두어는 자유 웨일스가 독립 국가로 기능할 수 있도록 사회 제도를 확립하는 데까지 혁명을 확장했다. 1404년, 글린두어는 자신이 의장 역할을 하는 웨일스 의회를 조직하고, 독자적인 교회와 대학 두 개 및 근대국가에 필요

프린스오브웨일스

글린두어가 프린스오브웨일스의 칭호를 가졌던 이래로 웨일스 태생의 왕은
더 이상 없었지만, 브리튼의 군주들은 여전히 이 명칭을 유지했다.
심지어 잉글랜드가 웨일스를 완전히 정복하기 전에도 이미 이 명칭은
다음번 계승자가 될 사람을 가리키는 말로 쓰이고 있었다.
그러다가 에드워드 2세(웨일스의 카나번에서 탄생) 때부터 이 명칭은 잉글랜드의 장자 또는
장녀를 가리키게 되었으며, 다음 왕좌의 상속자를 의미하게 되었다.
대개는 현 프린스오브웨일스가 왕이 되거나 죽는 즉시 명칭이 다음 사람에게로 승계되는데,
현재는 엘리자베스 2세의 아들 찰스가 다음 왕좌의 주인으로서 이 명칭을 지니고 있다
(찰스는 60년 넘게 황태자였으므로 누구보다 이 명칭에 익숙해진 사람이다).

한 여러 기관을 창설하는 계획을 실행에 옮기기 시작했다. 카리스마 있는 지도자이면서 능란한 협상가였던 글린두어는 잉글랜드의 주요 적대국인 프랑스와의 동맹도 추진해 이루어냈다.

●●●●●●●

봉기가 무너지기 시작한 것은 1408년이었다. 잉글랜드는 웨일스를 봉쇄하여 보급을 차단한 후 새로운 침공을 시작했다. 글린두어가 점령했던 애버리스트위스와 할레크 성이 잉글랜드 군대에 의해 다시 공성 공격을 당했고, 그의 아내와 자녀들 몇 명이 공격에서 사로잡혔다가 런던탑에서 처형되었다.

땅과 가족을 잃은 글린두어는 소수의 지지자들과 함께 계속해서 게릴라전을 펼쳤다. 끝없는 도망 속에서도 그들은 왕의 군대를 급습하면서 몇 년 동안 잉글랜드를 괴롭혔지만, 웨일스의 자유를 되찾을 기회는 영영 사라진 뒤였다.

오와인 글린두어는 1412년경에 역사에서 사라졌다. 이후에도 지지자들과 계속해서 소통한 정황이 포착되었기 때문에 잡히거나 죽임을 당한 것은 아니었다. 그러나 헨리가 죽고 그 아들이 대를 이어 왕위에 오른 뒤 지지자들 대부분이 새 왕의 사면 제안을 받아들여 자수하면서 전쟁은 종결되었다.

그 뒤로도 소수 단위의 웨일스인 무리가 잉글랜드의 점령에 항거하는 공격을 계속하기는 했지만 오와인 글린두어가 이끌었던 봉기의 규모로 나아가지는 못했으며, 누구도 그의 성공에 필적하는 성과를 내지 못했다. 1535년과 1542년 사이, 잉글랜드 의회는 '웨일스에 관한 법률'을 통과시켰다. 잉글랜드의 법과 행정 체계를 웨일스로 확대한다는 것이 골자였다. 이것이 웨일스가 잉글랜드에 완전히 편입되는 마지막 단계였다.

끝나지 않는 연구

글린두어의 마지막 휴식 장소가 어디였는지는 지금도 미스터리로 남아 있다.
글린두어와 동시대인이었던 우스크의 애덤(Adam of Usk)은 1415년에 글린두어가
'은신한 지 4년 만에 세상을 떠났다'고 하면서 지지자들이 그의 시신을 매장해 주었고,
적이 무덤의 위치를 알아내는 바람에 다른 곳에 다시 매장했다는 글을 남겼다.
헤리퍼드셔 모닝턴 법원 근처의 언덕이 글린두어의 무덤이라는 말이 있었지만,
열어 본 결과 증명할 만한 것이 발견되지 않았다.
1905년에는 웨일스 민족주의자인 오웬 로스코밀이 글린두어의 무덤이 참된 웨일스인
모두의 가슴에 있으므로 누구도 훼손할 수 없다는 주장을 펼치기도 했다.
그러나 여전히 역사가들과 고고학자들은 글린두어의 생애에서 마지막 나날들에 대한
실마리를 찾고 있으므로 이 웨일스 영웅에 대한 관심은 현재진행형인 셈이다.

잔 다르크. 장검과 소심한 눈빛이 대조적이다.

잔 다르크
JOAN OF ARC

시기	BC 1412~1431
지역	프랑스
투쟁 대상	잉글랜드, 부르고뉴 파

당대에 가장 유명한 여성으로 손꼽히는 잔 다르크는 대단히 독특한 조합의 캐릭터를 지니고 있다. 천사들과 이야기를 나눴다고 하는 독실한 가톨릭 신자이면서 적에 맞서 싸운 프랑스의 전사이기도 했고, 종교적·군사적 지도력을 갖춘 순교자이며 십 대 소녀이기도 했다. 덕분에 그녀는 지금까지도 전 세계를 아우르는 상징적 존재로 남아 있다.

1412년경 잔이 태어났을 때만 해도 그녀가 결국 그런 삶을 이끌게 되리라는 것을 누구도 예상하지 못했다. 그녀의 부모는 동프랑스의 소작농이었고, 프랑스 자체가 그리 강력한 나라가 아니었다. 잔이 태어났을 무렵 프랑스와 잉글랜드는 이미 8년 동안 프랑스의 왕좌에 누구를 앉힐 것인가를 놓고 전쟁을 벌이고 있었다.

IMAGE COURTESY OF LIBRARY OF CONGRESS

잔을 비범하게 만든 것은 그녀에게만 보이는 계시 때문이었다. 대단히 종교적인 이 소녀는 열두 살에 가톨릭 성인 세 명의 방문을 받았다. 성 미카엘(요한계시록에서 사탄에 맞서 싸운다고 하는 대천사)과 성 카테리나, 성 마르가리타(두 성녀 모두 순교했다는 것이 예사롭지 않다)가 그들이다. 성인들은 처음에는 목소리로만 나타났다가 이어서 모습을 보였다고 한다. 성인들은 잔에게 전쟁에 뛰어들어 잉글랜드를 프랑스에서 몰아내고, 샤를 7세를 랭스로 인도하여 프랑스 왕의 대관식을 거행하라고 명했다.

•••••••

잉글랜드와 프랑스의 백년전쟁은 몇 가지 뚜렷하게 구분되는 단계를 거치게 되는데, 잔 다르크의 시대에서 가장 가까운 단계는 잉글랜드의 헨리 5세가 프랑스를 공격한 1415년에 시작되었다(랭카스터 전쟁 단계 Lancastrian Phase라고도 한다). 그리고 몇 년이 지나지 않아 헨리는 유명한 아쟁쿠르 전투에서 승리하면서 노르망디의 대부분을 정복하고 프랑스 왕 샤를 6세와 계약을 맺었다. 헨리와 샤를의 딸이 결혼하여 (왕의 자식들이 이미 있었음에도 불구하고) 왕관을 이어받을 후계자들을 생산한다는 내용이었다.

전해지는 이야기에 따르면 샤를 6세는 완전히 미친 사람이었다고 한다. 예를 들어 그는 자기가 유리로 만들어졌다면서 깨지지 않게 극도로 신경을 썼다는 것이다. 따라서 그는 이미 국정을 운영하지 못하는 형편이었고, 그의 치세는 부르고뉴파(헨리가 침략했을 때 파리와 랭스를 수호한 부르고뉴 공작에게 충성을 바치는 프랑스인들)와 아르마냐크파(샤를 7세가 정당한 후계자라고 여기는 사람들) 사이의 내전으로 얼룩져 있었다. 부르고뉴파는 샤를 6세가 헨리와의 조약에 사인하게 사주하여 왕의 적자를 인정하지 않았다.

미친 왕이 1422년에 죽자(헨리 5세도 그 얼마 전에 사망했다) 샤를 7세는 스스로 왕임을 선언했으며, 잉글랜드-부르고뉴 동맹 측에서는 헨리의 젖먹이 아들을 잉글랜드와 프랑스의 왕으로 선언했다. 양측의 싸움은 끝날 줄을 몰랐다. 잔이 계시를 받고 이 전쟁 속으로 들어가게 된 것은 이때로부터 2년 후였다.

당연한 일이겠지만, 잔 다르크가 성인들의 계시에 따라 궁지에 몰린 샤를이 왕국을 되찾을 수 있게 돕겠다며 걸어간 길은 그야말로 가시밭길이었다. 우선, 군대에 들어가겠다고 한 그녀의 첫 시도부터 받아들여지지 않았다. 그러자 잔은 살던 마을을 떠나 보쿨뢰르로 가서 수비대에게 샤를 7세와 그의 궁정을 방문할 수 있게 허가해 달라고 부탁했다. 이때가 1428년이었다. 그러나 이상한 계시를 받았다고 하는 열여섯 살 난 소녀의 말을 사령관이 귀담아들을 리 없었다. 잔은 그 해가 다 가도록 청원을 거듭했다.

•••••••

1429년 겨울, 잔은 다시 보쿨뢰르로 가서 자기가 신이 내리신 사명을 받드는 중이라고 계속해 설명했다. 그런데 2월에 예언자로서 그녀의 위상을 높여 주는 사건이 생겼다. 그녀가 오를레앙 외곽에서 잉글랜드가 승리할 것이라고 예언한 것이 며칠 후의 전투 결과로 증명된 것이었다. 그것을 본 보쿨뢰르 수비대는 몇 명의 호위를 붙이고 잔에게 남장을 시켜 미래의 왕을 알현하러 시농으로 데려갔다.

샤를 7세는 그녀가 진실한지 확인하기 위해 15세기 나름의 방식으로 배경 조사를 실시한 후에야 잔을 만났으며, 결국 얼마간의 군대를 내주기로 했다. 잔은 왕이 내리는 검을 거절하고 대신에 오래된 성당에서 고대의 검을 찾아내어 그것으로 대신할 것이라고 예언했으며, 실제로 그렇게 했다. 그녀는 또한 자신의 노력으로 잉글랜드가 오를레앙 공격을 끝낼 것이라고 예언했는데, 그것 역시 적중했다.

오를레앙은 이미 다섯 달 전부터 잉글랜드의 공격에 시달리고 있었다. 4월 30일, 잔이 군대를 이끌고 이 도시에 입성했다. 잉글랜드 군은 철수하라는 잔의 요구에 응하지 않았고, 잔은 예언가로서의 명성을 등에 업고 수적으로 우세한 수비군들을 규합하였다. 다른 프랑스 사령관들이 방어에 중점을 둔 반면 잔은 빠르고 공세적인 타격을 편제했다. 그로부터 약 일주일 후, 오를레앙의 수비군은 잉글랜드 군을 몰아내고 성채를 장악했다.

승리를 예언하고 승리를 이루어 내자 잔에게는 '오를레앙의 처녀The Maid of Orleans'라는 별명이 붙었다. 잔은 군사 지휘관으로서 명성이 높아졌지만 직접 전투에 나서지는 않았으며 결코 적군을 죽이지도 않았다(오히려 잔 자신은 화살에 맞은 상처로 여러 차례 고통받았는데, 그중 한 번은 그녀가 미리 예언했던 것이기도 하다). 그녀는 영감을 주는 존재이자 전략가였으며, 자신의 역할을 충실히 해냈다.

•••••••

자신을 찾아온 성인들과의 약속에 따라, 잔은 가능한 한 빨리 랭스로 진군할 것을 샤를 7세에게 촉구했다. 프랑스 왕들이 전통적으로 대관식을 치른 이 도시를 차지하여 진정한 왕관의 주인임을 더 합법적으로 주장하자는 것이었다. 그녀는 프랑스 군대의 어느 지휘관보다 더 적극적이었다. 그리고 그 결정은 옳았다. 잔은 부대 하나를 이끌고 북진하면서 도중에 벌어진 전투에서 계속해 승리했으며, 파리를 공격하지 않고 곧장 랭스로 향하여 잉글랜드 사령관들의 허를 찔렀다.

성 요안나

1920년 5월 16일, 잔 다르크는 가톨릭교회가 부여할 수 있는 최고의 지위에 올라 성 요안나(Saint Joan)로 시성 되었다. 다만, 그녀가 교회로부터 파문되었기 때문에 그에 앞서 무결함을 인정받아야 했는데, 이 과정은 의외로 빨리 진행되었다. 프랑스는 1449년에 루앙을 수복하였고, 프랑스 당국은 1456년에 그녀가 결백하다는 것을 밝힐 사후 조사와 상소(법정 재판으로 열림)를 실시했다. 그러나 잔이 무고를 당한 순교자에서 가톨릭의 성인으로 추대되기까지는 장장 몇 세기가 걸렸다. 잔은 1909년이 되어서야 파리의 노트르담 대성당에서 복자품(福者品, 성인으로 인정하기 전에 공식으로 공경할 수 있다고 교회가 인정하는 지위-역주)에 올랐다. 이 말은 그녀가 자신의 이름으로 기도하는 모든 사람들을 대변할 수 있게 되었다는 뜻이다. 그 후 로마의 산피에트로 대성당에서 약 3만 명의 사람들이 지켜보는 가운데 잔 다르크의 시성식이 거행되었다. 이처럼 수많은 사람이 모인 것은 그녀가 프랑스의 수호성인일 뿐 아니라 모든 병사들의 수호성인이기도 했기 때문이다.

1429년 7월 17일, 잔 다르크는 계시에 따른 목표를 이루었다. 랭스는 샤를 7세에게 문을 개방했으며, 잔은 그 다음 날 그가 왕위에 오르는 모습을 지켜보았다.

그러나 대관식을 치렀다고 해서 전쟁이 끝난 것은 아니었다. 잔은 8월에 파리 공격을 이끌었으며, 거기서 석궁에 의해 부상을 입었다. 왕은 어쩔 수 없이 퇴각 명령을 내렸다. 그로부터 얼마 지나지 않아 샤를과 부르고뉴 공작은 휴전 협정을 맺었지만, 평화는 늘 그렇듯이 길지 않았다. 군사들은 일 년도 채 못되어 다시 전투에 나서야 했다.

4월이 되어 잔은 다시 전장으로 나섰다. 왕이 된 샤를 7세가 그녀와 그녀의 집안에 작위를 주었기 때문에 이때 잔은 귀족의 신분이었다. 그러나 그녀의 다음 작전은 비극적으로 끝났다. 그녀가 또 다른 계시에서 예언한 대로였다. 1430년 5월 23일, 잔은 콩피에뉴 인근에서 부르고뉴 군에 대한 공격을 이끌다가 포로로 잡혔다. 궁수가 쏜 화살 때문에 말에서 떨어진 것이다. 부르고뉴 군은 그녀를 잉글랜드 군에게 넘겼다.

●●●●●●●

잔은 여러 차례 탈출하려 애썼고, 프랑스에서도 잔이 갇혀 있는 루앙에 대해 몇 번이나 군사 작전을 벌였지만 소득이 없었다. 1431년 1월, 잔은 재판 끝에 이단을 선고받았다. 전투에서 남자 옷을 입었다는 것이 이단의 중요한 근거로 제시되었다. 루앙의 잉글랜드 법정은 잔에게 마법 부리기에서부터 말 절도까지 온갖 범죄를 포함하여 수많은 죄목을 적용했지만, 결국 최종 목표 는 이단이었다. 당시의 재판 절차라는 것이 그저 허울에 지나지 않는다는 것 을 누구나 알고 있었고, 잔이 명백한 증거를 대며 스스로를 변호했지만 결과 는 의문의 여지가 없었다. 1431년 5월 30일, 잉글랜드의 포획자들이 잔 다르 크를 말뚝에 묶어 산 채로 공개 화형했을 때 그녀는 고작 열아홉 살이었다.

잔이 목숨을 잃고서 5년 후쯤, 부르고뉴파는 항복을 선언하고 샤를 7세를 왕으로 인정했다. 그 뒤로도 끈질기게 이어지던 백년전쟁은 잉글랜드가 두 손을 들고 프랑스에서 철수한 1453년에서야 끝이 났다. 잉글랜드가 결국 쫓 겨나갈 것이라고 한 잔의 예언이 옳았던 것이다.

목소리를 듣다

잔이 자신에게 들리는 목소리와 성인들의 현신을 신의 메시지라고 생각했던 것은
잔 다르크의 이야기에서 매우 중요한 부분이다. 그녀가 전투에서 이끌었던 많은 사람들과
그녀를 성자의 반열에 올린 가톨릭 신자들에게는 이것이 신과 연결되어 있음을
증거하는 기적이었기 때문이다. 물론 현대의 과학자들은 그녀가 그저 질병으로 인한
고통에 그런 식으로 반응한 것이라고 추측하기도 한다. 비종교적인 관점에서
사람들이 내놓은 의학적 설명은 간질, 조현병, 소결핵증의 증상 등이다.
물론 단지 꾸며 낸 이야기로 치부하는 사람들도 있다.

마틴 루터
MARTIN LUTHER

시기	**1483~1546**
지역	**독일**
투쟁 대상	**가톨릭교회**

마틴 루터라는 한 수도사가 가톨릭교회에 맞서 항의를 제기했을 즈음은 유럽에서 교회의 힘이 가장 강력했던 시기였다. 바야흐로 교회가 종교뿐 아니라 정치까지도 좌지우지하고 있었다. 좋은 방향이건 그렇지 않건, 루터의 개혁 운동은 참된 그리스도교 교회는 오로지 하나라고 하는 오랜 믿음을 이후 영원히 바꾸어 놓았다. 바로 지금까지도 계속되고 있는 교회 분리 과정의 시작이었다.

루터는 1483년, 독일의 작센 주에서 태어났다. 당시 작센은 신성로마제국의 영토에 속해 있었다. 신성로마제국은 진짜 제국이라기보다는 유럽 여러 나라들의 느슨한 연합이라고 해야 옳았다. 5세기에 로마제국이 서쪽에서 붕괴되면서 암흑시대라 부르는 중세가 시작되었다.

이와 함께 서유럽에서 로만 양식의 교육과 기술, 통치와 상업이 급격히 사라졌다. 그 빈 곳을 꽉 채우기에 충분한 유일한 기관 하나만 남았는데, 바로 가톨릭교회였다. 루터가 태어날 무렵 교회는 천 년 중에서도 가장 좋은 날들을 보내고 있었다. 교회가 전쟁과 선교 양쪽에서 확산 일로를 달리며 서유럽의 대부분에서 지배적인 권력이 되자 각 나라의 왕들도 교회를 거스르지 않으려 몸을 사렸다.

광부 일과 제련업을 겸하는 집안의 장남이었던 루터는 라틴어로 교육을 받고 법률 분야에서 경력을 쌓았다. 그가 진로를 바꿔 수도사가 되기로 한 것은 1505년 7월에 무시무시한 폭풍우 속에서 여행을 한 경험 때문이었던 것으로 알려져 있다. 당시에 그는 기도를 올리며 무사히 여정을 마칠 수만 있다면 수도원에 귀의하겠다고 신에게 약속했다. 그는 목숨을 건졌고, 자신의 약속을 지켰다. 법률 학교를 그만두고 성 아우구스티누스 수도회로 가서 수사가 된 것이다. 루터는 1507년에 서품을 받고 사제가 되었으며, 1508~09년 겨울에 독일의 비텐베르크로 가서 새로 생겨나 성장하고 있던 비텐베르크대학에서 박사과정 학생 겸 교사가 되었다.

●●●●●●●

대학에 있는 동안 루터는 처음으로 로마 여행을 하게 되었다. 가톨릭 세계의 심장부인 그곳에서 몇 달 묵으면서, 그는 기대했던 가슴 벅찬 감동을 얻는 대신에 교회의 언짢은 측면과 맞닥뜨리게 되었다. 일부 사제들의 타락을 목격하게 되었던 것이다. 그는 여전히 신심이 가득한 채로 비텐베르크로 돌아갔지만, 점차 믿음만이 구원을 가져올 수 있다는 설교에 집중하게 되었다. 이것은 자선과 선행이 중요하다고 주장하는 교회와의 결별을 의미했다.

특히 자선의 방법으로 면죄부를 판매한 것이 루터가 종교개혁을 일으키게 된 결정적 계기가 되었다. 당시의 가톨릭 교리에 따르면 사후에 대부분의 영혼은 천국으로 들어가기 전에 연옥에 머물러야 한다고 했다. 그런데 면죄부를 사면 지상의 교회에 기부하는 대가로 연옥을 우회하여 더 빨리 천국에 다다를 수 있다고 믿었다. 1517년, 교황 레오 10세는 로마의 산 피에트로 바실리카 성당을 재건하는데 드는 자금을 모을 방법으로 면죄부를 팔기로 했다.

루터에게는 이것이 이미 부를 충분히 축적한 교회가 신자들로 하여금 세상을 떠난 친구와 가족이 연옥에 오래 붙들려 있지 않도록 해 주어야 한다는 심리적 압박감을 느끼도록 하여 제 배를 불리는 것으로 보였다. 그는 또한 독일의 가톨릭 지도자인 요한 테첼이 아직 저지르지 않은 죄에 대해 면죄부를 판매하는 것에 대해서도 비난했다. 그렇게 하면 어떤 범죄를 저지르든지 적어도 교회에서는 면탈하여 자유롭게 빠져나가는 구멍을 열어 주는 것이 되기 때문이었다.

이 마틴 루터의 초상화는 1520년에 그가 쓴 논문
〈교회의 바빌론 유수(On the Babylonian Captivity of the Church)〉에 실려 있다.

•••••••

루터에게 면죄부는 철저하게 타락해 버린 종교계에 대해 참을 수 있는 최후의 한계선이었다. 1517년 10월 31일, 루터는 교회의 관행에 대한 항의를 목록으로 작성해서 비텐베르크 성당 문에 내걸었다. '면죄부가 가진 힘과 효험에 관한 95개 조의 논제'가 그것이었는데, 항의문을 쓰는 데서 그치지 않고 공개적으로 내걸기까지 한 그의 행동은 그야말로 대담하기 이를 데 없는 것이었다. 루터가 면죄부를 비판한 첫 번째 사람은 아니었지만 그의 이전에 그렇게 한 사람들은 모두 처형되었기 때문이다.

다행히 루터는 앞선 교회 투쟁 대상들보다 더 많은 대중적 지지를 얻었다. 몇 개월 사이에 그의 친구와 지지자들이 논제를 수백 부씩 인쇄하여 독일 전역에 퍼뜨렸으며, 곧 수천 부가 유럽 전체에 유포되었다. 게다가 그에게는 그 지역의 유력 지지자도 있었다. 작센의 선제후인 현자 프레데릭Frederick the Wise이 루터를 교황의 권한에 의해 체포당하지 않도록 보호해 주었던 것이다.

가톨릭교회는 그 전부터 분열의 과정을 겪어 왔다. 1054년의 교회 대분열은 서방의 가톨릭교회와 동방정교회로 나뉘게 된 사건이며, 서방 분열 대란은 1378년에 시작해 혼란이 해소되는 1417년까지 지역동맹 별로 교황을 선출해 다수의 교황이 존재했던 시기를 가리킨다. 그런데 루터의 운동이 이것들과 다른 점은 가톨릭교회 내에서 분열을 형성한 것이 아니라 교회로부터 완전히 분리되어 나왔다는 점에 있었다. 즉, 루터의 개혁은 교회의 교리와 실천 자체를 쇄신한 것이었다. 자연히 루터는 지지자들과 반대자들 모두에게 위험한 존재가 되었다.

1518년 독일 아우크스부르크에서 루터의 이단 혐의에 대한 심문이 있었다. 그는 당당한 태도로 자신의 논제를 철회하지 않겠다고 하면서, 교황에게 성서의 뜻을 해석할 독자적인 권위(당시 가톨릭 교리의 핵심 중 하나)가 없다고 주장하였다. 이후로도 루터는 교회에 관한 새로운 시각을 계속해 설파해 나갔고, 1520년 6월 15일, 교황은 주장을 철회하지 않으면 파문하겠다는 경고를 담은 칙서를 내렸다. 루터는 철회를 거부했으며, 1521년 1월 3일 파문당했다.

●●●●●●●

루터는 세속의 권위와도 맞서야 했다. 파문당하고 몇 주 후에 그는 신성로마제국 의회에 모습을 드러냈다. 여기서도 루터는 논제를 철회할 것을 종용받

인쇄의 시작

종교 개혁에 인쇄기가 얼마나 큰 역할을 했는지에 대해서는 아무리 과장을 해도 지나치지 않을 것이다. 독일의 요하네스 구텐베르크(Johannes Gutenberg)가 1450년에 이 장치를 발명하자마자 그전까지 손으로 베껴 쓰던 방식과는 비교할 수 없는 속도로 책이 찍혀 나오기 시작했다. 루터의 논제들은 상당히 짧은 문서로 작성되어 있었기 때문에 그의 지지자들은 소책자의 형태로 일반적인 책보다 훨씬 빠르게 인쇄해서 곧바로 수천 명에게 배포할 수 있었다.

공급은 제한적이고 값은 비싸서 대부분의 사람들이 읽을거리를 구하기 어려웠던 시대에 루터의 소책자는 무료 또는 저렴한 값에 판매되었던 것이다.

았고, 그는 또다시 거부했다. 5월 8일, 의회는 이단으로서 유죄를 선고하고 교회법은 물론 국가법으로도 그를 죄인으로 만들었으며, 그의 저작들 모두를 금지했다.

그는 비텐베르크로 돌아오는 도중 체포를 피해 달아났다. 현자 프레데릭이 사람들을 보내 루터를 빼내어 안전한 바르트부르크 성으로 데려간 것이다.

아마 루터가 종교적 실천에 가장 크게 공헌한 것은 바르트부르크에 칩거한 기간 동안에 한 일이었을 것이다. 그는 라틴어로 된 성경을 독일어로 번역할 결심을 했다. 그때까지 라틴어는 거의 사제와 학자들의 연구에만 독점적으로 사용되었기 때문에 루터가 번역하기 전까지 대부분의 그리스도 교도들은 성경을 읽을 수 없었다. 루터 덕분에 사람들이 쓰는 일상어로 기록된 성경이 나오자 마침내 일반 대중들은 교회의 해석에 의존하지 않고도 성경의 뜻을 이해할 수 있게 되었다.

루터가 떠나 있는 동안 비텐베르크는 더 극적인 변화를 원하는 사람들의 온상이 되어 있었다. 루터는 1522년에 비텐베르크로 돌아갔는데, 다소 아이러니컬하게도 이때부터 그는 종교 개혁 운동 무리 내에서 보수적인 목소리를 내는 역할을 하게 되었다. 일련의 무장봉기를 비롯하여 점차 급진적인 종교적 항거가 일어나기 시작했을 때, 루터는 이들 봉기를 지지하지 않았다.

그보다는 새로운 교회를 건설하는 것이 그의 주된 관심사였다. 그는 찬송가를 쓰고, 독일어로 진행하는 미사를 제정하고, 가톨릭 신앙에서 벗어난 교리를 발전시켰다. 이러한 그의 활동은 일부 종교 개혁 운동에서 나타난 급진성에 비하면 온건한 방식이었다. 그는 계속해서 수많은 글을 썼으며, 다수의 교회 전통을 수립했다.

교회에 반기를 드는 것이 지극히 힘든 시대에 그 일을 해낸 루터는 머무는 곳마다 지지자들의 보호로 한 번도 체포되지 않고 생을 마칠 수 있었다. 그는 여생을 독일에서 보냈으며, 수녀였던 여성과 결혼하여 가정을 꾸렸다. 두 사람 모두 성직자 출신이라는 점을 고려하면 상당히 급진적이었던 셈이다. 그리고 예순두 살이던 1546년에 심장마비로 세상을 떠났다.

사라지지 않는 영향력

루터가 시작한 개혁은 오늘날의 종교 세계에까지 여전히 영향을 미치고 있다.
루터교회 운동은 전 세계에 7천5백만 명이 넘는 구성원이 있으며, 지도적 역할을 하는
독일의 루터런(Lutherans, 루터교도)만도 2천4백만 명이 넘는다고 한다.
루터교회는 또한 스웨덴 교회, 덴마크 교회, 노르웨이 교회의 공식적인 종교이며,
미국에서도 4백만 명에 가까운 신도를 보유하고 있다. 정말 많은 인원이다.
프로테스탄트(개신교-역주) 전체를 본다면 대다수 미국인들을 포함하여
전 세계에서 대략 8억 명의 사람들이 루터가 시작한 운동을 뒤따르고 있는 것이다.
그러나 정작 루터는 개혁 운동에 다른 이름을 붙이는 것을 결코 좋아하지 않았으며,
자신의 추종자들을 그저 크리스천, 즉 그리스도 교인이라고만 불렀다.

가이 포크스
GUY FAWKES

시기	1570~1605
지역	잉글랜드
투쟁 대상	의회

해마다 11월 5일이 되면 영국 시민들은 불꽃놀이를 하고 화톳불을 피우면서 정부 청사를 폭파하려고 했던 어느 가톨릭 혁명가의 실패를 기념한다. 1605년의 '화약 음모 사건^{Gunpowder Plot}'으로 유명해진 가이 포크스는 처형된 이후 4세기가 넘도록 사람들 사이에서 특이한 방식으로 기억되고 있는 것이다.

포크스는 비(非)가톨릭에 대한 증오로 유명해진 사람이지만, 실은 1570년에 요크 주의 영국국교회 집안에서 태어났다. 그가 어떤 이유로, 언제 가톨릭으로 개종했는지는 분명히 알려지지 않았다. 아마 아버지가 세상을 떠나고 어머니가 가톨릭 신자인 새아버지와 재혼했을 때 그의 나이가 여덟 살이었기 때문에 자연스럽게 가톨릭을 받아들이지 않았나 짐작할 뿐이다. 혹은 그가 요크에 있는 가톨릭 학교에 다니면서 그곳의 친구들과 어울리게 된 것이 계기가 되었을 수도 있다. 이 친구들이 나중에 정부 청사를 폭파할 계획에 가담하게 된 것을 보면 말이다.

　이유가 무엇이든 스물한 살 무렵의 그는 독실한 가톨릭 신자였으며, 가톨릭에 반대하는 사람들과 기꺼이 맞서 싸울 준비가 되어 있었다. 포크스는 아버지로부터 물려받은 집을 팔고 잉글랜드를 떠나 스페인 군대에 들어갔다. 스페인에서는 점점 늘어나는 네덜란드인 신교도들과 가톨릭교도들이 한창 전쟁을 하는 중이었다. 후에 '80년 전쟁'이라고 불리게 된 그것이었다.

　여전히 잉글랜드와 스페인이 전쟁 중인 것으로 되어 있던(실제로 싸우지는 않았지만) 시대였으므로 사실은 잉글랜드인인 그가 스페인 편에서 싸우는 것만으로도 혁명적 행위라 할 만했다. 포크스는 여기에서 한발 더 나아가, 잉글랜드에서 제임스 1세를 전복시키고 다시 가톨릭 국가로 만들 계획을 세우고 스페인 왕실에 지원을 요청했으나 거절당했다. 이 시도가 불발되자 1604년, 포크스는 고향으로 돌아가 모반을 일으킬 다른 방법을 찾기 시작했다.

●●●●●●●

그는 혼자가 아니었다. 잉글랜드 종교 개혁, 즉 헨리 8세가 이혼을 목적으로 잉글랜드의 교회를 교황의 권한으로부터 떼어낸 사건이 불과 몇 세대 전에 있었고, 이 일로 인해 잉글랜드 내의 가톨릭교도들이 입은 상처가 채 사라지기 전이었다. 헨리 8세의 첫 계승자들이었던 엘리자베스 1세와 제임스 1세 시대에 종교적 위상을 두고 밀고 당기기가 계속되다가, 마침내 영국국교회가 압도하기 시작하면서 일정 간격으로 가톨릭에 대한 박해가 이루어지고 있었다. 왕은 교황에게 충성하는 것이 곧 국가에 대한 불충이자 스페인에 대한 잠재적 충성이라면서 프로테스탄트 교회에 나가기를 거부하는 사람에게는 무조건 벌금을 매겼다.

당시 악명을 떨쳤던 포크스는 사실 화약 음모 사건을 실질적으로 이끌었던 유일한 인물이 아니었다. 포크스처럼 프로테스탄트였다가 가톨릭 광신도로 전향한 로버트 케이츠비Robert Catesby가 음모자들을 모으고 조직한 사람이었다. 1604년 5월 20일, 음모의 핵심 구성원인 케이츠비, 포크스, 토머스 퍼시, 존 라이트, 토머스 윈투어가 술집에서 만나 함께 계획의 윤곽을 정했다.

계획은 왕과 의회 의원들을 일거에 몰살시킨 후, 정부 당국자들을 모조리 내몰고 가톨릭 지도자들을 각 부처의 수장으로 앉히자는 것이었다. 폭발물을 다룬 경험이 있는 포크스가 실제로 폭발을 일으키는 역할을 맡게 되었다. 술집 회의가 있던 날로부터 닷새 후, 음모자들은 상하 양원이 만나는 의사당인 웨스트민스터 궁 바로 아래에 있는 빈 지하실을 빌렸다. 널찍한 창고가 있어서 폭발물을 보관해두기에도 안성맞춤이었다. 포크스는 그곳에 화약을 채워나가기 시작했다.

화약 음모를 구상 중인 가이 포크스.

•••••••

그러나 이 계획에는 몇 가지의 불운이 도사리고 있어서 생각지도 못한 걸림돌이 생겼다. 포크스와 일행은 의회가 열릴 때를 노려 폭발을 시도하려고 했는데, 전염병이 돌아서 의회 자체가 11월 5일로 연기된 것이다. 덕분에 저장해 놓은 화약 36배럴이 못 쓰게 되어 화약의 추가 구입이 불가피하게 되었다. 그뿐만 아니라, 이들이 지하실을 임대하기 전에 의사당 아래로 땅굴을 파려다가 이미 한 차례 실패했다는 이야기도 있다.

그러나 가장 결정적인 불운은 포크스의 동료 중 한 명이 마음이 여린 사람이라는 것이었다. 그가 나름대로 동정을 베푼 것이 당국에 무슨 일이 일어날지 경고하는 결과가 되고 말았던 것이다. 그 동료가 생각하기에는 가톨릭 신자인 의원까지 폭탄으로 날려버리는 것은 옳지 않은 일이었다. 10월 26일, 상원의원이자 가톨릭 신자인 윌리엄 파커는 공격이 계획된 날 의사당 근처에 가지 말라고 경고하는 편지를 받았다. 그는 왕에게 편지를 보여주었고, 사태를 심각하게 여긴 왕은 폭발이 예정된 전날 밤 조사관을 보내 의사당 건물의 지하실을 살펴보게 했다.

조사관들은 포크스가 이튿날의 폭파를 위해 준비 작업을 하다가 자리를 비운 사이에 지하실을 찾아냈다. 거기에는 성냥과 초롱불도 여럿 있었다. 물론 장작과 석탄 더미 아래에 숨겨둔 화약 수십 배럴도 발견되었다. 포크스는 체포되자 존 존슨John Johnson이라는 가짜 이름을 대고 부모와 고향도 꾸며서 이야기했다. 그러나 자신이 무슨 목적으로 폭파를 하려 했는지에 대해서는 정직하게 털어놓았다. "당신네 스코틀랜드 거지들을 당신들이 태어난 산속으로 다시 날려버리려고 그랬소".

•••••••

포크스는 악명 높은 런던탑으로 끌려가 모진 고문을 당했다. 왕은 공모자들을 댈 때까지 점점 더 고문의 강도를 높였다. 11월 6일, 그는 자신의 실명을 대

이것을 기억하라

영국인이라면 포크스가 의사당 건물을 폭파하려고 했던 날을 잊어버리기가 쉽지 않다.
왜냐하면 화약 음모가 쉽게 외워지는 유명한 시와 함께 전해 내려오기 때문이다.
시는 이렇게 시작된다.

기억해, 기억해. 11월 5일을.
반역과 모의의 화약을.
그럴 이유가 없어.
왜 화약 반역이
영원히 잊혀야 하는가

이 시가 생겨난 시기는 적어도 1870년으로 거슬러 올라가며, 몇 행이 더 있는
긴 형태들도 있다. 그 무렵에 사람들 입에 오르내리던 시들이 흔히 그렇듯이
이 시 역시 다양한 버전이 존재하는데 8행으로 된 것들이 가장 많았다.
그중에는 화약 음모가 교황을 추종하는 자들의 범죄이므로 교황을 교수형에 처하자는
내용도 있고, 단순히 '신이 왕을 보우하셨다'는 것을 강조하는 것들도 있다.
그러나 시작 부분은 한결같이 이날을 기억해야 한다는 내용으로 되어 있으며,
마지막은 늘 '힙 힙 후레이(hip hip hooray)'라는 응원 문구로 끝맺는다.

기에 이르렀고, 이후로도 계속된 고문으로 결국 공모자들의 이름을 실토하고 말았다. 왕은 즉시 음모자들을 뒤쫓았다. 케이츠비를 포함한 일당은 스태퍼드셔 주의 어느 집에 숨어 있다가 죽임을 당하거나 체포되었다.

포크스와 체포되어 온 사람들은 1606년 1월 27일에 반역죄로 재판을 받았다. 무죄를 받을 가능성은 없었기 때문에 여덟 명의 피고들은 유죄를 인정하여 형을 덜어 보려고 했다. 포크스는 이미 폭탄 모의를 인정한 상태였지만 무죄를 주장했다.

가면 뒤에서

포크스의 초상 또는 그의 얼굴을 대략적으로 그린 그림이 21세기 초반에 저항의 상징으로 컴백했다. 2006년에 나온 영화 〈브이 포 벤데타(V for Vendetta)〉는 1982년에 같은 이름으로 발행된 그래픽 노블을 바탕으로 한 것으로, 포크스의 캐리커처 뒤에 숨은 불가사의한 혁명가의 이야기를 그리고 있다. 포크스가 의회에 대항하여 음모를 꾸몄던 것과 똑같은 방식으로 주인공 역시 의회를 폭파할 계획을 세운다.

2008년 글로벌 금융위기에는 영화와 똑같은 가면을 선택해 권력 기관의 행태에 대한 불만을 널리 퍼뜨리려 한 사람들이 있었다. 대표적인 경우가 온라인 해커 조직인 어나니머스(Anonymous)였다. 이 그룹은 2008년에 사이언톨로지 교회와 대치할 때 처음으로 이 가면을 채택했는데, 나중에는 모든 어나니머스 활동에 두루 쓰게 되어 아예 그룹의 유니폼이 되었다.

뉴욕 시가지에서 시작된 월스트리트 시위(Occupy Wall Street)에서도, 시위자들이 정해 놓고 착용할 복장이 가이 포크스 가면이었다.

또한 위키리크스(Wikileaks)의 창립자인 줄리언 어산지(Julian Assange)도 런던증권거래소의 '점령(Occupy)' 시위에서 이 가면을 썼고, 이후 인도, 캐나다, 폴란드 등 다른 많은 나라에서 연쇄 시위가 일어났을 때도 모두 포크스 가면을 써서 신변을 보호했다. 그러자 사우디아라비아 정부에서는 가면 금지 명령까지 내리기도 했다.

시위자들이 가면을 쓰는 것은 실제의 포크스가 종교적 투지가 넘치는 인물이었던 것과 달리 보다 일반적인 반체제의 상징으로 이용하는 것이라고 볼 수 있다.

나흘 후, 포크스와 공모자 셋은 말에 묶여 고꾸라지면서 자신들이 날려버리려고 했던 그 건물 앞길을 가로질러 처형대로 끌려갔다. 포크스는 동료들이 죽는 과정을 보고는 그 전에 목숨을 끊으려고 처형대 아래로 뛰어내려 목이 부러지는 데 성공했다. 다른 공모자들은 교수대에서 숨이 끊어지기 직전에 끌어내려져 산 채로 사지가 찢기는 형벌을 받았다. 물론 포크스의 시신도 네 조각으로 나뉘어 서로 다른 곳으로 보내졌다. 이런 식의 처형은 왕좌에 대항해 음모를 꾸미는 자가 어떤 꼴을 당하는지 경고하는 의미였다.

영국에서는 해마다 화약 음모의 실패를 기념하는 행사를 벌인다. 공휴일로 지정된 가이 포크스 데이의 불꽃놀이는 터지지 않은 화약을 의미한다. 또 가이 포크스의 초상을 불태우는 전통도 전해 내려온다(가이 포크스 혼자서 벌인 일이 아닌데 다른 사람들은 왜 제외된 것일까?).

올리버 크롬웰

OLIVER CROMWELL

시기	1599~1658
지역	잉글랜드
투쟁 대상	잉글랜드 군주제

올리버 크롬웰 이전에는 잉글랜드 군주의 권력에 대해서 거의 누구도 토를 달지 않았다. 누가 정당한 왕 또는 여왕이 될 것인지 불분명할 때만 후계 싸움이나 전쟁이 일어났을 뿐이었다. 그러나 크롬웰은 '과연 군주가 필요한가' 하는 근본적인 의문까지 제기하면서 개념 자체를 바꾸어 버렸다. 크롬웰의 시대가 막을 내리면서 잉글랜드에는 다시 왕가가 들어섰지만, 그때는 이미 의회의 권력을 기정사실로 받아들일 수밖에 없게 된 뒤였다.

1200년대 이래로 잉글랜드의 의회는 민주적 직제를 통해 왕의 신민들에게 불만을 제기할 기회를 부여하고 법안의 제정을 추진하는 등 통치의 중요 부분을 담당하고 있었다. 그런 가운데도 제임스 1세는 의회와 자주 충돌하는 왕이었으며, 그 아들인 찰스 1세 때는 충돌의 수위가 한층 높아졌다. 찰스 1세는 의회가 대놓고 반발하지 않을 수 없게 만드는 왕이었다. 1628~29년 사이, 말 많았던 회기를 끝낸 후 결국 찰스 1세는 의회를 해산시키고 문을 걸어 잠가 의원들의 출입을 11년 동안 막아 버렸다.

그러나 의회 없이 왕 혼자 잘해 나가기는 힘들었다. 재정은 파탄이 나고 대중은 가혹한 통치에 분노했다. 게다가 찰스가 스코틀랜드에 영국국교회 체제를 강요하자 기다렸다는 듯이 전쟁이 일어났다. 이른바 스코틀랜드와 잉글랜드의 주교 전쟁Bishops' War이었다. 전쟁에는 당연히 돈이 들었다. 1640년, 찰스는 어쩔 수 없이 의회를 소집했다. 의회만이 필요한 국고를 채울 힘을 가지고 있었기 때문이다.

• • • • • • •

1599년에 태어난 올리버 크롬웰은 온건한 젠트리(gentry, 귀족과 독립자영농민의 중간계층으로서 가문의 문장을 사용할 수 있는 사람들. 주로 지주들이었다-역주)로 지내다가 1628년에 처음으로 의회의 의석을 얻었다. 그는 두 번째로 의원에 뽑히고 나서부터 곧 왕을 비판하는 중요 인사 중 한 명으로 떠올랐다. 다시 열린 의회는 신속히 왕의 최고 고문들 몇 명을 탄핵하고 의회의 부재 기간에 왕이 부과한 법들을 철회해 나갔으며, 왕의 통치에 대해 누적된 불만들을 쏟아냈다.

1642년에는 왕이 군대를 보내 하원 의사당에서 자신에게 가장 심하게 독설을 퍼붓는 의원 다섯 명을 체포하려다가 실패한 사건이 일어났다. 전례 없는 체포 작전이 수포로 돌아가자 왕은 런던을 떠나 의회와의 전쟁을 선포했다. 양측은 군대를 모으기 시작했다.

크롬웰은 의회파의 승리를 이끄는 가장 중요한 역할을 했다. 1644년의 마스턴 무어 전투의 승리도 크롬웰이 주도한 결과였는데, 이 결정적 전투의 결과 의회파는 잉글랜드 북부의 통제권을 갖게 되었다. 내전이 진행될수록 크롬웰의 지위는 높아졌다. 전투 경험이 거의 없던 그가 의회파의 최고 사령관 중 한 명으로 격상된 것이다. 그의 군사적 평판은 단지 전략과 전술의 강점 때문만이 아니라 전투가 한창일 때에 서슴없이 뛰어드는 솔선수범 때문에 얻어진 것이었다. 지휘관은 전장의 뒤편에서 지시를 내리는 것이라고 여겨지던 시대에 크롬웰은 모범을 보이며 최전방에 합류했다. 덕분에 그는 여러 차례 부상을 당해 육체적으로는 고통에 시달렸지만, 그 과정에서 군사들의 충성을 얻을 수 있었다.

이듬해에 의회에서는 의원들이 군 지휘관으로 봉사하는 것과 관공서 근무 중 선택할 수 있도록 하는 새 법을 통과시켰는데, 군대를 선택한 의원은 크롬웰뿐이었다.

그뿐만 아니라 그는 새로운 종류의 군대를 창설했다. 지역마다 오래전부터 있던 군대들이 다루기 까다롭다는 사실을 고려하여, 수비대를 근간으로 즉석에서 부대를 편성하여 신모범군을 만든 것이다. 신모범군은 어디서나 싸울 수 있도록 중앙집권 형태로 운영되는 상비군이었다. 토머스 페어팩스 경이 모범군의 총지휘관이었고, 크롬웰은 이인자로서 자신이 '철기대Ironsides'라고

이 네덜란드 풍자 만화에서
가장 독선적으로 보이는 존재는 크롬웰의 개이다.

이름 붙인 기병대를 맡았다. 신모범군은 1645년에 첫선을 보였으며, 일 년이 지나지 않아 전쟁을 승리로 이끌었다. 6월에 네이즈비 전투에서 왕당파의 핵심 군대를 박살 내버렸으며, 계속해서 왕당파 군을 패배시켜 결국 폐위된 왕의 항복을 받아 내고야 말았던 것이다.

●●●●●●●

1646년에 왕을 체포하면서 의회는 명실상부 잉글랜드의 통제권을 갖게 되었다. 왕당파 지지자들과 2차 내전을 치러야 하기는 했지만, 이번에도 크롬웰은 유능한 군사 지휘관으로서의 능력을 입증해 보였다. 1648년, 의회는 크롬웰을 포함한 강경한 반 왕당파의 잔부의회(Rump Parliament, 殘部議會)만 남기고 의원들을 모두 축출해 버렸다. 1649년, 모반자들은 폐위된 왕에게 사형을 선고하고 결국 이 잉글랜드의 세습 통치자를 반역죄로 처형했다.

왕이 죽자 의회는 잉글랜드를 공화국으로 선언하고, 같은 해에 잉글랜드 연방을 수립했다. 크롬웰은 연방을 대표하여 아일랜드와 스코틀랜드를 공격하느라 2년을 더 군사작전을 수행하면서 보냈다. 크롬웰은 두 곳 모두에서 왕당파의 봉기를 진압하면서 수많은 생명을 대가로 받아 내며 무자비한 면모를 보였다.

잉글랜드로 귀환한 후 1653년, 그는 군사 쿠데타를 일으켜 다시 한번 무자비함을 과시해 보였다. 처음에는 나름대로 인내를 발휘하여 의회가 진행되는 과정을 지켜보았지만, 결국 잔부의회가 쓸모없다고 결론을 내리고 자신에게 충성을 바치는 군사들을 동원해 의원실을 쓸어버린 것이다. 찰스가 수십 년 전에 한 것과 똑같이, 크롬웰 역시 오로지 스스로에게 부여한 직권으로 의회를 해산시켜 버렸다.

몇 개월 후에 크롬웰이 모은 새로운 의회의 이름으로 '통치장전'이라고 하는 임시 헌법이 제정되었다. 이 새로운 체제는 크롬웰에게 종신 호국경의 지위를 부여했다. 호국경은 행정의 최고 권력으로서, 그에게 충성을 다하는 군대는 물론 의회보다도 상위에 있는 지위였다. 의회에서는 크롬웰에게 왕위에

또 다른 반란의 점화

잉글랜드인들에게는 크롬웰이 혁명가이지만 아일랜드인들에게 지금까지도 그는 그저 압제자일 뿐이다. 크롬웰의 아일랜드 침공이 너무 잔인했기 때문이다. 이 열렬한 청교도 사령관은 아일랜드의 가톨릭 신자들을 이단으로 보았기 때문에 똑같은 왕당파라고 해도 아일랜드의 왕당파에게 훨씬 더 가혹했다. 1649년의 침공에서 그는 몇 차례나 잔인무도한 행동을 보였는데, 드로게다 공성전이 그 시작이었다. 이곳에서 크롬웰의 군대는 사제와 시민들까지 포함해서 시내의 수비군 전체를, 심지어 항복한 후에도 무차별로 학살했다. 그의 잔인함에 치를 떤 사람들은 너도나도 아일랜드의 반란군으로 합류했으며, 반대급부로 잉글랜드 측의 반 게릴라 전술도 더 격렬해졌다. 드로게다 대학살은 기나긴 파괴 작전의 시작일 뿐이었다. 크롬웰은 아일랜드 전역의 농작물을 불태우고 사람들을 서쪽으로 몰아 대규모 굶주림을 야기했다. 이 일로 거의 60만 명이 목숨을 잃었는데, 이것은 아일랜드 전체 인구 1백40만 명 중 40퍼센트가 넘는 사람들이 희생된 것이다. 크롬웰이 지금도 아일랜드에서 개망나니로 불리는 것이 놀랄 일은 아닌 것이다. 포그스(Pogues), 모리세이(Morrissey), 플로깅 몰리(Flogging Molly) 등의 아일랜드 음악가들이 올리버 크롬웰의 이름에 저주를 퍼붓는 가사를 쓴 것도 놀랄 일이 아니고 말이다.

오르라고 했지만 크롬웰은 몇 주간의 고민 끝에 왕좌를 거절했다. 그러나 왕좌에 앉지만 않았을 뿐 이후 5년간 그는 호국경으로서 왕처럼 나라를 다스렸다. 그는 오래전에 추방된 유대인들의 잉글랜드 귀환을 허용하는 등 상당히 너그러운 종교적 자유를 누릴 수 있게 했는데, 한편에서는 청교도를 헌법 규정에 넣고, 스페인과 네덜란드를 상대로 종교적 이유가 다분한 전쟁을 벌이기도 했다.

• • • • • • • •

한 사람에게로 의회의 권한이 집중되는 통치 체제를 지켜본 많은 잉글랜드인들은 군주가 필요하다는 인식을 다시 한번 하게 되었다. 내전 중 크롬웰과 동료 지도자들은 의회의 권위에 힘을 실어주는 역할을 했지만, 결과적으로는 왕이 없이 의회 단독으로 통치하는 것이 바람직하지 못하다는 인식을 일깨워준 결과가 된 것이다. 크롬웰의 지지자들은 오늘날까지도 그가 타락한 왕을 전복시키는데 기여한 혁명적 영웅이라고 생각하고 있으며, 적대자들은 그를 가리켜 한때 자신이 맞서 싸운 사람과 똑같이 되어 버린 강탈자이며 위선자라고 말한다.

　크롬웰이 쉰아홉 살에 질병으로 사망하자, 그의 아들 리처드가 대를 이어 호국경 자리에 올랐다. 리처드 크롬웰Richard Cromwell은 나약한 지도자였다. 경제가 무너지고, 군대는 대놓고 반란을 일으켰다. 그 역시 1659년에 의회를 해산했으며, 결국은 그해 5월 25일 호국경 지위를 내놓았다.

군주제가 재건된 것은 올리버 크롬웰이 죽고서 불과 2년 후인 1660년이었다. 처형된 선왕의 아들 찰스 2세가 왕좌에 올랐으며, 크롬웰이 재정비해놓았던 헌법의 많은 부분이 폐기되었다. 그 이듬해, 선왕의 처형 기념일에 크롬웰에 대한 사후 '처형' 행사가 있었다. 크롬웰의 시신을 파내어 하루 동안 공개적으로 매달아 놓았다가 참수하는 것이었다. 베어진 그의 머리는 1960년에야 다시 묻혔다.

크리스마스의 전쟁

예상할 수 있겠지만, 청교도적인 크롬웰 치하의 잉글랜드에서는 생활방식이
그 전과는 여러모로 달랐다. 종교적 경축일의 축하 방식도 물론 그중 하나였다.
그가 크리스마스 자체를 금지했다는 것은 전혀 사실이 아니다.
그러나 크리스마스의 축하 행사를 금지한 것은 맞다.
그는 크리스마스를 오로지 단식과 성찰의 날로 보내게 했다.
그의 금욕적인 종교관에서는 크리스마스가 가족이 모여 즐겁게 지내는 축제의 날이 아니었다.
크롬웰은 거위 요리에서부터 크리스마스 예배까지 모든 축하 행사를 금지했다.
그러나 이 딱딱한 크리스마스가 오래가지는 않았다.
찰스 2세가 크롬웰의 모든 지침을 파기했기 때문에
그가 왕이 된 후 첫 크리스마스부터 이미 금지는 사라지고 없었다.

메타콤
METACOM

시기	1639~1676
지역	왐파노악 영토
투쟁 대상	잉글랜드 정착민들

미국 어린이들은 1621년에 매사추세츠의 필그림(Pilgrim, 잉글랜드에서 미국으로 이주
해온 청교도들-역주) 정착민들과 원주민인 왐파노악 부족이 함께 모여 추수감사절
을 기념하는 이야기를 들으며 자란다. 그러나 평화는 고작 수십 년 만에 끝났
다. 뒤이어 새로운 세대의 정착민들이 왐파노악의 영토 깊숙이 밀려들어 오
자, 추장인 메타콤은 자신의 땅과 백성들을 보호하기 위해 피의 항쟁을 이끌
게 된다.

  잉글랜드의 정착민들이 미국에 도착하기 전에는 왐파노악의 영토가 지금
의 매사추세츠와 로드아일랜드의 많은 부분을 아우르는 넓은 지역에 걸쳐 있
었다. 그런데 정착민들이 도착하기 몇 년 전에 천연두나 렙토스피라증으로
짐작되는 대규모 질병이 발생하여 왐파노악 부족원들이 대거 목숨을 잃는 일

이 있었다. 게다가 노예상들이 해안으로 들어와 원주민을 잡아다 노예로 팔아먹는 일들이 빈번해지면서 또다시 인구가 많이 줄어든 상태였다.

왐파노악과 플리머스 식민지에 이주한 필그림 정착민들은 처음에는 비교적 사이가 좋았다. 그러나 점점 더 많은 잉글랜드 청교도들이 도착하면서 상황이 달라졌다. 평화는 메타콤의 아버지 마사소이트가 추장으로 있는 동안만 유지되었다. 물론 1639년 메타콤이 태어났을 무렵부터 이미 경고의 신호가 있기는 했지만, 1660년경 마사소이트가 세상을 떠나자 본격적으로 긴장이 고조되었다.

•••••••

1662년 메타콤의 형 왐수타가 플리머스 식민지 당국과 관련된 사건으로 죽음을 맞이한 후, 메타콤은 자신의 부족뿐 아니라 모든 왐파노악 족의 우두머리인 대족장의 자리에 올랐다. 사건의 전말은 식민지 법원에서 왐수타를 소환한답시고 소규모 부대를 보내 총 끝을 겨누며 끌고 간 후, 심문을 받은 왐수타가 이내 질병에 걸려 숨을 거둔 것이었다. 그러자 잉글랜드인들이 그를 독살했다, 혹은 적어도 함부로 다루어서 죽음에 이르는 원인을 제공했다는 등의 소문이 금세 돌기 시작했다.

이후 십 년 동안은 결국 전쟁을 치르지 않을 수 없는 갖가지 이유들이 쌓인 시기였다. 청교도 정착민들의 물결이 점점 더 내륙으로 밀려들어 필그림

IMAGE COURTESY OF LIBRARY OF CONGRESS

문화가 엇갈리는 교차로에 선 메타콤.

과 마사소이트가 합의해 놓은 경계를 훌쩍 넘어가 있었다. 또한 정착민들이 새 땅에 익숙해지면서 원주민들의 도움을 받을 일이 많이 줄어든 것도 원인이 되었다. 정착민들은 술 등의 일용품을 제조하기 시작하여 원주민을 상대로 원래 가치보다 훨씬 비싸게 팔기 시작했다. 왐파노악을 포함해 원주민 부족들은 급성장하는 백인 식민지의 요구에 따라 협정에 서명할 것을 강요당했다. 1671년, 메타콤 역시 타운튼 마을에서 식민지 주민들에게 무기를 모두 넘겨준다는 내용의 평화 협정에 강제로 서명을 하게 되었다. 청교도의 지도자들은 아메리카 원주민을 미개한 사람들로 보고, 가능한 한 많은 원주민을 그리스도교로 개종시켰다. 그 과정에서 '기도하는 인디언'이라는 새로운 계층이 생겨났다. 그러나 나머지 원주민들은 자신들의 종교적 전통을 잃어버리게 될까 봐 두려움에 떨었다.

1675년 6월, 기어이 메타콤이 자신의 이웃을 향해 봉기하도록 촉발하는 사건이 일어났다. '기도하는 인디언' 중에서 자기 부족의 움직임을 정착민들에게 몰래 알려주는 것으로 의심을 받고 있던 존 새서먼이라는 통역가가 살해된 것이었다. 새서먼은 앞서도 메타콤이 다른 부족과 협상하는 것을 보고 식민지를 공격할 준비를 모의한 것이라고 고해바친 전적이 있는 사람이었다. 메타콤은 법정에서 봉기 모의가 사실이 아니라고 밝혔지만, 소문은 불을 붙이듯이 점점 커졌다. 새서먼이 살해된 후 플리머스 식민지는 왐파노악 전사 세 명을 살인죄로 기소하고 사형에 처했다. 메타콤은 봉기가 불가피한 시점이라고 판단했다.

•••••••

6월 24일, 메타콤은 스완시 마을에 대한 공격을 명령했으며, 곧이어 백인 정착민들과 왐파노악 및 동맹 부족들 사이에 전쟁이 시작되었다. 이것이 잉글랜드인들이 메타콤에 붙인 이름을 따서 '필립 왕의 전쟁King Philip's War'이라고 불리게 된 그 전쟁이다. 필립 왕의 전쟁은 미국 역사상 가장 처참했던 전쟁으로 기록되게 되며, 남북전쟁 전체에서 죽은 사람들보다 더 많은 사람이 이 전쟁에서 희생되었다.

왐파노악 무리는 스완시를 공격해 식민지 주민 몇 명을 죽이고 마을을 불태웠다. 일주일도 채 되지 않아서 플리머스는 인근의 매사추세츠 베이 식민지와 동맹을 맺고 연합군을 결성하여 로드아일랜드의 호프 산에 있는 왐파노악 마을을 초토화시켰다. 이 전쟁이 평화 협상의 여지가 없는 전면전이 될 것이라는 게 분명해지는 순간이었다. 이들에게 승리란 상대를 파괴하여 그 땅을 차지하는 것뿐이었다.

왐파노악과 동맹 부족들은 여름 동안 다트머스, 브룩필드, 디어필드, 랭카스터 등의 마을들을 차례로 공격하여 승기를 잡았다. 잉글랜드는 내전 중이었고, 뉴잉글랜드 외부의 식민지들은 팔짱 끼고 구경만 하는 상황에서 식민지 주민들은 보급품과 증원군 없이 혼자 힘으로 방어해야 했다.

9월이 되자 플리머스와 매사추세츠 베이 식민지는 코네티컷과 로드아일랜드의 식민지들과 함께 뉴잉글랜드연합을 결성하고 메타콤과의 전쟁을 공식 선포했다. 아메리카 원주민들은 매사추세츠의 해들리 인근에서 매복 공격으로 쉰 명가량의 식민지 주민들을 죽였는가 하면, 10월에는 당시 그 부근에서 가장 큰 정착민 개척지인 스프링필드의 대부분을 불태우는 등 계속해서 굵직한 성과를 거두고 있었다.

더 많은 원주민들, 즉 내러갠셋, 포컴턱, 니프먹 부족들이 메타콤과 왐파노악의 전쟁을 지지하며 가세했다. 반면에 피쿼트, 모히건, 너셋 부족은 청교도들의 개종 운동으로 '기도하는 인디언'이 되어 있었기 때문에 식민지 주민들의 편이 되었다.

1676년 3월, 왐파누악은 메타콤의 지휘 아래 플리머스 플랜테이션 자체를 공격하여 가장 방비가 강한 식민지 마을까지 공격할 수 있음을 증명해 보이고, 프로비던스의 큰 마을을 불태웠다. 그런 식으로, 전쟁 동안 메타콤의 군대는 뉴잉글랜드의 마을 열두 곳을 완파했으며, 식민지 주민의 5~10퍼센트 정도를 죽였다.

영어 이름

플리머스 식민지 법정에서 필립이라는 이름으로 재판을 진행했다는 것 외에, 메타콤이 어떻게 해서 필립으로 알려지게 됐는지는 명확히 밝혀져 있지 않다. 어쩌면 그의 아버지가 정착민들과 우호적인 관계를 맺느라고 아들에게 영어 이름을 붙여준 것일 수 있다(메타콤의 형 왐수타는 알렉산더로 불렸다). 아니면 그리스도교로 개종한 통역가의 영향을 받아 왐수타가 그렇게 하기로 한 것일 수도 있다. 이유가 무엇이었든 메타콤은 그냥 필립이었다가 형이 죽고 추장 자리를 물려받으면서 필립 왕이 되었다.

••••••

그러나 메타콤의 성공은 생명이 짧았다. 1676년 4월, 식민지군은 내러갠셋족을 물리치고 추장을 죽이는 데 성공했다. 메타콤으로서는 치명적인 손실이었다. 게다가 원주민 군은 탄약과 보급품의 부족에 시달리고 있었다. 메타콤은 프랑스 식민지, 그리고 이로쿼이 부족과 동맹을 맺어 보려고 했지만 실패했다. 설상가상으로 식민지 측에서 항복하는 원주민을 사면해주기로 한 덕분에 초여름에 메타콤의 군사 수백 명이 이탈하는 일까지 생겼다.

최악의 상황에 몰리자 메타콤은 매사추세츠에서 달아났고, 식민지 측은 수색대를 보내 그를 색출했다. 1676년 8월 12일, 그는 로드아일랜드의 늪지대에 숨어 있다가 은신처가 청교도에게 누설되어 존 앨더맨이라는 이름의 군인에게 암살당했다. 암살자는 그리스도교로 개종하여 식민지 군에 가담한 왐파누악 부족이었다. 메타콤의 시신은 넷으로 잘렸으며, 머리는 장대에 꽂혀 식민지 주변을 행진하듯 돈 뒤 20년 동안 전시되었다. 그의 유일한 아들은 사로잡힌 다른 왐파누악들과 함께 버뮤다에 노예로 팔려갔다.

왐파노악 군이 더 이상 버티지를 못했으므로 메타콤의 죽음과 함께 봉기는 끝이 났다. 살아남아 캐나다로 달아난 사람들도 있었지만 잡힌 사람들은 모두 노예로 팔려갔다. 결국 2년간의 전쟁을 겪고 난 후 살아남은 왐파누악은 약 400명에 불과했다. 동맹군이었던 내러갠셋과 니프먹 부족도 비슷하게 황폐한 말로를 맞이했다. 지금은 약 2천 명의 왐파누악이 자신들의 조상이 싸웠던 그 지역에서 살고 있다. 이들의 수는 연방정부가 인정하는 두 부족을 합한 것이며, 이 중 많은 수가 마서즈비니어드 섬의 특별보호구역에서 지낸다.

식민지 이주민들은 당시에는 메타콤을 물리치느라 큰 비용이 들었지만 승리에 따른 보상으로 땅과 세력을 확장할 수 있는 여지를 확보했다. 게다가 전쟁을 계기로 모국에서 식민지에 관심을 가지기 시작했다. 잉글랜드는 이 지역의 가능성에 눈을 뜨고 더 많은 이주민을 보냈다. 바야흐로 잉글랜드 정착민들과 아메리카 원주민들 사이에 대륙을 가로지르며 수 세기에 걸친 긴장과 무력 충돌을 일으키는 일정한 형태가 만들어진 것이었다.

소설에서 명성을 얻다

스티븐 빈센트 베네(Stephen Vincent Benét)의 유명한 단편소설
〈악마와 대니얼 웹스터(The Devil and Daniel Webster)〉에서,
메타콤은 지옥에 떨어진 영혼을 심판하는 배심원으로 나온다.
그는 악명 높은 해적 블랙비어드와 혁명에서 영국 왕가를 지지한 미국인 장교들을
심판하게 된다. 그러나 그는 웹스터에게 호의적인 대우를 받게 되며,
결국 사탄을 둘러싼 논쟁에서 웹스터의 손을 들어주게 된다.

새뮤얼 애덤스
SAMUEL ADAMS

시기	1722~1803
지역	미합중국
투쟁 대상	영국

미국 독립전쟁에서 함께 싸운 식민지는 열세 개였지만, 혁명의 진정한 진원지는 매사추세츠였다. 미국을 세운 건국의 아버지들 대부분이 반란에 대해 이렇다 할 계획을 세우기 훨씬 전에 이미 영국의 통치에 저항하기 위해 거리로 쏟아져 나온 사람들이 보스턴 시민들이었다. 또한 보스턴 봉기를 비롯한 혁명의 초기 사건들에 늘 등장하는 인물이 바로 새뮤얼 애덤스다. 이 보스턴의 지도자를 사람들은 '미국 혁명의 아버지'라고 부른다.

애덤스는 1722년 9월 27일, 보스턴에서 태어났다. 그의 아버지는 사업가이자 지역 정치인이었다. 머리가 뛰어났던 애덤스는 열네 살에 하버드대학교에 입학한다. 아버지처럼 그도 정치에 관심이 많았다. 영국 정부와 얽힌 자기 아버지의 경험을 통해 어느 정도는 영향을 받았을 것이다.

새뮤얼 애덤스의 아버지 디콘^{Deacon} 애덤스는 보스턴 코커스^{Boston Caucus} 정당의 당원들과 함께 부동산을 담보로 시민들에게 돈을 빌려주는 '토지 은행'을 시작했다. 영국 정부는 이 움직임을 못마땅하게 여겨 은행을 폐쇄시켜 버렸다. 디콘 애덤스는 은행이 갑자기 문을 닫을 경우 은행의 부채를 갚을 책임이 있는 사람들 중 한 명이었다. 빚은 고스란히 가족의 몫으로 돌아왔고, 디콘이 세상을 떠난 후에는 새뮤얼에게 상속되었다.

●●●●●●●

아메리카 식민지와 바다 건너 본국 정부의 사이가 벌어진 것은 영국의 조세 정책이 눈에 띄게 불공정한 것이 주요 원인이었다. 긴장이 급격히 고조된 것은 1763년에 영국과 식민지가 힘을 합쳐 7년 전쟁에 이기고 난 후부터였다. 영국은 막대한 전쟁 부채를 지게 되었는데, 빚을 갚기 위한 대책으로 식민지에 각종 세금을 물리기 시작한 것이다. 애덤스는 식민지인들을 대변할 사람이 없는 의회에서 통과된 조세법을 따를 수 없다고 생각했다.

영국이 식민지의 돈으로 전쟁 부채를 갚으려고 한 첫 번째 시도는 1764년, 논쟁의 여지가 많은 설탕조례^{Sugar Act}를 통과시킨 것이었는데, 이것은 설탕과 여러 수입 상품에 관세를 덧붙인 법이었다. 그 이듬해에는 애덤스가 보기에 훨씬 더 악질적인 인지세^{Stamp Act}가 왔다. 이 법은 법률 문서부터 신문, 트럼프 카드에 이르기까지 거의 모든 종이 제품에 인지를 붙여 판매해야 한다는 것으로, 세금을 피할 방법이 전혀 없게 되어 있었다. 인지세는 아메리카에서 엄청 난 반발을 일으켜 아홉 개의 식민지가 '인지세 회의'를 결성하기에 이르렀다.

이들은 영국 왕에게 탄원서를 보냈다. 식민지 정착민들이 비록 왕의 신하 이기는 하지만, 식민지에 인지세 등의 세금을 부과할 수 있는 것은 식민 정 부여야 한다는 내용이었다. 보스턴의 반발은 좀 더 격했다. 1765년, 애덤스 는 존 핸콕John Hancock과 함께 비밀 저항 단체를 창설하고 '자유의 아들들Sons of Liberty'이라고 이름 지었다. 이 단체는 거리 시위를 조직했는데, 가장 특기할 만한 시위는 군중들을 모아 그 지역의 인지 배급상인 앤드류 올리버의 인형 을 목매달아 참수한 것이었다. 여기에서 끝나지 않고 자유의 아들들이 몰려 가 그의 집을 닥치는 대로 부수기까지 하자 올리버는 즉시 그 일에서 물러났 다. 이런 식으로 협박이 먹히자 다른 도시들에서도 비슷한 시위가 이어졌고, 겁에 질린 인지 배급상들이 잇따라 손을 놓았다. 결국 인지세는 등장한 이듬 해에 폐지되었다.

•••••••

그러나 여전히 금전이 절실했던 영국 정부는 그리 쉽사리 포기하지 않았다. 1767년에 시작하여 통과된 타운센드 법은 식민지의 지배자가 누구인지를 보 여주기 위해 고안된 네 가지 법률이었다. 그중 하나인 수입조례는 식민지에 주재하는 세관 관리들의 권한을 대폭 늘린 것으로, 보스턴 같은 항구 도시에

IMAGE COURTESY OF LIBRARY OF CONGRESS

새뮤얼 애덤스, 1870년의 인쇄물에서.

서 어마어마한 불만을 일으켰다. 세관 당국은 존 핸콕이 소유한 배 한 척을 억류하고, 그를 '자유의 아들들'의 지도자로서 밀수 혐의로 재판정에 세웠으나 효과가 없었다. 결국 핸콕은 풀려났다. 이 무렵 주 의회의 의원이었던 애덤스는 타운센드 조례에 대응해 영국산 수입에 대한 효과적인 보이콧으로 맞받아쳤다. 또한 다른 식민지에도 연락하여 동참을 촉구했다.

1768년 가을, 보스턴은 군대가 완전히 점령한 상태였다. 영국이 다수의 군대를 보내 시키는 대로 따르도록 강제하려 했던 것이다. 1770년 3월 5일, 마침내 군인들의 발포로 다섯 명이 사망했다. 이것이 바로 미국 독립혁명의 첫 한 발로 알려진 '보스턴 학살'이었다. 이 사건은 그때까지 일어난 가장 폭력적인 충돌이었지만 잠깐 동안은 상황을 진정시키는 효과가 있었다. 이후, 어떤 식으로 긴장이 고조되는지를 나름대로 파악하게 된 영국 정부는 타운센드법 대부분을 폐지하고 보스턴 점령도 해제했다. 영국이 이렇게 나오자 새뮤얼 애덤스와 그 동지들의 영향력이 눈에 띄게 줄어들었다. 영국 상품 불매 운동도 큰 효과가 없었고, 입법부의 의원으로 재선되기는 했지만 정치적으로 애덤스를 지지하는 세력도 약해졌다.

그러나 짧은 평화는 1773년 의회에서 차 조례^{Tea Act}를 통과시키는 순간 끝이 났다. 이 법은 세금과 관련된 것이 아니라 동인도회사를 구제하기 위한 정부의 조치였다. 영국의 주요 무역기관이었던 동인도회사는 엄청난 부채를 안고 팔지 못한 차만 잔뜩 쌓아 두고 있었다. 차 조례에서는 이 회사가 영국 밖에서는 수입업자를 거치지 않고 직접 차를 팔 수 있게 허용했으며, 아메리카 식민지에서의 차 무역에 관한 독점권을 부여했다. 차 조례가 시행되자 아메리카에서 팔리는 차 가격이 떨어지는 효과가 있었지만 전매로 인해 타격을 입은 상인들의 반발이 거셌다. 또한 새뮤얼 애덤스 같은 정치인에게는 식민지에다 본국의 정책을 강제려는 비열한 방법으로밖에 보이지 않았다.

영국에 대한 적대감은 보스턴 차 사건Boston Tea Party에서 절정을 이루었다. 미국 독립혁명의 상징적 사건 중 하나인 보스턴 차 사건을 준비한 주역이 애덤스였다. 1773년 12월 16일 밤, 아메리카 원주민 복장을 한 자유의 아들들의 구성원들이 동인도회사의 배에 숨어 들어가 차 3백42상자를 보스턴 항구에 던져버린 것이다.

보스턴 차 사건에 대한 대응으로 영국 의회는 일련의 강제조례를 통과시켰다. 강제조례의 내용에는 보스턴 항을 폐쇄하고 매사추세츠 주 정부 관리들을 왕이 직접 임명하고 통제하며, 모든 식민지에서 영국 군대를 위한 거주 시설을 제공하는 것 등이 포함되어 있었다. 애덤스에게는 이것이 영국의 정책

사촌 존의 혁명
새뮤얼 애덤스가 애덤스 일가에서 가장 열혈인 선동가였던 반면에
그의 사촌인 존 애덤스(John Adams)는 정반대의 방식으로 혁명에 기여했다.
새뮤얼이 거리로 뛰쳐나가는 성향이었다면, 미래의 대통령 존은 강력한 어휘를
구사하여 편지를 쓰는 성향이었다. 인지세 반대 운동 시기에 존은 단호한 문투로
식민지의 입장을 대변하는 글을 쓰고, 본국의 의회가 식민지 법을 통제하려는
행태를 공격하는 논문까지 작성했다.
그러니 제1차 대륙회의에 선출된 존 애덤스가 5인 위원회의 일원으로서
미국 독립선언문을 작성하여 혁명의 시작을 장식한 것은 당연한 일일 것이다.

에 반대할 명분을 확보하는 기회였고, 이전보다 많은 보스턴 시민들이 애덤스와 뜻을 같이했다.

•••••••

1774년, 13개 식민지가 강제조례(이들은 '참을 수 없는 법Intolerable Acts'이라고 불렀다)에 대한 대응으로 제1차 대륙회의를 결성했으며, 애덤스는 당연히 이 회의의 대표 중 한 명이었다. 이후 제2차 대륙회의에서 아메리카의 독립을 선언했을 때, 애덤스는 이 새로운 혁명에서 원로 정치가의 위치에 올라 있었다. 그는 막 생겨난 의회의 구성원으로 1781년까지 남아 있으면서 이런저런 관리자의 직책을 맡아 식민지 전체를 아우르는 봉기를 조직할 수 있게 도왔다.

독립전쟁에서 승리하여 헌법이 제정된 후, 애덤스는 새로 수립된 연방정부가 아닌 매사추세츠 주를 무대로 정치 경력을 이어갔다. 1789년에는 매사추세츠의 부지사로 선출되었는데, 이전에 자신의 지휘 아래에 있던 존 핸콕이

양조업자 애덤스

새뮤얼 애덤스가 맥주 양조업자였다는 사실을 아는가?

1980년대에 보스턴 비어 컴퍼니(Boston Beer Company)에서 최고급 생산 제품에 새뮤얼 애덤스라는 이름을 붙이고, 이 혁명 지도자가 한 손에 맥주 조끼를 들고 있는 모습을 로고로 제작하여 '맥주 양조업자이면서 애국자'라는 이미지를 부각시켰다.

그러나 정작 애덤스가 자기 사업에 실패하고 아버지의 맥아 제조소에서 동업자로 일할 당시에는 썩 훌륭한 양조업자가 아니었다는 것이 이 이야기의 함정이다.

주지사였다. 그로부터 4년 후, 애덤스가 주지사가 되었으며 4년의 임기를 마치고 은퇴했다.

새뮤얼 애덤스는 1803년 10월 2일, 여든한 살의 나이로 세상을 떠났다. 생전에 그는 미합중국의 첫 번째와 두 번째 대통령(그의 사촌인 존 애덤스)의 통치를 지켜보았고, 자신이 헌신했던 혁명이 새로운 나라를 안정과 성장으로 이끄는 불꽃으로 점화되는 것도 지켜보았다.

미국의 첫 대통령 조지 워싱턴.

조지 워싱턴
GEORGE WASHINGTON

시기	1732~1799
지역	미합중국
투쟁 대상	영국

조지 워싱턴은 미국의 첫 대통령으로서 국가 체계의 창달을 주관한 인물로 기록되는데, 이것은 소수의 혁명가에게만 허락된 자랑스러운 이력이 아닐 수 없다. 물론 그렇게 되기까지는 미국이 영국과의 전쟁에서 이기는 것이 선행 되어야 했다. 그리고 이 전쟁이야말로 워싱턴이 자신의 진실성을 입증해 보 인 현장이었다.

워싱턴은 1732년, 성공한 플랜테이션 소유주의 아들로 태어났다. 워싱턴 일가는 1600년대 중반에 잉글랜드에서 버지니아로 이주한 사람들이었다. 열 한 살 때 아버지가 세상을 떠나서 워싱턴은 그와 비슷한 환경의 소년들이 당 연히 누리던 유럽의 교육을 받지 못했다.

대신에 조지 워싱턴은 열여섯이 되면서부터 버지니아의 지리를 공부하며

IMAGE COURTESY OF LIBRARY OF CONGRESS

측량사 일을 시작했다. 1752년, 이복형이 죽던 해에 스무 살이 된 조지는 형에게 상속되었던 마운트버넌의 부동산과 플랜테이션을 물려받게 되었지만 오래지 않아 새로운 일이 그를 기다리고 있었다.

•••••••

워싱턴의 군 경력은 프렌치 인디언 전쟁(영국과 프랑스 간의 7년 전쟁)에서 영국 측에서 싸우는 것으로 시작되었다. 1753년 10월, 영국에서 파견한 버지니아 총독은 워싱턴에게 프랑스를 분쟁 지역에서 물러나게 설득하는 임무를 맡겼다. 프랑스는 예상대로 거절했다. 워싱턴의 군대는 프랑스 전초 기지를 급습하여 지휘관을 살해했지만 곧 전세가 뒤집혀 포위되고 말았다.

그러나 실패를 딛고 그는 또 한 번의 기회를 얻었다. 에드워드 브래독 장군 휘하에서 대령으로 있을 때, 브래독 장군이 전사하고 워싱턴 자신도 총에 맞는 치명적인 매복 작전에서 살아남아 스물세 살의 어린 나이에 버지니아 군 전체를 통솔하는 지휘관의 지위에 오르게 된 것이다.

1758년에 버지니아에서의 전쟁이 끝나자 워싱턴은 사임하고 마운트버넌으로 되돌아갔다. 그곳에서 결혼하고 버지니아 주의회의 하원의원으로 당선되었으며, 이후로 농사일에 전념하기 시작했다. 그는 마운트버넌의 크기를 네 배로 늘려 다양한 작물을 재배했다. 그는 평생 많은 수의 노예를 소유하고 있었는데, 말년에는 노예해방의 시대가 아니었음에도 오로지 자신의 의지만

으로 노예들을 모두 해방시켜 주었다.

●●●●●●●

그러나 영국은 전쟁에서는 승리했지만 많은 빚을 지게 되었고, 식민지에서 세금을 올려 해결해보려 한 정책들로 인해 불가피하게 식민지는 혁명의 기운이 고조되기 시작했다. 워싱턴이 다시 군복을 입게 된 것도 이 때문이었다.

식민지 지도자들이 독립 선언을 심각하게 고려할 무렵, 워싱턴 역시 갖가지 영국의 정책에 반대하는 입장을 분명히 하고 있었다. 그는 인지 조례에 반감을 가지고 있었고, 타운센드 조례에는 치를 떨었다. 그는 버지니아 하원에서 영국 상품 불매운동을 주장하는 한편, 영국에 맞서 식민지 전체를 아우르는 의회의 필요성을 역설했다. 당연한 수순으로, 1774년에 그는 영국 정부에 항의하기 위해 결성된 제1차 대륙회의에서 버지니아의 대표로 선출되었다.

1775년 5월, 2차 대륙회의가 열릴 때쯤 식민지 민병대는 렉싱턴과 콩코드에서 영국군과 전투를 치른 상태였고, 대륙회의에서는 제대로 전쟁을 수행할 수 있도록 식민지 민병대를 대륙군으로 편성하기로 결정했다. 식민지에서는 워싱턴이 베테랑 사령관으로 손꼽혔기 때문에 6월 14일, 그는 새로운 군대의 장군으로 임명되었다.

워싱턴은 자신의 군대가 대부분 훈련도 받지 못한 군인들로 이루어져 있으며 장비도 빈약해서 서유럽 최고의 군대를 대적하기에는 엄청나게 불리하다는 것을 잘 알고 있었다. 그래서 그는 가능한 한 영국군과 벌판에서 맞싸우는 상황을 피하고, 적을 성가시게 굴면서 홈 전투의 지리적 이점을 최대한 이용하는 전략을 세웠다.

전쟁 초기인 1776년 3월, 워싱턴 휘하의 군대는 보스턴에서 영국 점령군을 몰아내는 데 성공했지만, 다른 전투에서는 고전을 면치 못했다. 대륙군은 뉴욕에서 윌리엄 하우가 이끄는 영국군에게 연패했고, 11월에 끝내 워싱턴은 하우로부터 뉴욕을 사수하지 못했다. 병사들 3천여 명이 항복했으며, 나머지는 그와 함께 델라웨어 강을 건너 퇴각했다.

• • • • • • •

워싱턴이 혁명을 위해 싸운 8년 동안 몇 군데서 비슷한 패배가 이어졌다. 특히 1777~78년의 혹독한 겨울 동안에는 펜실베이니아의 밸리포지에 갇히다시피 있다가 맹추위 속에서 수천 명이 죽어 나갔다. 구원의 손길을 내민 것은 영국의 적수인 몇몇 강력한 동맹국들이었다. 그중에서도 프랑스는 워싱턴의 대의를 돕기 위해 군대와 함께 라파예트 후작 등 노련한 사령관들까지 보내왔다.

1781년, 마침내 워싱턴이 장군으로서 결정적 공훈을 세울 기회가 찾아왔다. 여러 해 동안 그는 영국군을 뉴욕에 묶어 두어 더 이상 전진하지 못하게 하는 데 노력을 집중했는데, 그래도 하우에게서 뉴욕을 수복하지는 못했다. 그는 전략을 바꾸어 적을 붙잡아두는 것에 매달리지 않고 버지니아로 남하하여 요크타운에 진지를 구축한 찰스 콘월리스 휘하의 영국군을 격퇴하기로 했다. 식민지 군과 프랑스 군의 연합 작전이 시작되었다. 워싱턴이 도시를 포위하고 프랑스 함대가 바다에서 에워싸는 작전이었다. 작전은 효과적이었다. 한 달도 채 못 된 1781년 10월 19일, 콘월리스가 항복을 해왔다. 8천 명이 넘는 포로들의 숫자는 영국이 전쟁을 끝내는 협상에 동의할 수밖에 없음을 충분히 증명하고도 남았다. 1782년 4월, 식민지는 벤저민 프랭클린Benjamin Franklin, 존 애덤스, 존 제이John Jay, 헨리 로렌스Henry Laurens로 구성된 협상단을 파리로 파견해 영국과의 협정을 진행했다. 1783년 9월 3일, 파리조약이 체결되어 혁명의 종결 즉, 미합중국의 건국이 공식적으로 결정되었다.

●●●●●●●

전쟁이 끝나자 워싱턴은 다시 공직 생활을 벗어나 조용히 플랜테이션을 운영하는 일에 몰두했다. 그러나 몇 년 후, 또다시 위기 상황이 닥쳐 그를 끌어냈다.

준엄한 경고

1796년에 대통령직을 물러나는 고별인사에서 워싱턴은 미국의 장래에 대해 몇 가지 선견지명 있는 당부를 했다. 그중에는 지역 파벌주의에 대한 경고가 있었는데, 미국은 이 문제를 풀지 못하고 결국 남북전쟁을 치르게 된다.

외국과의 영구적인 동맹에 대한 경고에 대해서는 비교적 잘 대처한 편이었는데, 결국 1949년 NATO(북대서양조약기구)를 결성하면서 냉전이 심화되었다.

또한 그는 정당이 국가를 분열시킬 것이라고 경고했는데, 그가 세 번째 연임을 하지 않겠다고 발표하자마자 곧바로 분열이 시작되었다.

미국연합규약에 의해 세워진 허약한 연방정부 운영은 오래가지 않아 실패로 판명되었다. 각 주는 빚에 허덕였고, 의회는 제한된 권력 때문에 옴짝달싹도 하지 못했다. 새 국가가 오래갈 것 같지 않다는 생각이 확산되기 시작했다. 워싱턴은 미국이 규약을 다시 쓸 협의회를 구성하여 더 강한 정부를 이끌어내야 한다고 믿는 사람들 중 한 명이었다.

1787년, 제헌협의회 의원들은 만장일치로 워싱턴을 감독으로 선출하고 여름 내내 작업한 끝에, 이후 2세기 넘게 국가 통치 체계를 뒷받침할 수 있는 헌법을 제정했다. 물론 제헌협의회가 복잡다단한 논의거리들을 정리해가며 지속해서 작업할 수 있게 훌륭히 감독한 워싱턴의 공이 컸다. 따라서 새로 창설된 대통령직에 그를 추대하는 것은 어쩌면 자연스럽고 타당한 선택이었다. 1788년, 역시 새롭게 조직된 선거인단에서 만장일치로 워싱턴을 4년 임기의 최고위자, 즉 대통령으로 선출했다.

워싱턴은 새 국가의 첫 행정권으로서 선례에 관해 극도로 신경을 썼다. 그가 하는 모든 행적이 역사가 될 것이기 때문이었다. 토머스 제퍼슨Thomas Jefferson과 알렉산더 해밀턴Alexander Hamilton 같은 정치적 라이벌을 핵심으로 하는 올스타 자문단을 구성해 이들의 의견을 경청함으로써 경쟁자의 생각을 참고한 것도 그 일환이었다. 그는 경제를 재건하고, 프랑스와 영국이 다시 전쟁을 벌였을 때 휘말리지 않게 중립노선을 걸었으며, 서쪽으로 국경을 넓히고, 장차의 미국을 이룰 초석을 고루 다졌다.

워싱턴은 훨씬 더 강력한 권력을 누릴 수 있었지만 그렇게 하지 않았다. 혁명 직후에 왕이 되어 달라는 부탁을 거절했고, 대통령 임기 중에도 왕정으로 전환하자는 요구에 응하지 않았으며, 3대 대통령까지 연임할 수 있는 기회도 물리쳤다.

그는 자신의 부통령이었던 존 애덤스가 최초로 치러진 경쟁선거에서 토머스 제퍼슨을 이기고 대통령이 되는 것을 지켜본 후 은퇴하여 마운트버넌으로 돌아갔다. 그러나 워싱턴의 은퇴 생활은 3년도 이어지지 못했다. 1799년 12월 14일, 예순일곱 살에 편도선 감염으로 세상을 떠났기 때문이다.

고귀한 로마인

워싱턴이 평생 권력을 누릴 수 있는 기회를 거절하자 그에게는
'미국의 킨키나투스(The American Cincinnatus)'라는 별명이 붙여졌다.
이 별명은 로마를 우러르는 많은 사람들에게는 최고의 찬사인 셈이었다.
킨키나투스는 로마의 집정관을 지냈으며 은퇴해 있던 기원전 458년과 439년,
2차례에 걸쳐 독재관으로 임명되었다. 독재관은 로마 최고 권력자의 위치로서
최악의 시나리오에서만 이 자리가 채워졌다. 두 차례 모두 그는 위기 상황에서
로마를 구한 후 곧 공직에서 물러나 농장으로 되돌아갔다.
워싱턴이 기꺼이 대통령직에서 물러나자 미국인들은 그에게서
킨키나투스의 모습을 찾아낸 것이다.

투생 루베르튀르
TOUSSAINT LOUVERTURE

시기	1743~1803
지역	생도맹그
투쟁 대상	노예제도

투생 루베르튀르는 어떤 혁명 지도자도 할 수 없는 위업을 달성한 사람이다. 그는 노예해방 혁명을 이끌어 조국 땅에서 노예제를 종식시킨 데서 그치지 않고, 노예 봉기로 건국된 유일한 근대 국가인 아이티를 탄생시켰다.

루베르튀르는 1740년대 초반, 생도맹그라고 불리던 프랑스령에서 노예로 태어났다. 생도맹그는 1659년에 프랑스가 히스파니올라 섬의 서쪽 반을 스페인에서 빼앗아 식민지를 세우고 대규모 노예 플랜테이션을 조성해 놓은 곳이었다. 섬의 동쪽 반은 여전히 스페인이 지배했으며 지금의 도미니카공화국이다. 생도맹그는 사탕수수와 정제 설탕, 인디고 허브, 목화, 커피의 주산지로서 이내 프랑스의 중요한 식민지로 떠올랐다. 게다가 이곳은 대서양을 횡단하는 노예무역의 핵심 거점이기도 했다. 1780년대에는 전체 노예무역의 3분의 1을 담당할 정도였다.

원래 그의 이름은 태어난 플랜테이션의 이름을 딴 투생 브레다Toussaint Breda
였다. 투생은 1776년, 그의 나이 서른셋에 노예 신분에서 풀려나는 특전을
누렸지만, 전 주인의 노예들을 감독하면서 플랜테이션을 떠나지 않고 피고
용인으로서 계속해 일했다. 생도맹그 혁명이 시작되었을 무렵, 그는 조그마
한 커피 플랜테이션을 빌려 직접 운영하면서 건실한 중류 계급의 지주가 되
어 있었다.

투생처럼 자유 노예로서 지주가 되는 것은 드문 일이 아니었다. 섬에는 자
유 흑인 시민들이 대단히 많았는데, 그들 중에는 풀려난 노예들도 있었고, 백
인 식민지 주민과 아프리카계 노예들의 혼혈 자손들도 있었다. 그러나 자유
흑인들이 땅을 소유하고 있다고는 해도 섬의 법률은 여전히 소수의 백인 식
민지 주민들에게 특혜를 주도록 되어 있었다. 생도맹그 주민들 중 흑인이 10
대 1 수준으로 압도적으로 많았지만, 유색 인종은 특정 직업과 사회적 활동이
금지되었고 무기 소지도 허용되지 않았다.

그러다가 1789년 프랑스에서 자유와 평등의 기치 아래 혁명이 일어나 정
부가 전복되면서, 생도맹그의 프랑스인들과 노예들은 자신들의 섬에서도 똑
같은 이상이 실현되어야 한다고 생각하게 되었다.

PHOTO BY STEPHENCDICKSON / WIKICOMMONS

투생 루베르튀르가 매우 말쑥하게 표현된 19세기의 인쇄물.

•••••••

프랑스 혁명은 생도맹그의 노예들에게 봉기를 일으킬 완벽한 기회를 제공해 준 셈이었다. 인권선언의 내용이 자유에 대한 강력한 철학적 논리를 제공해 주었을 뿐 아니라, 프랑스 본국에서 내정에 신경 쓰느라 식민지의 정치 상황에 집중할 형편이 못 되었던 것이다. 1791년, 노예 봉기가 생도맹그의 북부에서 시작되었다. 이것이 이후 10년 이상 동맹 상대가 쉴 새 없이 바뀌는 상황으로 전개될 투쟁의 출발이었다. 한 달도 채 못 되어 천 곳 이상의 플랜테이션이 불타거나 파괴되었고, 수백 명이 살상되었다.

투생은 처음에는 브레다 플랜테이션과 그 가족들을 해외로 도피시키는 것을 도왔지만, 그 이후에는 위생병으로서 반란군을 돕기 시작하면서 생각이 바뀌었다. 그는 지도력과 전술에서 능력을 발휘하면서 오래지 않아 노예 군의 장군이 되었으며, 외교술에도 능해 스페인으로부터 노예 군에게 절실했던 보급품을 지원받는 일도 해냈다.

그로부터 몇 해 동안 섬의 동맹 관계는 끊임없이 변화했다. 처음에는 백인 식민지 주민들과 자유민인 흑인들이 반란군에 대항해 한편이 되었는데, 이들은 다시 프랑스로부터의 독립을 원하는 사람들과 그렇지 않은 사람들로 나뉘었다. 그러다가 스페인이 끼어들면서 자유 흑인들 사이에서 프랑스에 대한 충성심이 고조되었다. 자유민들이 보기에는 혁명을 일으킨 프랑스 정부가 스페인보다는 평등을 더 옹호해 줄 것이 확실했기 때문이다. 그러나 새 프랑스 공화정부가 스페인과 영국을 상대로 전쟁을 선언하면서 상황은 한층 복잡해졌다. 스페인과 영국 두 나라가 모두 생도맹그를 침공해 온 것이었다.

전투는 물론 지지자를 확보하는 것도 성공적으로 이루어낸 루베르튀르─투생은 이 무렵에 성을 루베르튀르로 바꾸었다─는 투쟁의 목표를 바꾸었다. 처음 노예 봉기의 목표는 단순히 더 나은 대우였지만, 1793년부터는 혁명의 지향점이 노예제도의 완전한 종식으로 전환된 것이다.

프랑스 공화정부에서 파견한 식민지 총독 레제 펠리시테 송토나는 스페인과 영국을 상대로 한 전쟁에 참여하는 노예에게 자유를 주겠다고 약속했다. 1793년 8월 29일, 송토나는 약속을 지켰음은 물론 한발 더 나아가 생도맹그 북부에서 노예제도를 폐지했으며, 그의 동료 관리들도 속속 그와 발을 맞추었다.

루베르튀르는 처음에는 송토나의 약속에 회의적이었고, 한때 노예였던 사람들 대부분이 쉽사리 모시던 주인을 버리지 못하기 때문에 실질적인 노예제도 폐지는 먼 이야기라고 생각했다. 그러나 1794년 2월, 파리의 정부에서 노

루베르튀르의 어원

투생이 1790년대 초반에 루베르튀르라는 성을 선택했다는 사실은 잘 알려져 있지만, 왜 그랬는지 아는 사람은 많지 않다. 루베르튀르는 프랑스어로 '틈'이라는 뜻이지만 그 이상의 것은 명확하지 않다. 한 가지 가설은 전투에서 틈을 잘 공략하는 전술적 능력 때문이라고 한다. 또 머스킷 총(musket, 구식 장총─역주)에 맞아 생긴 치아의 틈 때문이라는 가설도 있다. 최근에는 그의 이름을 프랑스에서 선호하는 방식으로 'L'Ouverture'라고 표기하는 경우도 있는데, 루베르튀르 자신은 한 번도 아포스트로피를 넣어서 쓴 적이 없다.

예제의 종식을 공식적으로 선언하고 나자, 루베르튀르와 그 군대는 망설이지 않고 자유 프랑스 시민의 자격으로 프랑스 편에서 싸우기 시작했다.

●●●●●●●

과거에 노예였던 사람들로 이루어진 루베르튀르의 군대는 엄청난 힘을 발휘해 친 스페인파의 군대를 생도맹그에서 몰아내고 영국군을 섬의 서쪽 본거지에 억류시키는 전과를 올렸다. 1797년경, 루베르튀르는 외국 세력의 위협을 통제할 수 있게 되었으며, 군대를 분열시키려는 다른 사령관의 획책에서도 살아남아 식민지의 최고 군사령관 겸 부총독으로 정식 임명되었다.

사실 직위가 무엇이었든, 군에서나 민중들 사이에서나 높은 지지를 받는 루베르튀르는 생도맹그의 실질적 통치자나 마찬가지였다. 루베르튀르는 식민지의 독립보다는 섬사람들이 다른 프랑스인들과 똑같은 권리와 자유를 누리는 것을 우선시했다. 그래서 프랑스에서 노예제 폐지를 지시했을 때도 그는 그 틈에 독립을 선언하려고 시도하지 않았다.

1801년 초, 루베르튀르는 생도맹그의 스페인 식민지를 공격해 그 지역을 점령하고 노예들을 해방시켰다. 그리고 같은 해, 스스로 종신 총독임을 선언하고 7월 7일에 새 히스파니올라 헌법을 공포했다. 거기에는 이렇게 적혀 있었다. '모든 사람들이 자유로운 프랑스인으로 태어나 살아가며 죽는다.'

루베르튀르는 1799년에 프랑스 공화정부에 쿠데타를 일으켜 권력을 잡은 나폴레옹 보나파르트로부터 1801년에 제정한 헌법을 승인받기 위해 노력했다. 그러나 나폴레옹은 식민지에서 주장하는 내용을 받아들이지 않았으며, 오히려 노예제를 부활시키려는 조짐을 보이기까지 했다(처음에는 노예제 부활이 비밀리에 진행되었다). 그는 처남인 샤를 르클레르를 지휘관으로 삼아 2만 명 규모의 군대를 생도맹그로 보냈다. 1802년 1월, 섬에 도착한 프랑스 군대는 처음에는 외교적인 방법으로 권력을 쥐려고 했지만 뜻대로 되지 않았고, 뒤이은 전투마저 녹록하지 않았다. 설상가상으로 프랑스 군대 내에 황열병이 돌아 대규모 사상자를 내며 곤욕을 치르는 동안 섬의 수비군은 보급품과 토지를 불태워 보급로를 끊어 버렸다.

●●●●●●●

5월 6일, 루베르튀르와 르클레르는 휴전 협정을 맺었다. 그제야 이 나이 많은 아이티인 장군은 은퇴하여 자신의 플랜테이션으로 돌아갔다. 그러나 루베르튀르의 힘을 두려워한 프랑스는 그를 체포해 억류해 두고 싶어 했다. 어느 프랑스 장군이 개최하는 모임에 초대를 받은 루베르튀르는 친목 차원의 모임이라 여겨 참석했다가 함정에 걸리고 말았다. 그는 억류된 채 프랑스로 이송되었으며, 재판도 없이 갇혀 고문을 당했다. 투생 루베르튀르는 1803년 4월 7일, 동프랑스의 포르드주 감옥에서 폐렴으로 사망했다.

프랑스로 이송되는 도중에 루베르튀르는 이렇게 선언했다. "나를 끌어내리면서 당신들이 생도맹그에서 벤 것은 자유라는 큰 나무의 둥치일 뿐이다. 이 나무는 다시 뿌리에서 자라날 것이다. 그 아래에 많은 뿌리들이 깊게 뻗어 있기 때문이다." 그의 말처럼 아이티의 뿌리는 깊고 넓게 뻗어 있었으며, 끝내 혁명을 완수할 수 있었다.

아이티의 독립 투쟁은 루베르튀르가 죽은 후 불과 몇 개월 만인 1803년 11월 18일, 베르티에르 전투를 끝으로 종결되었다. 아이티 군은 프랑스 군의 마지막 주요 거점을 무너뜨리고 사령관의 항복을 받아냈으며, 며칠 내로 수천 명의 병사를 프랑스로 돌려보내는 협정을 맺었다. 1804년 1월 1일, 혁명 지도자들은 독립 아이티공화국을 선포했으며, 루베르튀르의 최고 부관이었던 장자크 데살린을 초대 수장으로 뽑았다.

판매 전략을 수정하다

루베르튀르에게는 '블랙 나폴레옹'이라는 별명이 있었다.
그런데 실제로는 나폴레옹 쪽에서 오히려 루베르튀르가 이끈 봉기를 보고 서반구에 대한 접근 전략을 수정한 일이 있었다. 프랑스 군대가 아이티를 제어하지 못하게 되자 엉뚱하게도 루이지애나 준주(Louisiana Territory)를 미국에 헐값에 팔기로 한 것이다. 아이티에서 골탕을 먹은 나폴레옹이 루이지애나를 효과적으로 통치할 인력과 자원이 부족하다고 판단해 차라리 영국의 손이 닿지 않게 미국에 넘겨 버리기로 한 것이다.

토머스 제퍼슨
THOMAS JEFFERSON

시기	1743~1826
지역	미합중국
투쟁 대상	영국

토머스 제퍼슨은 독립전쟁에서 한 번도 싸워본 적이 없었다. 그는 사람들을 일으켜 세워 행동하게 만드는 훌륭한 연설가도 아니었고, 군중을 움직이는 카리스마 있는 지도자도 아니었다. 그가 독립을 위한 혁명에 기여한 것은 강력한 사상들과 2세기가 지난 지금까지도 즐겨 인용되는 그의 필력이었다.

제퍼슨은 1743년 식민지의 서쪽 경계 인근에 자리한 버지니아의 플랜테이션에서 태어났다. 많은 땅과 노예를 소유한 부유한 가문 출신이었던 그는 야망이 큰 소년이었다. 그의 아버지는 농업 외에 버지니아의 전체 지도를 최초로 완성한 측량기사였으며, 당대에 유명한 장서 수집가이기도 했다. 덕분에 토머스 제퍼슨은 아버지의 책으로 혼자서 언어를 익히고(그는 5개 언어를 유창하게 구사했다), 공식적인 교육의 부족한 부분을 스스로 채웠다.

그는 1762년에 윌리엄앤드메리대학교를 졸업하고, 여전히 십 대의 나이로 법 공부를 계속했다. 스물한 살에 유산을 물려받아 부동산의 소유주가 되었는데, 거기에는 자신이 직접 설계한 몬티첼로 저택의 부지도 포함되어 있었다. 건축물 설계는 그가 평생 모은 장서를 통해 혼자서 익힌 수많은 기술 중 하나였다.

지방 정부에서 몇 가지 역할을 연이어 수행한 후 걸출한 젊은 변호사로서 입지를 세운 제퍼슨은, 스물다섯 살에 불과한 1768년에 버지니아 주 의회 하원에 선출되었다. 비록 대중 연설은 잘 못 했지만 종이에 옮겨진 그의 발언은 누구보다 권위가 있었기 때문이다. 제퍼슨은 뛰어난 문사인 것에 그치지 않고 의회의 동료 의원들 대다수보다 더 급진적인 정치 활동을 펼쳤다. 그는 영국의 타운센드 조례와 '참을 수 없는 법'(146쪽 참조) 등의 정책에 극렬히 반대했으며, 의원들 중에서 영국의 정책에 특별히 적대적인 그룹이었던 조지 워싱턴과 패트릭 헨리Patrick Henry 등과 가깝게 지냈다.

●●●●●●●

제1차 대륙회의가 공고되었을 때, 제퍼슨은 '영국령 아메리카의 권리에 대한 개관'이라는 글을 써서 팸플릿으로 만들어 버지니아 대의원단에 나누어주었다. 그의 글은 너무 급진적이어서 채택되지는 않았지만 제퍼슨의 주장은 강력했다. 즉, 식민지가 이미 자주적이기 때문에 식민지의 동의 없이 영국 의회에서 부과한 모든 법률적 의무는 자동으로 불법이라는 것이었다. 여기에는 당대 유럽의 계몽주의 사상가들 사이에서 주요 논점이 되었던 개인의 권리와 자기결정 같은 제퍼슨의 신념이 반영되어 있었다.

이 팸플릿 덕분에 제퍼슨은 혁명의 대변자이자 노련한 문사로 인식되어 제 2차 대륙회의의 버지니아 대의원단에 참여할 수 있게 되었다. 1775년 5월에 회의가 개최되었을 때 이미 혁명은 시작된 후였으며, 회의를 통해 조지 3세에게 표한 항의는 아무런 효과가 없었다. 본국과의 완전한 단절만이 유일한 해법이라는 것이 분명해지는 순간이었다.

이제 의회의 다음 임무는 이것이 단순한 저항운동이 아니라 독립을 요구하는 사람들에 의한 혁명임을 영국에 공식적으로 전달하는 것이었다. 대의원단은 왕과 의회, 그리고 독립을 지지하고 함께 싸울 식민지 전역의 사람들에게 왜 식민지가 독립을 원하는지 알리는 공식 선언문을 공포하기로 했다. 선언문의 작성은 기초위원회에 맡겨졌는데, 벤저민 프랭클린, 존 애덤스, 로저 셔면Roger Sherman, 로버트 리빙스턴Robert Livingston 등 네 명의 다른 위원들도 있었지만, 실제로 초안을 작성한 것은 제퍼슨이었다.

1776년 6월, 제퍼슨이 세계 역사에서 가장 중요한 혁명 문서 중 하나를 만드는 데는 단 17일이 걸렸다. 무엇보다 이 글에서 그는 미국 민주주의 핵심을 설파하였는데, 바로 이 문단이다. "우리는 다음과 같은 것을 자명한 진리라고 생각한다. 즉, 모든 사람은 평등하게 태어났고, 창조자로부터 몇 가지 양도할 수 없는 권리를 부여받았으니, 생명, 자유, 행복의 추구가 그것이다."

IMAGE COURTESY OF LIBRARY OF CONGRESS

길버트 스튜어트(Gilbert Stuart, 미국의 초상화가—역주)가 그린 토머스 제퍼슨.
이 초상화에서도 이미 엿보이듯이 토머스 제퍼슨은 타고난 화폐 모델이다.

일사천리로 일이 진행되어 6월 28일, 제퍼슨과 동료 위원들은 독립선언문을 대표단에 제출했다. 그리고 나흘 후, 대륙회의는 실제 독립 선언에 관한 투표를 진행했으며, 이틀이 더 지나 제퍼슨이 쓴 선언문의 최종 수정본이 승인되었다. 곧 13개의 식민지 전역에 인쇄물이 배포되었다.

물론 식민지는 독립전쟁의 승리를 통해 영국으로부터 독립을 쟁취해냈다. 그동안 제퍼슨은 버지니아의 정치로 눈을 돌려 역량을 집중했으며, 그 결과 의회 의원을 거쳐 1779년에는 주지사가 되었다. 주지사 재임 중 그는 '종교의 자유와 관련된 버지니아 주 법령'을 썼는데, 이것은 교회와 주 정부의 역할 사이에 '구분의 벽'이 있어야 한다는 사상을 정립한 것으로, 장차 미국 역사의 핵심 부분이 될 급진적인 생각이었다.

●●●●●●●

영국에 대항하여 일으킨 혁명이 마무리되자 제퍼슨은 역할을 바꾸어 새로운 미국 정부 내에서 혁명적인 사상을 대변하는 사람이 되었다. 미국연합규약이 국가를 효과적으로 통치하기에 약한 것으로 드러났을 때, 제퍼슨은 새 헌법의 제정에 반대하는 편에 섰다. 중앙정부가 지나치게 강해지면 영국의 통치하에서 식민지가 부딪혔던 것과 똑같은 문제가 생길 것을 우려한 것이었다. 또한 대통령이 지명한 관리들은 명칭만 다를 뿐인 실질적인 왕을 만들 수도 있다고 보았다.

그러나 그에게는 결정권이 없었다. 1787년, 제퍼슨이 프랑스 주재 미국 대사로 나가 있는 동안 제헌협의회가 결성되었다. 1789년 9월에 그가 미국으로 돌아갔을 때는 이미 헌법이 국법으로 작동한 지 6개월이 넘은 뒤였다.

비록 자신이 없는 동안 만들어지기는 했지만, 제퍼슨은 나름대로 헌법의 확립에 참여할 방법을 찾았다. 친구인 제임스 매디슨James Madison과 연락하면서 둘이서 10가지 수정 조항을 만든 것이다. 이 권리장전은 교회와 국가를 분리하는 것에서부터, 발언의 자유와 공정한 재판을 받을 권리 등 영국 통치 시절 위협을 받았던 개인의 권리를 규정한 것이었다. 수정 조항들이 승인됨으로써 미국 헌법은 훨씬 더 민주적인 성격을 지니게 되었다.

제퍼슨은 친구인 조지 워싱턴의 행정부에서 국무장관으로 봉직했으며, 워싱턴의 임기가 끝나자 재선에 출마하여 연임할 수 있도록 지원했다. 덕분에 워싱턴은 가장 중요한 시기인 건국 초기에 충분한 시간을 갖고 대통령으로서 국가적 단합을 이뤄낼 수가 있었다. 그러는 동안 정당이 형태를 갖추기 시작했다. 존 애덤스와 알렉산더 해밀턴이 연방당의 대표 인물이었고, 제퍼슨과 매디슨이 민주공화당(Democratic-Republican Party, 당시에 간단히 줄여 공화당이라고 불렸는데, 오늘날의 공화당과는 별 상관이 없다)을 이끌었다.

연방파는 외교 문제와 관련해 상대국으로서 영국을 선호한 반면, 제퍼슨이 이끄는 공화파는 프랑스를 선호했다. 연방파는 권력의 중앙정부 집중을 원했으며, 공화파는 개별 주에게로 권력이 분산되는 쪽을 원했다. 워싱턴이 연임 이후 대통령직을 내려놓겠다고 발표하면서, 제퍼슨은 1796년 대통령 선거에서 연방당 측의 애덤스에 대항해 자신의 당을 대표할 최적의 적임자로 떠올랐으나 투표에서는 졌다.

4년 뒤 제퍼슨이 현직 대통령인 애덤스를 이긴 것을 두고 어떤 사람들은 1800년의 혁명이라 부르기도 했는데, 그것은 신생 정부 체제가 전쟁을 치르지 않고서 야당으로 권력을 이양할 수 있음을 보여준, 당시로써는 혁명적인 사건이었기 때문이다. 이후 두 번의 대통령 재임 동안 제퍼슨은 국가 부채를 현저히 낮추었고, 아프리카 바르바리 해안에서 해적을 소탕했으며, 루이지애나 준주를 1에이커당 4센트에 프랑스로부터 매입하여 미국 땅의 크기를 엄청나게 확장해 놓았다.

혁명이 진행되는 동안 다른 사람들보다 젊었던 토머스 제퍼슨은 건국의 아버지들 대부분을 먼저 떠나보냈다. 그는 1826년 7월 4일, 쉰 번째 독립선언 기념일에 여든세 살의 나이로 몬티첼로에서 숨을 거두었다. 정기적으로 편지를 주고받던 펜팔 친구 존 애덤스가 세상을 떠나기 고작 몇 시간 전이었다. 제

커다란 모순

남부에서 환영을 받은 많은 건국의 아버지들이 그랬던 것처럼, 인간의 권리에 대한 제퍼슨의 신념은 그가 노예들을 소유했다는 사실과 대단히 모순된다.

그는 지속적으로 노예무역에 대해 반대를 표명했지만(독립선언문 초안에서 그는 이것을 '인간 본성에 반하는 잔인한 전쟁'이라고 표현했다), 노예의 노동력을 이용해 자신의 집 몬티첼로를 지었다. 대통령으로서 대서양 횡단 노예무역 금지법에 서명했으면서도 정작 미국 내에서 노예제도를 축소하는 일은 하지 않았고, 새로 취득한 영토로 노예제도가 확산되는 것도 막지 않았다. 그는 또한 조지 워싱턴과 달리, 죽을 때도 자신 소유의 노예 전부를 해방시켜 주지 않고 몇 명만 따로 지명해 자유를 주었다.

퍼슨의 사망 소식을 전해 듣지 못한 애덤스는 "제퍼슨은 살아 있는데"라는 말을 마지막으로 남겼다고 한다. 몬티첼로에 있는 그의 묘비에는 대통령을 지낸 것에 대해서는 언급되어 있지 않다. 그의 요구에 따라 묘비에는 자신이 사람들을 위해 한 일이라고 생각되는 것들만 적혀 있다. 바로 독립선언문, 버지니아 주 법령의 작성과 버지니아대학교의 창설자라는 직위였다.

대니얼 셰이즈
DANIEL SHAYS

시기	1747~1825
지역	미합중국
투쟁 대상	조세제도

봉기와 혁명을 일으키는 데는 자국민을 해방시키고자 하는 것에서부터 침략자들에게 복수하고 평등을 얻기 위해 싸우는 것까지 다양한 원인이 있다. 그런데 때로는 단순히 재정적인 이유로 봉기가 일어날 수도 있다. 대니얼 셰이즈의 경우에도 빚쟁이처럼 구는 정부에게 갚을 돈이 없는 상황이 봉기를 일으키도록 몰아붙인 원인이 되었다. 결과적으로 그의 봉기는 새로 태어난 미국이 국가를 운영하는 데 있어서 고려해야 할 부분이 여전히 산적해 있음을 깨닫게 하는 계기가 되었다.

1747년에 매사추세츠의 아일랜드 이민자 가정에서 태어난 대니얼 셰이즈는 주로 다른 사람의 농장에서 고용 일꾼으로 지냈다. 그는 틈틈이 매사추세츠 브룩필드 지역의 민병대 일을 봐 주기도 했는데, 특히 군사훈련에서 남다른 재능을 발휘했다. 그의 이 재능은 고향 매사추세츠가 영국을 상대로 벌인 식민지 혁명의 중심지가 되었을 때 아주 귀중하게 쓰였다.

셰이즈는 혁명의 대의에 일찌감치 투신하여 가장 기념비적인 몇몇 전투에 참여했다. 1775년의 벙커힐 전투가 그중 하나인데, 영국의 승리로 끝났기는 했지만 영국 측에서도 엄청난 인명 손실을 기록한 전투였다. 또 하나는 사라토가 전투로, 여기서 그는 미국의 승리에 중요한 역할을 했다. 덕분에 셰이즈는 상사에서 중위로 진급하는 등 군의 위계를 차근차근 밟아 올라갔다. 그의 진급 기록은 1779년 대륙군에서 대위 계급을 딴 것뿐 아니라, 이 계급을 1777년에서부터 소급 적용한 것에서 알 수 있듯이 대단히 인상적이라 할 수 있었다.

●●●●●●●

그런 셰이즈를 새로운 국가의 충성스러운 전사에서 국가와 싸우는 혁명가로 바꿔 놓은 것은 본인과 국가가 진 빚이었다.

막 세워진 미국은 시작부터 심각한 적자에 시달렸다. 독립혁명에 필요한 자금을 조달하기 위해 해외는 물론 아메리카의 부유한 사람들에게서 막대한 돈을 꾸었던 것이다. 대니얼 셰이즈 같은 군인들도 전쟁이 끝난 후 잔뜩 빚만 지고 고향으로 돌아가야 했다. 전쟁 중에도 돈을 많이 벌지 못한 데다, 빈손으로 갑자기 빚에 쪼들리는 신세가 된 것이다.

이 무렵 미국에는 아직 헌법이 없었으며, 미국연합규약에 의존해 만들어진 허약한 중앙정부는 무역이나 조세 등을 규제할 힘이 없을 정도로 권한이 대단히 제한적이어서 13개 주에 협조를 요청하는 수밖에 없었다. 그래서 각각의 주 정부가 할당된 전쟁 부채를 갚아야 했는데, 그중 매사추세츠는 세금을 과도하게 올려 이를 해결하려고 했다. 주화를 주고받는 것보다 곡식과 필요한 물품을 교환하는 것에 익숙해 있던 매사추세츠의 농부들은 경화(hard currency, 달러와 같이 국제적으로 널리 통용되는 통화-역주)로 돈을 갚으라는 무리한 요구에 시달려야 했다.

일부 주 정부에서는 채무자에 대한 압력을 완화하는 법안을 통과시켜 농장 및 참전용사들의 빚 문제를 해결해 보려 했지만 매사추세츠는 그렇게 하지 않았다. 오히려 세금과 채무를 갚아야 하는 농부들의 재산을 압류했으며, 농장이 없어서 소득을 기대할 수 없는 파산자들은 감옥에 가두었다.

시민들이 채무자들을 도와 달라는 청원을 두 차례나 보냈지만, 주 정부는 세금 부과 및 미납금에 대한 가혹한 처벌 정책을 지속했다. 1786년 8월, 셰이즈를 비롯해 그와 비슷한 처지의 채무자들이 벌인 시위가 한창인 가운데 주 의회가 열렸다. 그러나 여전히 회기가 끝날 때까지도 이들의 청원은 법안으로 상정되지 않았다.

IMAGE COURTESY OF THE NATIONAL PICTURE GALLERY, SMITHSONIAN INSTITUTION

삽화로 그려진 대니얼 세이즈와 잡 섀턱(Job Shattuck, 7년 전쟁에서 활약한 군인-역주), 1787년.

●●●●●●●

셰이즈는 이 저항운동의 주동자는 아니었지만 어느덧 선두에 나서게 되었으며, 독립전쟁에서 입었던 군복 차림으로 수천 명의 시위자들을 이끌게 되었다. 셰이즈는 군중이 폭도로 변하게 되지 않도록 신경 썼으며, 부채를 진 농부와 전쟁 영웅 모두의 동료라는 위치 때문에 성난 채무자들을 대변하는 믿음직한 지도자의 역할을 해내고 있었다.

셰이즈와 시위대는 법정이 열리는 것만 막을 수 있으면 추가로 농장을 압류하라는 법원 결정을 내리지 못할 것이라고 생각했다. 8월 29일, 셰이즈는 천 명이 넘는 무장 시위대를 이끌고 노샘프턴에 있는 법원으로 행진해 가서 법관들을 입정하지 못하게 저지하는 데 성공했다. 이어 농부들은 다른 법원들도 기능을 정지시켰다. 이에 맞서 주 대법원이 나서서 주동자 몇 명을 기소하기에 이르렀고, 셰이즈는 9월 26일에 다시 소집하기로 되어 있던 대법원을 폐쇄해 버리려 했다. 그러나 주 민병대 지휘관인 윌리엄 셰퍼드 장군이 법원을 지키겠다고 군대를 결집시켰고, 셰이즈와 시위대가 도착하기 전에 미리 자리를 잡고 있었다. 셰이즈는 법원을 장악하기 위한 무력 충돌을 피하고 그 자리에서 대규모 시위를 벌이는 것으로 상황을 마무리 지었다. 그 정도만으로도 법원이 문을 여는 것을 연기하고, 개정을 포기하며, 어떤 사건의 심리도 없이 휴정하게 할 정도의 위협은 충분히 줄 수 있었기 때문이다.

1787년 1월 26일, 셰이즈는 천오백 명가량을 이끌고 스프링필드에 있는 연방 병기고로 몰려갔다. 더 나은 병기와 겨울을 날 숙소를 확보하기 위해서였다. 그러나 그곳에도 셰퍼드와 그의 군대가 이미 자리를 잡고 기다리고 있었다. 반란군의 삼 분의 일 정도를 지휘하고 있던 셰이즈의 동료 한 명이 셰이즈에게 공격을 하루 늦추자는 편지를 써 보냈는데, 그 편지가 도중에 셰퍼드 손에 들어가고 만 것이다. 경고 사격에도 반란군이 물러가지 않자 셰퍼드의 군대가 발포를 시작했다. 셰이즈 측 사람 네 명이 죽고, 스무 명이 부상을 당했

셰이즈의 후예들

셰이즈의 봉기가 가장 큰 사건이기는 했지만, 미국은 독립 초기에
무장 시민들이 일으키는 봉기를 끊임없이 겪어야 했다.
셰이즈 이후에 가장 크게 일어난 봉기는 두 가지였는데,
모두 펜실베이니아에서 세금 정책에 반대하는 농민들이 일으킨 봉기였다.
1791년부터 1794년까지 계속되었던 위스키 반란(Whiskey Rebellion)은
펜실베이니아의 농부들이 위스키를 만드는 데 주로 쓰는 잉여 곡물에 세금을
부과하여 이 돈으로 독립전쟁 때 쌓인 부채를 갚는 것에 반대하여 일어난 것이다.
세금 투쟁 대상들은 저항 계획을 위한 협의안을 수립했지만, 일부 과격한 사람들이
이를 지키지 않고 세금 징수원의 집을 습격하거나 타르와 깃털 세례를 퍼붓거나
인형을 불태우는 등의 극단적인 행동을 했다. 1794년에는 폭력 상황이 극에 달하여
결국 조지 워싱턴 대통령이 연방 군대를 파견하기에 이르렀고,
반란 주동자 다수가 도피하면서 끝이 났다.
그로부터 몇 년 후에 일어난 프라이스의 반란(Fries's Rebellion)은 존 프라이스가
무장한 펜실베이니아 농민들을 이끌고 신설된 부동산세에 반대하여 일으킨 것이다.
1799년, 프라이스와 그 지지자들은 조세 사정인들을 습격하고 구금하기까지 했다.
곧이어 연방정부는 탈세자들을 체포하기 시작했으며,
프라이스와 몇몇 지지자들은 감옥에 갇힌 탈세자들을 빼내려다 반역죄로 붙잡혔다.
두 경우 모두 봉기의 지도자들은 새 정부의 관대함을 보여주는 의미로
대통령에 의해 사면되었다. 그러나 이것은 동시에 차후 정부 시책에 반하는
어떤 무장봉기도 용인하지 않을 것임을 천명하는 것이기도 했다.

으며, 나머지는 달아났다.

　매사추세츠 주지사는 벌써부터 수천 명의 주 군대를 소집해 놓았는데, 병기고를 습격했다는 말을 전해 듣자 즉시 셰이즈 군을 뒤쫓기 시작했다. 결국 셰이즈와 다른 주동자들이 버몬트로 피신하면서 봉기는 사실상 끝이 났다. 지지자들 역시 숨거나 달아나다가 잡혔다.

●●●●●●●

결과적으로 셰이즈가 원했던 것과는 거리가 있었지만, 그의 봉기는 국가의 통치 체계를 바꾸어 놓는 계기가 되었다. 이 일로 연방 부채 위기가 가시화되었고, 허약한 연방정부의 위험성이 드러나게 되었던 것이다. 셰이즈가 병기고를 습격한 때로부터 4개월이 채 되지 않아서 미국연합규약을 수정하기 위해 미리 계획되어 있던 협의회가 필라델피아에서 열렸으며, 그로부터 몇 개월 후 미국 헌법 및 더 강력하고 효과적인 연방정부가 등장했다.

　게다가 마지막은 대니얼 셰이즈의 승리였다. 그다음 번의 주 선거에서 채무자들에게 동정적인 의원들이 대거 선출되어 셰이즈와 그의 동지들이 요구했던 개혁을 사실상 입법화했기 때문이다. 셰이즈는 사면 요구가 받아들여져 1788년에 버몬트에서 뉴욕으로 옮겨 갔다. 그리고 1825년, 78세의 나이로 뉴욕 주 스파타에서 세상을 떠났다. 만년에 그는 독립전쟁에서 세운 공로에 대한 보상으로 노령 연금을 받아서 생활했다.

조르주 당통
GEORGES DANTON

시기	1759~1794
지역	프랑스
투쟁 대상	프랑스 군주제

미국 독립혁명이 있고 몇 년 후, 식민지를 영국으로부터 독립시키는 데 협조했던 프랑스에서도 혁명이 일어났다. 자유와 평등에 관한 비슷한 사상에서 출발하기는 했지만 조르주 당통을 비롯한 여러 사람들이 참여하여 이룩한 새 프랑스는 새 미국에 비해 훨씬 덜 성공적이었다. 프랑스와 함께 당통도 급격히 솟아올랐다가 순식간에 곤두박질쳤다.

혁명이 일어났을 무렵, 루이 16세 치하의 프랑스는 상황이 좋지 않았다. 아메리카의 식민지가 영국에 대항하여 일으킨 전쟁을 지원하느라 엄청난 비용이 들었는데, 정작 미국은 전쟁 부채를 너무 더디게 갚았다. 게다가 군주제를 영위하는 데도 막대한 지출이 소요되었다. 물론 이것이 모두 루이의 잘못은 아니었지만 왕으로서 아무런 대책을 찾지 않는 것도 문제였다. 연이은 오랜 가뭄으로 농사는 파탄지경이었고, 가축은 병들었으며, 빈약한 수확 때문에 먹을거리는 터무니없이 비쌌다. 가난한 사람들과 노동 계층은 기본적인 생활도 꾸려나가지 못할 형편인데도 나라가 진 부채의 상환 때문에 신설된 높은 세금까지 감당해야 했다. 가난한 사람들이 고통을 겪을 때도 부자와 왕가는 배고픈 것이 뭔지를 알지도 못한다는 목소리들이 여기저기서 나오기 시작했다.

1789년 봄, 상황이 심각하다고 판단한 왕은 삼부회를 소집하여 나라가 처한 다양한 위기에 대처할 해법을 논의에 부쳤다. 삼부회는 성직자, 귀족, 평민 대표로 구성되어 있었다.

평민은 전체 국민의 98퍼센트를 구성하고 있었으므로, 평민 대표(제3계급)들은 2퍼센트를 대표하는 사람들보다 발언권을 더 가져야 한다고 생각했다. 그러므로 삼부회가 논의해야 했던 첫 번째 사안은 권력을 어떻게 나눌 것인가에 관한 것이었고, 논쟁이 벽에 부딪힌 것은 당연한 결과였다. 제3계급은 삼부회를 박차고 나와 입헌군주제 형식의 통치를 실현하고자 국민의회를 구성했다.

●●●●●●●

조르주 당통은 기존의 통치 체제에서도 꽤 잘 나가는 사람이었다. 1759년생으로, 혁명이 시작될 무렵 그는 성공한 변호사이자 결혼하여 세속 생활을 하는 사제였다. 그런데도 그는 일찍부터 군주제를 전복시키는 일에 투신하여 자신의 목소리를 냈다. 프랑스의 봉기는 한 사람의 혁명적 지도자에 의해 시작된 것이 아니라, 사람들이 모임을 갖고 반란을 계획할 수 있었던 일련의 정치적 클럽에서부터 개화해 나왔다. 당통은 그중 코르들리에Cordeliers 클럽의 회장이었다. 파리 소재의 이 클럽은 평민을 대표한다는 자부심을 지니고서 혁명의 시작에 큰 역할을 수행했다.

당통을 묘사한 자료에 따르면, 그는 대중적인 사상을 자유자재로 다루는 진정한 포퓰리스트 또는 선동가였다. 둘 중 어느 쪽이든 그는 대단히 훌륭한 웅변술을 동원해 왕정 타파를 강하게 부르짖는 지도자가 되었다. 코르들리에는 1789년 7월 14일, 파리의 왕실 감옥을 습격하고 7명의 죄수를 풀어 준 바스티유 소요에 가담한 클럽 중 하나였다. 이 바스티유 데이Bastille Day 이후 파리 시민들은 국민방위군이라는 이름으로 자신들의 군대를 창설했으며, 군대의 깃발이었던 삼색기가 혁명의 상징이 되었다(지금 프랑스의 국기이기도 하다).

바스티유 습격으로부터 한 달이 채 되지 않아 국민의회는 '인간과 시민에 관한 권리 선언'을 통과시켰다. 이는 민주주의적인 원칙에 따라 통치하기 위한 입법 강령을 공식적으로 선언한 것으로, 이에 따르면 왕은 법적으로는 권력을 지니지만 실제로는 거의 권력을 행사하지 못하게 되어 있다.

IMAGE COURTESY OF LIBRARY OF CONGRESS

18세기 후반의 인쇄물에 게재된 조르주 당통.

●●●●●●●

당통은 파리에서는 이미 중요한 인물이었지만, 몇 차례 권력의 주인이 바뀌면서 어느덧 국가적인 지도급 인사가 되어 있었다. 1791년 6월, 왕과 왕비가 다른 나라로 달아나려다 실패하여 튈르리 궁으로 다시 잡혀 왔지만, 의회는 여전히 루이 16세가 왕이며 입헌군주제가 유지되고 있다고 주장했다. 7월 17일, 당통은 왕의 처형을 요구하는 군중 시위대를 이끌었고, 국민방위군이 의회에 들이닥쳐 쉰 명가량을 쏴 죽이는 일이 벌어졌다. 이 일로 당통은 보복을 피해 잠시 런던으로 피신해 있다가 혁명의 결정적인 승리에 때맞추어 파리로 돌아갔다.

1792년 8월 10일, 공화주의 혁명군이 튈르리 궁을 습격하여 왕에게 충성을 바치는 군대와 교전했다. 이 전투로 입헌군주제는 사실상 무너졌고, 이날 봉기에서 그가 실제로 어떤 역할을 했는가에 대한 논란이 있기는 했지만 당통은 튈르리의 승리에서 떠들썩하게 주역으로 떠올랐다. 좋은 평판에 정치적 수완까지 갖춘 그는 새 정부의 법무장관으로 선출되었다. 이듬해, 프랑스는 국가 운영을 위한 새로운 입법 기관인 국민공회를 구성하고 당통을 파리 대표로 선출했다.

당통은 왕을 사형시키는 쪽에 투표한 사람들 중 한 명이었다. 1793년 1월 21일, 루이 16세는 반역죄로 기요틴에서 공개 처형되었다. 4월 7일, 당통은 정부를 운영하는 또 하나의 새 조직, 공안위원회의 위원장으로 선출되어 이후 3

개월 동안 프랑스에서 가장 강한 권력을 가진 남자가 되었다. 그러나 권력이 커지는 것에 비례해 그만큼 적도 많아졌다. 당통이 이전에 소속되어 있던 급진 정당 자코뱅당이 6월에 위원회를 장악하고 난 후에는 당통이 온건한 태도를 보이는 것에 대해 부정적인 시각이 표면화되기 시작했다. 자코뱅의 핵심 인물들 몇 명은 당통의 행동이 배신이라고 생각했다.

통치 체제가 바뀔 때마다 그렇듯이, 프랑스 혁명의 지도자들도 권력을 전복시키는 데는 성공했지만 함께 어울려 정부를 운영해 나가는 데는 많은 문제를 안고 있었다. 같은 해 6월, 공안위원회에서 프랑스 최초의 헌법을 승인했지만 헌법은 전혀 작동하지 않았다. 오히려 당통의 후임으로 위원회의 최고 권력자가 된 막시밀리앵 드 로베스피에르가 뒷날 공포정치로 불리게 되는 숙청을 시작했다. 프랑스와 유럽의 다른 나라들이 여전히 전쟁을 치르는 중이라는 것, 그리고 자코뱅파와 온건파가 정통을 다투는 상황이라는 점을 핑계로, 그는 자신의 필요에 따라 수만 명을 이적 행위자로 기소했다.

•••••••

로베스피에르와 그의 동료들은 단 10개월 만에 '혁명의 적'이라는 혐의를 씌워 만 오천에서 오만 명 사이(격동과 혼란의 시기에는 기록이 사라지는 경우가 많다)의 프랑스 시민들을 처형했다. 이들 대부분이 기요틴에서 목이 잘렸다.

당통도 예외가 아니었다. 로베스피에르를 비롯한 강경파에서는 그를 의심의 눈초리로 보고 기소할 거리가 될 만한 것을 찾다가 결국 재정적인 비행을 혐의로 재판정에 세웠다. 1794년 4월 5일, 핵심적인 역할을 했던 혁명의 설계자는 자신의 최후와 만났다. 증거는 물론 증인도 없이 사형 선고를 받고 파리에서 기요틴 형에 처해진 것이다. 처형 직전, 당통은 모인 군중에게 이렇게 말했다. "내가 아쉬운 것 단 한 가지는, 저 로베스피에르 쥐새끼보다 먼저 가는 것이오." 그러나 로베스피에르도 그리 오래가지는 않았다. 7월 28일 로베스피에르 역시 이전의 자코뱅 동지들 손에 처형되었으며, 이로써 공포정치도 종말을 고했다.

지도층의 폭력성과 숙청으로 인해 프랑스의 민주주의는 시작 단계에서 실패했다. 대서양 건너에서 시작한 미국의 선출 정부가 절제된 통치 경험을 한 것과 대단히 대조적이었다. 이후 몇 년 동안 온건한 지도력 아래 국민공회가 지속되었지만, 민주주의 혁명은 끝내 실패하고 말았다. 1799년 11월, 나폴레옹 보나파르트 장군이 쿠데타를 일으켜 정부를 전복한 데 이어 1804년에는

친절한 사형 기구

1789년, 조세프 이그나스 기요탱(Joseph-Ignace Guillotin)이라는 의사가 단두대라는 기계를 이용한 처형 방식을 제안했는데, 당시의 프랑스로서는 아주 요긴한 제안이었다. 기요탱이 단두대를 발명한 것은 아니었고(사실 그는 사형 자체를 반대했다), 사람들이 프랑스식 단두대를 그의 이름을 따서 부른 것일 뿐이었다. 기요틴은 오늘날의 기준으로 보면 끔찍할 수 있지만, 나름대로는 좀 더 인도적인 방식으로 처형을 하기 위한 기계였다. 칼날이 떨어지는 힘으로 훨씬 빠르게 목을 베어 고통을 줄일 수 있기 때문이다. 프랑스에서는 이 기구를 이후로도 계속 이용했으며, 1977년의 처형을 끝으로 기요틴형을 폐지했다.

스스로 황제 자리에 올랐다. 이로써 프랑스가 다시 민주주의적 통치 질서를 제대로 시도해 보기까지는 수십 년이 걸리게 된다.

바다 건너로 파문이 일다

프랑스 혁명 시기에 미국의 정치는 두 개의 주요 정당으로 나뉘고 있었으며, 두 정당이 프랑스 혁명을 보는 눈도 달랐다. 토머스 제퍼슨은 프랑스에서 대사로 근무한 지 얼마 되지 않았을 때였으며, 프랑스의 봉기를 민주주의를 위한 싸움의 진정한 연장선으로 보았다. 반면에 존 애덤스와 알렉산더 해밀턴 같은 연방파들은 유럽의 불안정화와 폭력에 의해 전복된 정부의 앞선 사례들을 우려하면서 반대 입장을 표명했다. 그러다가 혁명의 진행을 지켜보던 제퍼슨이 입장을 바꾸었다. 왕의 처형과 공포정치에 반대하면서 가도 너무 멀리 갔다는 것에 동의하게 된 것이다.

티컴세
TECUMSEH

시기	1768~1813
지역	쇼니족
투쟁 대상	미국

1800년대 초반의 미국인들은 매니페스트 데스티니(Manifest Destiny, '명백한 운명'이라는 뜻으로 미국이 북미 전체를 지배할 운명을 갖고 있다는 주장-역주)에 빠져 있었다. 그것은 이쪽 바다로부터 반대쪽의 빛나는 바다에 이를 때까지 식민지를 확장해 나간다는 관념이었다. 물론 그들이 생각하는 운명에는 원래 살고 있는 사람들의 땅을 빼앗는 일이 당연히 포함되었다. 땅을 빼앗기지 않으려는 사람들은 싸울 수밖에 없었다. 그중에서 쇼니Shawnee 족의 추장 티컴세의 투쟁은 유명하다.

티컴세는 1768년, 오하이오의 데이턴 근처에서 태어났다. 혁명적인 인물들 다수가 그렇듯이, 그에게는 어린 시절부터 평생의 숙적에게 반감을 지닐 수밖에 없는 이유가 있었다. 여섯 살 때 버지니아의 식민지 총독이 오하이오의 쇼니 족 영토로 군대를 보내 총구를 겨누고 영토 경계를 다시 정하자는 제의

(총구를 겨누고)를 했는데, 이들이 말하는 경계는 영국이 정한 방식을 말하는 것이었다. 쇼니 족은 이미 한 차례 협상을 거절한 상태였지만 상대는 이를 무시했다. 쇼니 족과 밍고 족 연합 전사들은 침략해 들어오는 식민지 군대를 습격하여 몇 시간에 걸친 끔찍한 백병전을 벌였다. 그러나 부족원들의 사상자가 너무 많아서 결국은 후퇴하지 않을 수 없었다. 티컴세의 아버지 퍽신와도 이 습격에서 전사했다. 이것이 뒷날 포인트플레전트 전투라고 불리게 된 전투였다.

아버지를 잃는 것만으로 충분치 않았는지, 티컴세는 계속해서 떠밀려 다니며 집을 잃어야 했다. 그의 가족은 독립전쟁 중에 그리고 그 후에 미국 군대에 의해 마을이 파괴될 때마다 쫓겨나 세 번이나 집을 옮겼다. 1780년대에 미국 중서부에서 몇몇 아메리카 원주민 부족들이 동맹을 맺었을 때 티컴세가 기꺼이 합류한 것은 당연한 일이었을 것이다. 동맹 부족들은 대개 쇼니 족보다 전사들의 수도 많고 무기도 더 많았지만, 티컴세는 습격을 이끄는 전술 능력과 추종자들을 독려하는 웅변술로 금세 이름이 알려졌다.

이러한 티컴세의 능력은 1794년, 독립전쟁의 역전의 용사 '미친' 앤서니 웨인Anthony Wayne이 이끄는 미국 군대가 범 인디언 군대를 폴런 팀버스 전투에서 패배시킨 후 본격적으로 빛을 발하게 되었다. 다른 부족들 거의 모두가 연방 정부에게 오하이오 땅의 큰 덩어리에 대한 통제권을 주는 협정에 서명했지만 티컴세는 거절했다.

티컴세가 이해한 바로는 미국은 분할 정복 접근법을 이용해 원주민들을 다루고 있었다. 그는 미국이 일부 부족과 동맹을 맺어 다른 부족들과 싸우게 하고, 일단 공동의 적을 물리친 다음 이전의 동맹을 공격하는 방식을 취하고 있다는 사실을 쇼니 족은 물론 계속해서 자신을 따르는 다른 부족원들에게 분명하게 설명해 주어야 했다. 티컴세가 보기에 협정에 서명하여 백인들의 방법을 받아들인 부족들은 단지 정복을 늦추는 것일 뿐 자유로워지는 것이 아니었다. 나중에 그는 치카소 족과 촉토 족에게 한 연설에서 이렇게 말했다. "우리가 공동의 적에 대항하여 한 가지 공통된 목적으로 뭉치지 않으면 우리의 혈통은 곧 소멸하고 말 것입니다."

티컴세가 지지자들을 한데 모은 또 하나의 방법은 동생인 텐스크와타와와 힘을 합치는 것이었다. 텐스크와타와는 신비로운 예지력과 종교적인 설교로 '선지자'라는 별명을 얻고 있었다. 텐스크와타와는 인디언 부족들과 백인들의 완전한 분리를 주장하면서 이방인들이 가져온 어떤 음식이나 풍습, 생활방식도 완강히 거부했다. 이 선지자의 종교적인 움직임은 몇 가지 커다란 예언이 실제로 이루어지면서(예를 들어 일식을 맞춘 것 등) 더 많은 지지자를 모으게 되었고, 백인들과의 싸움에서 궁극적으로 승리하게 될 것이라는 예언은 더 그럴듯하게 보였다.

1808년, 이들 형제는 북서 인디애나에 있는 티페카누에 자신들만의 정착촌을 마련했다. 친구들은 물론 적들도 이곳을 프로페츠타운^{Prophetstown}, 즉 '선지자의 마을'이라고 불렀다. 형제의 카리스마가 합쳐진 덕분에 수많은 부족에서 따르는 사람들이 모여들었다. 그들 중 많은 수가 동생의 종교적 가르침 때문에 온 것이기는 했지만, 티컴세는 이들을 범 인디언 정착민들이라는 기치 아래 단결시키는 일을 게을리하지 않았다. 얼마 안 가 이곳은 오대호에서 가장 큰 규모의 아메리카 원주민 정착지가 되었으며, 끊임없이 서쪽으로 밀고 들어오는 미국인 정착민들에게 성공적으로 대항할 수 있는 최선의 기회가 되어 주었다.

오대호의 부족들이 강력한 지도자 아래에 뭉치는 것을 경계하는 미국 관리들에게는 이 정착촌의 존재가 거슬리지 않을 수 없었다. 인디애나 주의 주지사인 윌리엄 헨리 해리슨은 1810년의 포트웨인 조약에서 확보한 3백만 에이커로 만족하지 않고 지역의 부족들에게서 땅을 사들이기 시작했다. 조약에는 티페카누도 포함되어 있었다. 티컴세는 해리슨을 직접 만나 조약이 불법적이며, 자신의 정착촌은 오로지 평화를 원할 뿐이니 그저 내버려 둬 달라고 요청했다. 그러나 회담은 서로 협박을 주고받는 것 외에 별다른 성과 없이 끝났다. 특히 선지자는 긴장을 증폭시키며 해리슨을 향해 죽음이 오고 있다는 협박을 되풀이해댔다. 전투가 머지않았다는 것을 깨달은 티컴세는 점점 규모가 커지는 자신의 연합군에 합류할 부족들을 더 충원하기 위해 길을 나섰다.

IMAGE COURTESY OF LIBRARY OF CONGRESS

'1812년 전쟁'에서 전투 중인 티컴세(1860년대의 인쇄물).

･･･････

티컴세가 떠난 것을 알게 된 해리슨은 기회를 엿보았다. 1811년 11월 6일, 그는 천 명가량의 군대를 이끌고 프로페츠타운에 나타나 텐스크와타와에게 협상에 응하겠다고 하면서 이튿날 만나자고 했다. 그다음에 일어난 일에 대한 책임이 누구에게 있는지는 아직까지 제대로 밝혀지지 않았다. 해리슨이건 혹은 텐스크와타와이건, 아니면 둘 다이건. 그러나 확실한 것은 프로페츠타운에서 온 전사 무리가 밤을 틈타 해리슨의 군대를 급습했으며, 미국인들은 이에 대한 맞대응으로써 선지자의 군대를 축출하고 프로페츠타운을 불태웠다는 것이다.

티컴세는 궁지에 몰렸다. 큰 승리를 예언했던 동생의 신용은 땅에 떨어져버렸기 때문에 티컴세 혼자서 동맹을 재건하기 위해 산더미 같은 일을 떠안았다. 고생 끝에 그는 영국과 귀중한 동맹을 체결할 수 있었으며, 1812년 전쟁(War of 1812, 미국 vs 영국 전쟁-역주)에서 미국을 상대로 중요한 전투들을 치르기 위해 캐나다에서 영국군과 뭉쳤다. 전쟁 중에 티컴세의 걸출함이 빛을 발한 것은 영국을 도와 디트로이트를 점령할 때였다. 그는 실제 병력보다 훨씬 많아 보이게 하는 전략적인 행진 대형을 이용하여 도시를 두려움에 떨게 하고 항복을 받아 내는 데 결정적인 역할을 했다.

그러나 성공은 길게 유지되지 않았다. 이듬해에 미국이 디트로이트를 탈환했으며, 영국과 아메리카 원주민의 연합군은 캐나다로 후퇴했다가 티컴세의 숙적 해리슨에게 쫓기는 신세가 되었다. 최후까지 전사였던 티컴세는 1813년 10월 15일, 테임즈 전투에서 해리슨의 군대에 의해 죽임을 당했다. 정확히 누가 그를 죽였는지는 밝혀지지 않았으며 시신도 찾지 못했다. 그러나 그의 죽음으로 대부분의 동맹군이 항복했고, 그 지역 아메리카 원주민의 저항도 끝이 났다.

티컴세는 패배했지만 그의 적들조차 그를 훌륭한 상대로 인정했다. 리처드 존슨Richard Johnson은 자신이 전투 중에 티컴세를 죽인 사람이라고 주장하여 명성을 얻었고, 이 명성을 발판으로 1836년에 마틴 밴 뷰렌 대통령의 파트너로서 부통령 자리에 올랐다. 프로페츠타운에서 승리한 해리슨은 1840년 대통령 선거 유세를 성공적으로 이끌어 결국 대통령이 되었다. 남북전쟁 당시 남부에 파멸을 가져다 준 잔인하고 유능한 북부 연합군의 총사령관 윌리엄 티

저주

미신을 믿는 사람들은 티컴세가 동생의 힘을 빌려 해리슨에게 복수의 저주를 내렸다고 생각한다. 해리슨은 1840년에 미국 대통령으로 선출되었지만 두 가지 의문스러운 기록을 남겼다. 고작 32일간 대통령직을 수행하고(최단기간으로 기록되고 있다) 폐렴으로 세상을 떠난 것과 재직 중에 숨진 첫 번째 미국 대통령이라는 것이다.

해리슨은 또한 0으로 끝나는 해에 선출된 대통령이 한결같이 재직 중에 사망한다는 일종의 패턴을 시작한 사람이기도 한데, 그것 또한 저주 때문이라는 설이 있다. 에이브러햄 링컨, 제임스 가필드(James Garfield), 윌리엄 매킨리(William McKinley), 워런 하딩(Warren Harding), 프랭클린 루스벨트 그리고 케네디까지, 한 세기가 넘도록 꾸준히 '티컴세의 저주'(티페카누의 저주로도 불린다)의 전설을 소환하면서 이 패턴이 계속되었다. 이 죽음의 패턴은 1980년에 당선된 로널드 레이건에서 끝났다. 심지어 그는 대통령직을 맡고 얼마 되지 않아 총격을 당하고도 살아남았다.

컴세 셔먼^{William Tecumseh Sherman}은 티컴세의 이름을 따서 스스로를 명명했다. 오늘날 미국과 캐나다의 학교와 마을들 곳곳에 티컴세의 이름이 남아 있는 데, 그중 상당수는 얄궂게도 쇼니 족과 그 동포들이 강제로 떠나야 했던 지역 에 자리하고 있다.

천지를 흔들다

티컴세와 관련된 예언의 희생자는 해리슨만이 아니었다. 1811년 12월, 미국 동부에서 역대 가장 큰 것으로 기록된 지진이 불과 몇 시간 간격으로 연달아 일어났다.

두 지진 모두 북서부 아칸소 주의 뉴마드리드 단층선이 진원지이지만, 어찌나 규모가 컸던지 멀리 보스턴과 워싱턴 D.C.까지 땅이 울렸다.

그런데 지진이 일어나기 조금 전에 티컴세가 동맹군이었던 크리크 족 전사 한 명에게 자신이 디트로이트에 도착해 발을 구르면 땅이 흔들릴 것이라고 말했다고 한다.

하필 뉴마드리드 지진이 그날 디트로이트를 흔들었으니 티컴세의 강한 주장이 마치 예언처럼 보이는 건 당연한 일일 것이다.

시몬 볼리바르
SIMÓN BOLÍVAR

시기	1783~1830
지역	남아메리카
투쟁 대상	스페인

시몬 볼리바르는 정부를 바꾸는 것보다 전복시키는 것이 훨씬 쉽다는 격언을 증명해 보여준 혁명가다. 그가 엘 리베르타도르El Libertador, 즉 해방자라고 불린 이유는 그의 손에서 여섯 개 나라가 스페인 식민지에서 독립할 수 있었기 때문이다. 그가 없었다면 남아메리카는 지금과 많이 달랐을 것이다.

볼리바르가 태어난 1783년 당시에는 브라질을 제외한 남아메리카 대부분이 여전히 스페인의 통치 아래에 있었다. 그는 베네수엘라의 카라카스에서 태어났지만 그의 집안은 부유한 스페인 귀족의 후예였다. 비록 아홉 살에 부모를 잃었지만 유산 덕분에 최고의 교육을 받을 수 있었으며, 스페인으로 3년간 유학을 다녀오기도 했다. 스페인에서 만난 여성과 결혼하여 함께 베네수엘라로 돌아온 그는 일 년도 채 되지 않아 아내가 황열로 세상을 떠나자 1804

1819년에 베이트(M. N. Bate)가 제작한 볼리바르의 모습.
은근하게, 그러나 상당히 멋을 냈다.

년 프랑스로 옮겨갔다.

20대 초반을 프랑스에서 보내는 동안 그는 평생을 바쳐 추구하게 될 가치를 발견하게 된다. 바로 남아메리카에 자유를 가져다주는 일이었다. 그는 존 로크와 토머스 홉스 같은 계몽 사상가들의 책을 탐독하면서 그 무렵 아메리카와 프랑스에서 일어난 혁명에 대해 깊이 있게 공부했다. 그 과정을 통해 형성된 그의 꿈은 미국처럼 여러 주들의 연합체인 남아메리카 공화국을 이룩하는 것이었다.

•••••••

그는 1807년에 카라카스로 돌아갔다. 베네수엘라는 이미 혁명의 소용돌이가 일기 시작한 상황이었으므로 볼리바르는 예상보다 빨리 이상을 실현할 기회를 얻은 셈이었다. 1809년, 나폴레옹 보나파르트가 갑자기 동맹을 깨고 스페인을 침공하자 깜짝 놀란 스페인 정부가 남아메리카 식민지에 신경을 쓰지 못하는 상황이 발생했다. 볼리바르는 카라카스에 본부를 둔 비밀결사 운동에 가담했으며 1810년 4월 19일, 비밀결사는 스페인 총독부를 몰아내고 새로운 정부의 수립을 선언했다.

물론 이것은 첫발을 내디딘 것일 뿐이었다. 볼리바르와 몇 명의 구성원들은 영국이 베네수엘라의 독립을 인정해 주기를 바라며 영국으로 건너갔다. 영국은 1806년에 봉기를 시도했다가 실패한 베네수엘라의 혁명가 프란시스코 데

미란다[Francisco de Miranda]가 망명해 있는 곳이기도 했다. 그들은 결과적으로 목적했던 방문의 성과는 얻지 못했지만, 귀국하여 새 조국을 이끌겠다는 미란다의 다짐을 받을 수 있었다.

처음에는 일이 착착 진행되어 갔다. 미란다의 존재는 스페인에서 벗어날 수 있다는 확신을 임시정부에 심어주었다. 1811년 3월에 새 헌법을 통과시키기 위한 회의가 열렸고, 7월 5일에 최종적으로 독립이 선언되었다.

그러나 베네수엘라 제1공화국은 수립 후 겨우 일 년을 버텼다. 친 왕당파 군대가 양쪽에서 몰려들어왔으며, 명분을 저버린 몇몇 동지들의 배신이 이어진 후 볼리바르가 책임지고 있던 항구도시까지 점령되어 버렸다. 1812년 7월, 군대가 참패하고 나자 미란다는 정전 협상을 하고 통치권을 스페인에 돌려주었다. 볼리바르와 일부 혁명 동지들은 미란다의 행위를 배신이라 생각했고, 그를 적에게 넘겨주는 것으로 응징했다(결국 미란다는 감옥에서 죽음을 맞이했다). 그리고 시몬 볼리바르는 훗날을 도모하며 나라를 떠났다.

• • • • • • •

1813년, 볼리바르는 독립 베네수엘라를 건설하기 위한 2차 시도를 감행했다. 이번에는 컬럼비아의 카르타헤나가 그의 거점이었다. 카르타헤나는 당시에는 뉴그라나다라는 더 넓은 국가의 일부분이었다. 이곳에서 그는 베네수엘라 제1공화국이 붕괴된 것은 중앙정부가 약했기 때문이라고 분석하고, 남아메리카에 대한 자신의 전망을 담은 〈카르타헤나 선언〉을 발표했다. 그의 비전에 감화를 받은 뉴그라나다는 군대와 보급품을 내주면서 이웃 나라가 자유를 쟁취할 수 있게 전폭적인 지지를 보내주었다.

볼리바르는 1813년 1월에서 8월 사이에 친 스페인 군을 상대로 '훌륭한 작전Admirable Campaign'이라 불리는 여섯 차례의 전투를 치르고, 계속해서 밀어붙여 카라카스를 탈환해냈다. 그는 베네수엘라 원주민을 제외하고 혁명의 대의에 적극 협조하지 않은 스페인 사람들은 모두 죽여야 한다는 원칙을 지켜나갔으며, 전투가 마무리되자 스스로를 총통이라고 칭하고 베네수엘라 제2공화국을 선포했다.

그러나 이번에도 결과는 지난번과 크게 다르지 않았다. 볼리바르가 통치한 기간은 일 년가량이었고, 이내 스페인 군대가 반격해 들어와 카라카스와 다른 주요 도시들을 장악했다. 1814년, 볼리바르는 다시 나라를 떠나지 않을 수 없었다. 그러나 그는 포기하지 않았다. 공화국의 꿈이 두 차례나 무산되었지만 그는 오히려 더 큰 꿈을 꾸기 시작했다.

1815년까지 그가 머문 곳은 자메이카였다. 이곳에서 그는 정치에 관한 명문장을 남기게 되는데 〈자메이카로부터의 편지〉가 그것이다. 이 글에서 그는 자신이 추구했던 해방에 대해 성찰하고 무엇이 잘못됐던 것인지를 분석했다. 또한 남아메리카 국가들이 단순히 독립을 쟁취하는 데서 그치지 않고 어떠한 식민 권력과도 맞설 수 있게 연합하는 것이 중요하다고 역설했다.

●●●●●●●

마침내 자유 투쟁의 다음 라운드가 시작되었고, 여기서 시몬 볼리바르의 전설이 탄생하게 된다. 1816년에 베네수엘라에서 또 한 번의 혁명이 시작되었지만 볼리바르는 여기에 합류하지 않았다. 그는 다시 스페인에 복속된 뉴그라나다의 해방 전선에 나섰다. 그가 이끈 부대는 영국에서 보내준 군인들을 포함해서 단 이천오백 명이었다. 이 인원만으로 그는 베네수엘라 남서부에 있는 주둔지를 출발해 스페인 군에게 들키지 않고 안데스산맥을 넘는 데 성공했다.

볼리바르는 몇 번의 작은 전투에서 승리한 후 1819년 8월 7일, 여세를 몰아 보야카 전투에서 대승을 거두었다. 이때 포로로 잡은 스페인 군인과 지휘관들이 천팔백여 명이었다. 그로부터 사흘 후, 그는 보고타의 수도를 점령하고 그란컬럼비아^{Gran Colombia}라고 명명한 공화국의 임시정부 수립을 선포했

영원한 이름

볼리바르라는 이름은 볼리비아의 국명에 뚜렷이 남아 있지만, 그의 이름이 남아 있는
곳은 이뿐만이 아니다. 베네수엘라의 정식 명칭은 볼리바리안 베네수엘라 공화국이며,
컬럼비아에는 볼리바르의 이름이 붙은 주가 있다.
또한 컬럼비아에서 가장 높은 산의 이름 역시 피코 시몬 볼리바르다.
그런가 하면 남아메리카의 9개국이 가입되어 있는
ALBA(Alianza Bolivariana para los Pueblos de Nuestra América) 무역협정의 영어 명칭 역시
'미주 대륙을 위한 볼리바르 동맹(Bolivarian Alliance for the Peoples of Our America)'이다.
볼리바르의 기념물은 남아메리카 전역뿐 아니라 미국, 이집트, 터키, 프랑스를 비롯해
수많은 나라에 세워져 있다.

다. 12월에는 새 공화국의 의회를 결성하였고, 의회에서 대통령 겸 군 통수권 자로 지명되었다.

국가의 수장으로서 볼리바르가 가장 먼저 한 일은 그란컬럼비아 영토 중에서 여전히 실질적으로 스페인의 식민지로 있던 땅을 되찾는 일이었다. 1821년 6월에 그는 카라카스를 수복하고 베네수엘라를 영구적으로 해방시켰다. 1822년 5월에는 키토를 손에 넣고 에콰도르를 해방시켜 식민지 명단에서 지웠다.

역시나 1822년에 그는 페루에서도 호세 데 산마르틴과 연합하여 스페인을 상대로 한 전쟁에서 승리했다. 호세 데 산마르틴은 아르헨티나 출신의 혁명가로, 남부에서 독자적으로 봉기를 일으킨 인물이다. 스페인 군이 수도인 리마 외곽의 산으로 숨어든 바람에 시간이 좀 걸리기는 했지만 결국 1824년 2월, 볼리바르는 페루의 총통으로 임명되었다. 그 이듬해에는 친 스페인 왕당파의 최후의 보루인 상 페루(Upper Peru, 페루의 동부)가 볼리바르의 2인자인 안토니오 호세 데 수크레에게 함락되었다. 이곳의 입법 의회에서도 볼리바르를 대통령으로 선출했다.

●●●●●●●

시몬 볼리바르와 그의 지지자들은 불과 십 년 만에 지금의 베네수엘라와 컬럼비아, 파나마, 에콰도르, 페루, 볼리비아에서 스페인의 지배를 무너뜨렸다.

그런데 문제는 너무 넓은 영토와 수많은 파벌들 때문에 이곳들을 통제하기가 쉽지 않았다는 것이었다. 1826년에 이미 베네수엘라에서부터 봉기가 시작되었고, 베네수엘라와 옛 뉴그라나다 사이에서는 전쟁까지 일어났다. 그란컬럼비아의 새 헌법을 제정하기 위한 1828년의 의회는 어떤 합의도 도출해내지 못하는 정당들로 인해 무산되었다.

여기에 더하여 볼리바르와 그의 독재적 권력을 문제로 인식하기 시작한 정당들이 생기기 시작했다(사실 그는 일정한 때에 권력을 모두 내려놓기로 이미 합의한 상태였다). 1828년 9월 25일, 그는 관저에서 위장한 암살자들에게 공격을 받아 칼에 찔릴 뻔했지만 무사히 빠져나갔다. 그러나 이런 일보다 그를 더 고통스럽게 한 것은 1829년 가을, 조국 베네수엘라가 그란컬럼비아에서 탈퇴한 것이었다. 그가 평생을 바쳐 이룩하려 한 남아메리카 연합의 마지막 희망이 사라진 것이었다. 이를 지켜본 그는 이렇게 말했다. "우리는 독립이라는 하나를 얻기 위해 다른 모든 것들을 대가로 내놓았다."

평행 이론

영국이 프랑스와 전쟁을 벌이는 상황이 아니었다면 미국 독립혁명이
성공하지 못했을 수도 있다고들 한다.
마찬가지로 프랑스가 스페인을 침공하지 않으면 볼리바르의 혁명도 훨씬 힘들었을 것이다.
1809년 무렵 나폴레옹은 스페인을 쳐서 영토의 대부분을 장악했는데,
이 때문에 스페인은 프랑스를 상대로 독립전쟁을 치르느라
남아메리카를 단속하기가 버거웠기 때문이다.
그런데 나폴레옹 편에서도 스페인 침공이 잘한 일은 아니었다.
그는 스페인 전쟁에 자원을 다 쏟아부어 유럽의 다른 곳에서 벌인 전쟁들에서
패배했다고 생각했으며, 이 전쟁을 '스페인 궤양(Spanish ulcer)'이라 부르며 진저리를 쳤다.

자신이 이룩한 것들이 붕괴되는 것을 보면서, 또한 자신의 존재가 득보다는 해악으로 작용한다고 생각한 볼리바르는 1830년 4월 27일에 모든 직책을 내려놓았으며, 유럽으로 자진 유배를 떠날 계획을 세웠다. 그런데 떠나기 전에 자신이 직접 뽑은 후임자인 안토니오 호세 데 수크레가 암살되었다는 소식이 전해졌다. 볼리바르는 일정을 미룰 수밖에 없었으며, 그 미뤄진 기간 동안에 결핵으로 세상을 떠났다. 1830년 12월 17일, 그의 나이 고작 마흔일곱 살이었다.

냇 터너
NAT TURNER

시기	1800~1831
지역	미국
투쟁 대상	노예제도

냇 터너와 그 동료들이 일으킨 반란은 규모가 크지는 않았지만 미국 남부의 노예 주(州)들을 삽시간에 공포에 빠뜨렸으며, 단 하룻밤에 그친 투쟁으로도 크고 긴 유산을 남겼다.

너새니얼 '냇' 터너^{Nathaniel "Nat" Turner}는 1800년에 버지니아 사우샘프턴 카운티의 어느 플랜테이션에서 노예의 아들로 태어났다. 아버지는 냇이 어릴 때 달아난 것으로 짐작되며, 터너라는 성은 그의 어머니와 할머니를 소유한 주인 벤저민 터너에게서 물려받은 것이었다. 들일을 하는 노예였지만 터너는 읽고 쓰는 것을 배울 수 있었으며, 일찍부터 종교에 심취했다.

미루어 짐작할 수 있듯이 터너는 아이 때부터 독특한 성향을 나타내 보였는데, 태어나기 이전의 일들을 묘사한다든가 다른 사람과 어울리지 않고 혼자서 단식과 기도를 하는 등 금욕적인 종교 생활을 실천하는 것들이 그랬다. 어느덧 그는 동료 노예들에게서 선지자 대접을 받게 되었으며 이따금 예배를 주재하기도 했다.

그가 1831년의 봉기에서 주도적인 역할을 한 것은 노예제의 속박으로부터 놓여나 자유롭게 살고 싶어 했기 때문이지만, 거기에는 종교적인 이유도 분명히 있었다. 반란을 일으키기 훨씬 전부터 그에게 신의 계시가 여러 번 보여 그것이 결단의 바탕이 되었다는 것이었다. 스물두 살 되던 해에 탈출에 성공해 한 달가량 자유로운 생활을 하다가 '지상의 주인'에게 돌아가라는 성령의 말씀을 듣고 터너의 농장으로 되돌아간 것도 같은 이유였다.

다른 노예들처럼 냇 터너 역시 주인이 계속해 바뀌었다. 그가 봉기를 일으켜 살해한 존 트래비스가 마지막 주인이었고, 그전에도 세 차례 다른 주인에게 팔렸다. 1822년에는 역시 사우샘프턴 카운티에 플랜테이션을 소유했던 토머스 무어에게 팔렸는데, 터너에 따르면 거기서 보인 선지적 계시에는 자신이 일하는 들판의 옥수수가 피로 뒤덮인 광경들로 가득했다고 한다.

●●●●●●●

그다음 번 계시는 몇 년 후에 내려졌다. 예수가 나타나 인간의 죄를 상징하는 멍에를 내려놓고 그에게 "이것을 지고 사탄과 싸우라"고 명하셨다는 것이다. 터너는 계시를 받들어 "스스로를 일으키고 준비하여 적을 저들의 무기로 절멸"시켜야 했다.

봉기를 본격적으로 준비할 무렵에 터너는 토머스 무어의 어린 아들 퍼트넘 무어의 소유로 되어 있었다. 그러다 토머스 무어가 사망했고, 그의 아내는 존 트래비스와 재혼하면서 터너는 물론 다른 노예들까지 데려가 트래비스 농장의 소유로 삼았다. 1831년 2월, 터너는 봉기에 대한 우주적 지지를 확인했다. 일식이 일어나자 봉기를 실행하라는 신의 명령이 내려진 것으로 여긴 것이다.

원래 그의 계획은 독립기념일인 7월 4일에 봉기를 실행하여 미국 땅에 여전히 독립하지 못한 사람들이 많다는 사실을 피로써 상기시키는 것이었다. 그러나 여러 가지 이유로 실행을 미룰 수밖에 없었다. 8월 13일에 다시 일식이 일어나자(해가 이례적으로 청록색을 띠었다는 기록이 있다) 터너는 자신을 언제까지나 노예로 속박하는 사람들을 죽이는 계획을 더 이상은 미룰 수 없다고 확신했다.

1800년대 초반에 일어난 다른 노예 봉기들은 시작하기 전에 노예 주인들이 모의를 알아차리거나 덜 반항적인 노예들이 귀띔하는 바람에 거의 다 실패하고 말았는데, 터너는 현명하게도 자신이 잘 아는 몇 명의 노예들만 믿고 상의하는 식으로 내부자들의 수를 최소로 유지했다. 그의 봉기에 최종적으로 참여한 인원은 70명이 넘었지만 대부분 정보를 거의 가지고 있지 않았기 때문에 위험을 줄일 수 있었던 것이다.

냇 터너가 벤저민 핍스에게 잡히는 장면. 1831년의 인쇄물.

•••••••

1831년 8월 21일, 터너를 비롯한 소규모 인원이 계획을 실행에 옮겼다. 그들은 마주치는 대부분의 백인들을 총이 아니라 손에 잡히는 칼, 도끼, 손도끼 등을 이용해 죽였는데, 이는 심리적인 충격을 주기 위해서였다.

첫 번째 공격 대상은 트래비스의 집이었다. 터너 무리는 잠들어 있던 주인과 일가 전체를 죽인 후, 차례차례 다음 집으로 옮겨가면서 주인을 죽이고 더 많은 노예들의 참여를 촉구했다. 물론 말 그대로 몰살은 아니었다. 그들이 말과 무기를 확보하여 다음 집으로 떠나고 난 뒤 아주 소수의 생존자들이 남아 있는 경우가 없지는 않았으며(어린 소녀가 벽난로 속에 숨어서 살아남은 이야기는 유명하다), 가능한 한 많은 백인들을 죽이는 것이 목표라고 공언하기는 했지만 터너가 의도적으로 배제한 백인들도 있었다. 터너의 말에 따르면 권력도 노예도 소유하지 못한 가난한 백인들의 집은 그냥 지나쳤다는 것이다.

8월 22일 오후, 터너와 동지들은 자신들이 공격한 플랜테이션들에서 가장 가까운 도시인 저루살렘으로 향했다. 저루살렘에는 터너 일행의 소식을 듣고 소집된 지역 민병대가 이미 도착해 있었다. 터너가 이끄는 무리의 대부분은 바로 그날 봉기에 참여한 사람들이었기 때문에 훈련받은 군대를 상대하기에는 턱없이 약했다. 게다가 진퇴양난 격으로 주와 연방의 군대도 뒤이어 도착해 양쪽에서 공격하기 시작했다. 봉기는 그것으로 끝났다. 대부분의 모반자들이 체포되었고, 터너는 가까스로 달아났다.

전날 밤 터너와 동료들이 습격해 죽인 사람들은 최소 쉰다섯 명이었다. 나중에 터너는 자신의 봉기로 인해 노예제도가 종식되리라 생각하지 않았고, 자기가 임무를 완수하고 살아남을 것이라는 환상 같은 것은 갖고 있지 않았다고 했다. 그의 목적은 노예 주인들 사이에 "공포와 불안을 퍼뜨려" 노예제도가 폭력적인 체제라는 사실을 이해시키고, 폭력이 양방향으로 작동해 되돌아온다는 것을 알리는 것뿐이었다는 것이다.

●●●●●●●

달아난 터너를 찾는 데는 엄청난 인원이 동원되었다. 그런데 정작 10월 30일, 그를 발견한 것은 벤저민 핍스라는 평범한 농부였다. 벤저민은 사냥을 하러 나갔다가 우연히 이 혁명가가 숨은 구덩이 위를 지나게 되었던 것이다. 재판정에 서게 된 터너는 신이 명하신 일을 한 것뿐이라며 무죄를 주장했다. 또한

반복되는 저항
냇 터너의 봉기는 그 당시에 시도되었던 여러 노예 봉기의 유형과 크게 다르지 않았다.
다만 터너의 봉기가 상대적으로 성공적이었으며, 희생시킨 사람들의 수가 현저하게
많았을 뿐이었다.
1800년, 터너가 태어난 그달에 버지니아 리치먼드에서 가브리엘이라는 노예가
봉기를 계획하다가 사전에 들켜서 실행해보기도 전에 목이 매달렸다.
1822년 사우스캐롤라이나에서도 비슷한 상황이 일어났는데,
풀려난 노예 덴마크 베시가 습격을 계획하다가 붙잡혔다.
또한 1811년, 나중에 루이지애나가 될 지역에서 일어난 노예 봉기는 백인 두 명을 죽이는
것으로 끝났지만, 미국 역사상 가장 많은 수의 노예들이 참여한 봉기로 기록되고 있다.

살인을 한 것은 맞지만 자신의 손으로 죽인 사람은 단 한 명뿐이라고도 했다.

결국 사형이 선고되었고 터너는 11월 11일에 버지니아의 저루살럼에서 교수형에 처해졌다. 그저 목숨을 앗는 것만으로는 부족하다고 여겨 그의 시신의 가죽을 벗기고, 머리를 베고, 남은 부분을 넷으로 자르는 처벌도 집행되었다. 버지니아 주 당국은 터너의 모반에 가담한 혐의로 쉰여섯 명의 노예들을 처형했는데, 그것이 끝이 아니었다. 최악의 사태는 그다음에 일어났다. 8월 초에 노예제도에 찬성하는 백인들이 터너의 봉기에 대한 보복으로 자경단을 조직해 아프리카계 미국인들의 집을 무작위로 공격하기 시작한 것이다. 폭도들

냇 터너의 고백

터너의 봉기에 대한 소식은 베스트셀러 소책자 덕분에 버지니아 너머로 멀리까지 퍼져 나갔다.
대중들이 터너에 관해 알게 된 것들은 대부분 이 소책자에 실린 기사를 읽은 것이었다.
문제의 소책자는 지역의 변호사인 토머스 러핀 그레이(Thomas Ruffin Gray)가 펴낸
〈냇 터너의 고백(The Confessions of Nat Turner)〉이었다.
그는 터너에 관해 온갖 터무니없는 이야기들이 난무하자 가장 신뢰할 만한 기록을
발표한다는 분명한 목적을 지니고 이 책을 펴냈다.
그레이는 11월 1일에 수감 중인 터너를 찾아가 면담한 후 "온전하고 자유로우며 자발적인"
고백을 기록하여 9일 후에 판권 보호하에 책을 냈다. 이 고백은 재판이 진행되는 동안
터너에게 불리한 증거로 사용되기도 했으며, 선정적인 부분들도 분명히 있었다.
그러나 적어도 그레이는 터너에게 어느 정도의 존경심을 표현했다.
책의 서문에서 그는 터너에 대해 "자신의 행동에 대해 온전히 책임을 지는 정직하고 지적인 사람"
이라고 묘사한 것이다. 터너의 이야기는 1967년에도 새로운 독자들을 끌어모았다.
시민권 운동이 한창이던 시기에 작가 윌리엄 스타이런이 그레이의 책 제목과 같은 제목으로
터너의 생애에 관해 상당히 각색한 소설을 썼던 것이다.
이 책은 자유에 대한 해석을 두고 논쟁이 있기는 했지만, 소설 부문의 퓰리처상을 받으면서
비평가들이 선정한 최고의 미국 소설 목록 여럿에 이름을 올렸다.

에게 공격당한 사람들 대부분이 터너의 봉기와는 아무런 관련이 없는 사람들 이었다. 이 테러로 목숨을 잃은 사람들은 2백 명이 넘었고, 상해를 입은 사람들의 수는 파악조차 되지 않았다.

냇 터너의 봉기는 노예제도가 존속되면 폭력을 피할 수 없다는 즉각적인 메시지를 노예해방론자들에게 전해주었다. 그는 수많은 사람들에게 영웅이 되어 남북전쟁의 불씨가 되었으며, 그의 봉기는 노예 주인보다 노예들의 수가 훨씬 많으며 자신들의 플랜테이션에서도 똑같은 일이 일어날 수 있음을 노예 주인들에게 상기시켜 주었다.

존 브라운
JOHN BROWN

시기	1800~1859
지역	미국
투쟁 대상	노예제도

존 브라운은 미국에서 노예제를 종식시키기 위해 무기를 든 최초의 인물이 아니었고, 가장 성공한 인물도 물론 아니었다. 그럼에도 불구하고 이 노예해방론자의 대담한 활동은 노예제를 영구히 종식시킨 남북전쟁을 일으키는 데 중요한 역할을 했다. 그는 평화적인 방법이 실패한다면 폭력이 불가피하다고 주장했다.

1800년에 코네티컷에서 태어난 존 브라운은 노예제를 반대하는 가정에서 성장했다. 그의 아버지는 노예해방을 위한 투쟁에 자신이 할 수 있는 최선을 다하는 사람이었다. 브라운의 인생은 충실하지만 때로는 복잡했다. 그는 두 명의 아내에게서 스무 명의 자식을 본 가장이 되었다. 1832년 첫 아내의 죽음 이후 자녀들 몇 명도 아주 어릴 때 세상을 떠났다. 그는 자주 이사를 다녔는

데, 오하이오, 매사추세츠, 펜실베이니아, 뉴욕을 옮겨 다니며 살았고, 다양한 직업에 도전해서 크고 작은 성공을 거두기도 했다.

그러나 모든 것들이 변하는 삶을 살면서도 노예해방에 대한 그의 신념은 굳건했다. 그러다 오하이오에서 지독한 악운이 잇따라 일 년 만에 파산하고 자녀 넷의 목숨까지 잃고 나자 1848년, 그는 사업 파트너와 함께 매사추세츠로 이사했다. 이곳에서 마침내 그는 자신의 신념을 행동으로 옮기기 시작했다. 흑인 어린아이를 입양하는가 하면, 노예였다가 노예해방론자가 된 프레데릭 더글러스Frederick Douglass를 만나고 지하철도 조직(Underground Railroad, 남북전쟁 전 노예의 탈출을 도운 비밀 조직-역주)의 활동을 지원했다. 심지어 탈출한 노예들과 함께 생활하면서 그들에게 땅을 기증하기 위해 뉴욕 주의 노스엘바로 이사를 하기도 했다. 도망친 노예들을 엄중 단속하고 이들을 되찾아 오는 사람들에게 보상을 해주는 것을 주요 내용으로 하는 '도망 노예 송환법'이 1850년에 의회에서 통과되자, 브라운은 길리어다이츠 동맹이라는 이름의 민병대를 결성하는 것으로 대응했다. 이들 무장 민병대는 스프링필드 내에서 달아난 노예를 다시 붙잡아 오는 것을 힘껏 저지하기로 맹세했고, 실제로 그 이후에는 다시 잡혀 오는 노예가 없었다.

●●●●●●●

그가 노예제에 반대하고 이 문제에 대해 종교적으로도 분노하여 행한 행적을

IMAGE COURTESY OF LIBRARY OF CONGRESS

정면을 응시하는 존 브라운. 1850년경.

보면, 캔자스에서 무장봉기를 일으키는 것은 시간문제일 뿐이었다.

미국은 1820년 미주리 협정을 통해 노예제로 인한 전쟁을 가까스로 피했다. 협정 이전의 미국은 자유 주와 노예 주의 수가 정확히 반으로 갈려 있었는데, 새로 생기는 미주리 주를 어떻게 정하는가에 따라 세력 균형이 깨질 위기였다. 점점 세력을 얻어 가는 노예 폐지론자들의 입장이나 노예제를 기반으로 경제 체제가 유지되는 남부 농장주들 입장이나 모두 물러설 수 없는 상황이었다. 하원 의장 헨리 클레이는 미주리 주를 노예 주로 편입하는 대신 현재의 메인 주를 매사추세츠에서 분리해 자유 주로 끌어오는 협상을 이끌어 균형을 맞추어 보려고 했다. 이는 노예제도의 문제를 다음 세대가 풀도록 미뤄 두는 방법이었다.

그러다가 의회가 캔자스와 네브래스카를 준주(準州)로 신설하기로 결정하면서 긴장이 다시 고조되었다. 1854년의 캔자스-네브래스카법에 따라 장차 생길 이 두 개 주의 노예제도에 대한 결정권을 '주권재민'의 원칙에 따르기로 한 것이다. 즉, 주의 거주민들이 투표를 해서 정하기로 하자는 것이었다. 네브래스카는 가만둬도 자유 주가 될 정도로 위치적으로도 북부에 속해 있었지만 캔자스의 운명은 그야말로 오리무중이었다. 노예제도의 지지자들과 반대자들 사이에 이미 일촉즉발의 긴장이 지속되어 왔던 것을 생각하면, 이 법은 폭력적인 싸움을 벌이라는 부추김에 다름 아니었다. 양 진영 모두 법안을 고치는 데 총력을 기울이면서 자기편 지지자들을 동원해 상대편 준주의 정부를 공략했다. 캔자스 주에서는 양측의 싸움이 폭력으로 번지면서 '피 흘리는 캔자스^{Bleeding Kansas}'라는 별명까지 생겼다. 이로 인해 부상자가 속출했지만, 그나마 사망자는 극소수였다.

쉰다섯 살이 된 브라운은 장성한 아들 다섯 명을 데리고 혼돈이 한창인 캔자스로 향했다. 그는 거기서 노예제 반대자들의 민병대를 조직하여 1856년에 노예제 지지자들이 로렌스 시를 습격한 사건에 대한 보복으로 포타와토미 크리크 인근에 있던 노예제 지지자들의 촌락을 습격, 한밤에 끌려 나온 다섯 명의 비무장 남자들을 검으로 찔러 죽였다.

포타와토미 학살 사건은 가뜩이나 혼란스러운 캔자스에서 최악의 분쟁을 시작한 셈이 되었지만 브라운은 멈추지 않았다. 그는 북서부로 가서 다음 계획 즉, 남부의 심장인 버지니아에서 무장봉기를 일으키는 데 쓸 자금을 구해보려고 했다. 그 계획에는 노예들이 탈주하여 봉기에 참여할 수 있게 도와주는 거점을 마련하는 것도 포함되어 있었다. 그는 농장을 하나 빌려서 게릴라 부대를 만들기 시작했다.

오로지 폭력을 써서만이 노예제도를 종식시킬 수 있다는 브라운의 신념은 노예해방론자들 사이에서도 대의를 훼손시키는 테러리스트가 아니냐는 의견이 나올 정도로 과격한 것이었다. 그러나 그가 계획을 실행에 옮길 만한 정도의 지지와 재정적 지원을 얻는 데는 문제가 없었다.

• • • • • • •

1859년 10월 16일, 존 브라운은 다양한 인종으로 이루어진 스물한 명의 군대를 이끌고 버지니아의 하퍼스 페리를 습격하여 연방 무기고를 장악함으로써 역사에 이름을 올렸다.

그러나 무기고를 빼앗는 것과 무기를 차지하는 것은 달랐다. 처음에는 습격이 성공적이었지만 B&O 철도 회사의 승무원 한 명이 미리 연방정부에 경보를 울려 준 바람에 브라운의 부하들은 무기를 확보할 수도 없었고 마을을 빠져나가지도 못했다. 10월 17일 오후, 장차 남부 연합군의 장군으로 활약할 로버트 E. 리가 이끄는 해병대가 도착했다. 브라운 무리는 이미 마을 주민들과 싸우고 인질까지 잡아 놓았기 때문에 빼도 박도 못할 상황이었다. 이튿날 리의 군대가 들이닥치자 그들은 기관차 차고로 숨어들었지만, 해병대가 브라운과 그의 무리를 체포하는 데는 고작 3분밖에 걸리지 않았다. 브라운의 아들 둘을 포함한 열 명은 하퍼스 페리 습격 도중에 사망했다.

하퍼스Harper's**에서 하퍼스**Harpers**로**

존 브라운이 습격한 곳으로 유명한 버지니아의 하퍼스페리(Harper's Ferry)는 지금은 웨스트버지니아의 하퍼스페리(Harpers Ferry)(아포스트로피가 빠졌다)이다. 이 마을은 셰넌도어 강과 포토맥 강이 만나는 지리적 위치 때문에 남북전쟁 기간에 여덟 차례나 탈환과 재탈환이 되풀이되었다. 또한 이 시기에 웨스트버지니아가 버지니아에서 분리되어 미연방에 편입되었다. 1944년에 하퍼스페리의 일부 지역이 국가기념물로 지정되었다가 곧이어 국립역사공원으로 재지정되어 오늘에 이르고 있으며, 해마다 50만 명이 방문하는 명소가 되었다.

브라운이 습격한 무기고는 연방 소유의 땅에 있었지만, 그는 버지니아 주법에 따라 재판을 받았다. 아마 버지니아 주 정부 측에서 관용의 기회를 배제하기 위해서 취한 조치였을 것이다. 11월 2일, 재판부는 브라운을 세 가지 죄목으로 유죄 판결했으며, 처형은 다음 달로 예정되었다.

그 당시 브라운의 행동을 옹호해 준 사람들 중에는 빅토르 위고, 헨리 데이비드 소로, 랠프 왈도 에머슨 같은 작가들이 있었고, 에머슨은 다가올 그의 처형을 예수의 십자가에 비유하기도 했다. 습격과 뒤이은 재판 과정은 브라운을 유명 인사로 만들었으며, 감옥에서 쓴 편지들을 보면 그 역시도 스스로를 노예제도 종식의 대의를 위한 순교자로 여기고 있음이 나타나 있다.

자유시

노예제도 폐지에 바친 브라운의 희생은 미국에서 가장 많이 알려진 노래 중 하나에 영감을 불어넣었다. 북군 병사들은 전투 사이사이 쉬는 시간을 이용해 행군 중에 부를 노래들을 짓곤 했는데, 그중에 '존 브라운의 주검(John Brown's Body)'이라는 노래가 있었다. 시인인 줄리아 워드 하우에 따르면, 이 노래의 곡조 자체는 존 브라운이라는 동명이인인 매사추세츠 병사에 관한 노래에서 가져온 것이었다고 한다. 이것이 다른 부대로 퍼져나갈 때 더 유명한 존 브라운에 관한 노래인 것으로 당연시되면서, 노예해방을 위해 투쟁한 그의 행적을 기리는 가사가 덧붙여졌다는 것이다. 하우는 1861년에 이 노래를 듣고 곡조와 마지막 줄의 가사 "그의 영혼은 끝없이 행군해 나아가리라!"를 채용하여 가사를 새로 썼다. 그리하여 나온 노래가 모든 미국의 어린아이들이 배우며 지금도 대통령 취임식과 국가적인 기념일에 연주되는 공화국 전투찬가(The Battle Hymn of the Republic)다. 많은 저항 노래들이 그렇듯이 '존 브라운의 주검'도 미국에서 시민권 투쟁이 활발하던 1960년대에 다시 유행되었다. 폴 로베슨(Paul Robeson)과 피터 시거(Pete Seeger) 같은 정치적 행동을 취하는 가수들은 자신들의 버전으로 이 노래를 녹음했고, 밥 딜런과 몇몇 가수들은 이 노예해방의 영웅에 관한 새로운 노래를 만들기도 했다.

12월 2일, 존 브라운은 하퍼스 페리 습격의 죄목으로 교수형에 처해졌다. 시신은 그가 이전에 노예였던 사람들과 함께 생활했던 노스 엘바에 묻혔다. 처형 날 아침, 그는 유명한 문장 하나를 남겼다. "나는 이 죄악의 땅에서 벌어지는 범죄 행위들이 피를 흘리지 않고는 씻어지지 않을 것을 확신한다." 그로부터 불과 13개월 후, 에이브러햄 링컨이 대통령이 되고 남부는 연합에서 탈퇴했으며, 이 나라는 노예제도에 대해 피의 죄 갚음을 시작한다. 브라운이 시작하려고 했던 바로 그 일이었다.

주세페 가리발디
GIUSEPPE GARIBALDI

시기	1807~1882
지역	이탈리아, 우루과이
투쟁 대상	오스트리아, 프랑스, 아르헨티나

한 혁명가가 둘 이상 국가의 독립에 공을 세우는 경우는 아주 드물다. 더구나 그 두 나라가 이탈리아와 우루과이처럼 공통점이 거의 없는 경우에는 더 그렇다. 그런데 이탈리아의 군사령관 주세페 가리발디는 이처럼 드문 업적을 이룬 혁명가다. 그는 1807년 7월 4일, 이탈리아의 도시 니스에서 태어났다. 니스가 나폴레옹 제국의 일부로서 프랑스에 지배당하고 있었을 때였다. 가리발디의 가족은 해운업을 하고 있었으며, 일찍부터 가족 사업을 함께 했던 그는 스물다섯 살에 이미 선장이 되어 있었다. 그 후에는 당시 이탈리아의 많은 분리 주들 중 하나였던 피에몬트-사르데냐의 해군에 들어갔다.

1833년, 그는 추방 생활을 하고 있던 이탈리아의 통일 운동가 주세페 마치니Giuseppe Mazzini를 만나게 된다. 마치니는 이탈리아 공화국을 건설하기 위한 봉기를 준비하고 있었다. 그 이듬해에 가리발디는 피에몬트에서 마치니가 계획한 봉기의 한 부분을 맡아 이끌었지만 성공하지는 못했다. 봉기가 실패하자 그는 마을을 빠져나가 잠시 프랑스에 머물렀다가, 북아프리카를 거쳐 1836년에 남아메리카에 도착했다. 이탈리아에서는 가리발디의 부재중에 재판이 열려 그에게 사형이 선고되었고, 그는 체포되어 죽을 각오를 하지 않고는 조국으로 돌아갈 수 없는 처지가 되었다. 그러나 가리발디는 십 년이 넘는 국외 도망 생활을 십분 유용하게 활용하여 해외에서 오히려 혁명가로서의 진실성을 드높였다.

그가 훈련이 아닌 진짜 군사적 경험을 하게 된 것은 브라질에서였다. 1839년에 히우그란지두술에 기반을 둔 반란군 '래거머핀즈(Ragamuffins, 거리의 아이들이라는 의미-역주)'에 가담하면서부터였다. 브라질 최남단의 히우그란지두술과 그 북쪽의 산타카타리나 주는 브라질제국에서 독립하여 공화국을 세우려고 하고 있었다. 가리발디는 주로 해안 근처에서 브라질 선박과 싸우면서 래거머핀즈를 지원하는 활동을 했다. 봉기가 실패로 돌아가자 가리발디와 그의 새 여자친구 히우 프라보는 가축 떼를 몰고 우루과이로 향했다. 봉기 중에 만난 그녀는 이미 다른 사람과 결혼한 상태였지만 두 사람은 우루과이에서 결혼했고, 가리발디는 기꺼이 가우초(gaucho, 목동)로 살면서 한편으로는 교사 일도 병행했다. 그러나 이런 생활이 오래가지는 않았고, 또 다른 혁명적 대의가 그를 일으켜 세웠다.

••••••

우루과이에서 일어난 혁명은 그에게는 뜻을 펼칠 좋은 기회였다. 그는 아르헨티나를 상대로 싸우는 우루과이 해군의 대장으로 활약했다. 1843년, 그는 이탈리아인들로 구성된(주로 그와 같은 망명자들이었다) 결사대를 조직해 휘하에 두었다. 붉은 양모 셔츠를 입었다고 해서 '붉은 셔츠 부대'로 불리게 된 바로 그 부대다. 이때부터 마지막 순간까지 가리발디도 붉은 셔츠만을 입었다. 붉은 셔츠 부대는 산안토니오델산토에서 인상적인 승리를 거두었으며, 1847년에는 아르헨티나 군에 포위된 수도 몬테비데오를 방어하는 데도 공을 세웠다.

공성 방어와 산안토니오의 승리는 국제적인 뉴스거리로 떠올랐으며, 가리발디와 그의 게릴라 전술의 명성은 이탈리아로까지 퍼져 나갔다. 1848년 무렵에는 다수의 이탈리아 주들이 지배 권력에 대해 반기를 들기 시작했으며, 하나 된 이탈리아 공화국을 건설하고자 한 가리발디의 옛 동료 마치니를 지지하는 사람들이 많았다.

가리발디 역시 이탈리아 통일 운동인 리소르지멘토Risorgimento의 변치 않는 지지자였기 때문에 전쟁이 한창인 우루과이를 떠나 붉은 셔츠 대원 60여 명과 함께 이탈리아로 귀환했다. 가리발디의 카리스마는 기운찬 연설로 부하들에게 힘을 불어넣고, 마치니의 숙원인 이탈리아 공화국을 건설하는 것이 목숨을 걸 가치가 있다는 확신을 심어주기에 충분했다.

그는 먼저 자신이 옹호할 만한 이탈리아의 지도자를 찾는 일부터 시작했다.

가리발디가 자신감 있는 표정을 짓고 있다. 1866년 사진.

새 교황 비오 9세는 자신을 위해 싸우겠다는 가리발디의 청을 거절했다. 가리발디가 국외 도망자이며 공화국 지지자라는 것을 알고 있었던 피에몬트-사르데냐의 왕도 마찬가지였다. 심지어 이 왕은 통일을 극도로 반대하는 사람이었다. 그는 세 번째 시도에서 마침내 임자를 만났다. 밀라노가 그를 받아들이기로 한 것이다.

밀라노는 북부의 롬바르디-베네치아 왕국에 속해 있으면서 오스트리아제국의 지배하에 있었다. 가리발디의 붉은 셔츠 부대는 루니오와 모라초네 전투에서 연이어 오스트리아 군을 물리쳤으며, 그사이 다른 반군들이 오스트리아 군대 일부를 밀라노에서 축출하는 데 성공했다. 그러나 이런 것들은 소소한 승리에 지나지 않았으며, 제1차 이탈리아 독립전쟁 역시 일 년을 가까스로 넘기고 종말을 고했다.

• • • • • • •

가리발디는 밀라노에서 실패하고 스위스로 빠져나갔다가 1849년 말에 이탈리아로 돌아갔으며, 4월에 의용병들을 이끌고 로마로 향했다. 로마에 기반을 둔 교황령은 교황을 내쫓고 공화정을 선언한 상태였는데, 프랑스는 이 공화국을 전복시키겠다며 군대를 보냈다. 붉은 셔츠 군대는 프랑스 침략군을 반격하여 승리를 거두고 용감무쌍하다는 세계적인 명성도 얻었지만, 프랑스는 증원군까지 보내 기어이 로마를 포위해 버렸다.

7월, 교황령은 가리발디의 반대에도 불구하고 항복을 결정했다. 그는 4천 명의 군대를 이끌고 물러날 수밖에 없었다. 자칭 '이탈리아를 통일할 자' 가리 발디는 다시 조국을 등지고 거의 5년 동안 산마리노, 모로코, 미국, 페루, 영국 등에 잠깐씩 머물면서 세계 각지를 떠돌았다.

비록 군사적 행보에서는 대단히 애매한 결과를 낳았지만, 그는 여전히 이탈 리아인들의 애국심을 고취시키는 전설적인 지도자였다. 피에몬트의 수상 카 밀로 벤소는 이 점을 높이 사 가리발디에게 공화국 건설을 고집하지 않는다 면 이탈리아로 귀환해 통일을 위한 투쟁을 계속해도 좋다고 허가해 주었다.

가리발디는 1854년에 이탈리아로 돌아가 사르데냐 근처에 사 두었던 섬에 서 농장을 꾸리기 시작했다. 그동안 피에몬트는 제2차 이탈리아 독립전쟁 준 비를 계속해 나갔다. 마침내 준비가 끝났다고 판단한 카밀로 벤소는 프랑스 와 비밀 협약을 맺어 오스트리아와 싸울 원군을 약속받고 북부의 의용병 부 대를 지휘할 책임을 가리발디에게 맡겼다. 이 부대는 '북부의 사냥꾼'이란 별

통일 속의 분리

이탈리아는 150년 넘게 통일 국가를 유지하고 있지만
한때 도시국가들을 이어 붙인 집합체였던 흔적이 아직도 남아 있다.
통일 시기에 이탈리아 정치인 마시모 다첼리오(Massimo d'Azeglio)가
"우리는 이탈리아를 만들었습니다. 이제는 이탈리아인을 만들 때입니다"라고
말한 것도 같은 맥락이다.
지금도 이탈리아에서는 토스카나 사람, 나폴리 사람이라는 식으로 지역을 먼저 내세우는
경우가 많고, 일부 지역에서는 일상 언어에서조차 서로 다른 역사적 차이를 보이기도 한다.
그뿐만 아니라 세계에서 가장 작은 두 개의 국가 산마리노와 바티칸시국이
온전히 이탈리아 국경 안쪽에 존재하고 있기도 하다.

명으로 불리며 바레세와 코모를 오스트리아로부터 탈환했다. 전쟁은 피에몬 트의 승리로 끝이 났다.

피에몬트는 프랑스와의 동맹에 포함된 비밀 조항에 따라 사보이와 니스 지역을 프랑스에 양도했다. 어린 시절에 이어 고향 땅이 다시 프랑스의 지배하에 놓이는 것을 지켜봐야 하는 일은 가리발디에게 배신감을 안겨 주었다. 그는 싸움을 멈추지 않았다.

1860년, 그는 시칠리아 섬의 팔레르모와 메시나에서 일어난 공화주의자들의 봉기를 지원하기 위해 의용군을 일으켰으며, 5월 15일에는 칼라타피미 전투에서 언덕을 향해 돌진하여 거의 두 배에 달하는 적을 대패시켰다. 이후 그는 왕의 이름으로 스스로를 시칠리아의 총통으로 칭했다(그는 수상 내각 체제를 못마땅해했으며, 이탈리아의 통일을 이루는 데는 군주제가 가장 낫다고 여겼다). 이어서 그는 영국의 도움으로 팔레르모를 손에 넣고, 배를 타고 가서 9월 7일에 나폴리까지 접수했다. 특유의 빠른 공격과 게릴라 전술을 함께 쓰는 전략이 잘 맞아떨어져서 계속해서 적을 압박해 들어갈 수 있었고, 덕분에 단 몇 개월 만에 이탈리아의 많은 지역이 그의 수중에 들어왔다.

• • • • • • • •

1861년 3월, 자유 주들은 비토리오 에마누엘 2세를 초대 국왕으로 옹립하고 통일 이탈리아 왕국의 수립을 선포했다. 가리발디는 통일을 평생의 숙원으로 삼았고 통일 이탈리아 왕국을 환영했지만, 비판 또한 마다하지 않았다. 왕국의 통치가 기대와 다른 것에 대한 실망은 있었지만, 이탈리아를 위한 그의 군사 작전은 멈추지 않았다. 그는 교황령의 프랑스 지배에 대항하고, 오스트리아-프러시아 전쟁에서 오스트리아와 싸우면서 베니스를 성공적으로 공략해 이탈리아에 반환시키는 공적을 쌓았다. 1867년에는 교황령에서 프랑스를 불법적으로 공격하다 부상을 당하고 체포된 후 풀려나기도 했다. 그의 마지막 군사 작전은 1870년에 전개되었다. 프랑스가 프러시아와 벌인 전쟁에서 프랑스를 도운 것인데, 프랑스 의회의 의원으로 선출될 만큼 활약이 컸다.

가리발디는 이탈리아의 통일을 원했을 뿐 국가를 이끌어 나갈 생각은 없었다. 이러한 겸양이 그를 국가적 영웅으로 만들었다. 그는 고집스럽게 은퇴를 하여 정부가 주는 연금으로 생활했다. 그러나 1882년 6월 2일, 일흔넷에 세상을 떠날 때까지도 인종 평등, 노동권 문제 등 시국 현안에 대해서는 주저 없이 목소리를 높였다.

이름뿐인 왕

이탈리아는 1861년부터 1946년까지 왕이 있었지만 그렇다고 해서
그 시기 동안 내내 군주가 나라를 다스린 것은 아니다.
대표적인 사례가 파시스트 독재자 베니토 무솔리니(Benito Mussolini)다.
무솔리니는 1925년에서 1943년까지 이탈리아를 사실상 단독으로 통치한 사람이지만
직위는 수상이었고, 독재 권력을 합법화하는 수단으로 이 직위를 계속 유지했다.
그러나 이것이 나중에는 그에게 불리하게 작용하게 되었는데, 비토리오 에마누엘레 3세가
왕명으로 그를 해임시켜 체포할 수 있었던 것도 그가 수상의 직위에 있어서 가능한 일이었다.
무솔리니는 달아나서 북부 이탈리아에서 독일에 의지하여 유지되는 의존국을
다스리며 말년을 보냈고, 이후 공산당 유격대에 붙잡혀 처형되었다.

호네 헤케
HONE HEKE

시기	1807~1850
지역	뉴질랜드
투쟁 대상	영국인 정착민들

영국이 정복을 통해 영토를 확장한 다른 과정과 비교해 보면 뉴질랜드의 편입 과정은 비교적 평화로운 편에 속했다. 처음에는 그랬다는 이야기다. 호네 헤케 같은 대단히 우호적인 마오리 족장들이 이 평화에 크게 기여했다. 그러나 그는 영국의 지배로 인해 극적인 태도 변화를 보이며 크게 분노하게 되었고, 이들의 저항은 봉기로 이어지게 되었다.

호네 위레무 헤케 포카이Hone Wiremu Heke Pokai는 1807년 뉴질랜드 북서쪽 끝에 있는 베이오브아일랜즈 근처에서 태어났다. 다른 뉴질랜드 원주민들처럼 그도 선교 목적으로 세워진 전도 학교에 다녔으며, 그리스도교 신앙을 가지게 되었다. 그러나 그가 유명해진 것은 마오리 부족들 간의 전투를 잇달아 치르면서부터였다.

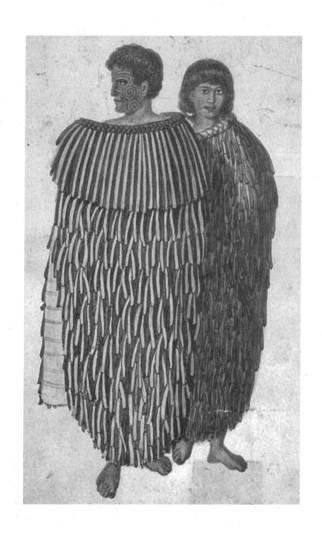

아마로 지어진 망토를 두르고 있는 호네 헤케와 그의 아내 하리아타.

마오리 족은 폴리네시아의 다른 섬에서 기원하여 머나먼 바다 여행 끝에 13세기에 뉴질랜드에 정착했다. 언어와 풍습은 같았지만 마오리 족들끼리도 영토를 놓고 부족 간 전투가 오랫동안 이어져 오고 있었다.

호네 헤케가 태어난 해에는 몇몇 마오리 이위(iwi, 공통점이 많은 부족끼리 연대한 마오리의 사회)끼리의 충돌이 시작되어 이른바 머스킷 전쟁(Musket Wars, 머스킷은 소총을 가리킨다-역주)이 일어났다. 전쟁은 장장 수십 년을 끌면서 수천 번의 전투로 이어졌다. 호네 헤케의 이위인 나푸히Ngapuhi는 가장 먼저 총을 쓰기 시작한 부족 중 하나였다.

호네 헤케의 삼촌 홍이 히카가 당시 이위의 추장이었는데, 직접 오스트레일리아로 건너가서 그곳으로 무기를 팔러 온 상인들과 거래하여 더 많은 무기를 확보해 왔다. 덕분에 그와 동맹 부족들은 북섬North Island을 장악하고 상대편 이위 구성원들 수천 명을 죽여 없앨 수 있었다. 이어 장성한 호네 헤케가 머스킷 전쟁에 뛰어들었고, 북부의 전투에서 괄목할 만한 전적을 쌓기 시작했다.

홍이 히카는 점차 땅을 무기와 맞바꾸게 되었고, 이 일은 유럽인들이 뉴질랜드 북부로 이주해 정착하도록 부추기는 결과가 되었다. 유럽 정착민들은 더 많은 거래 품목과 새로운 기술, 종교적 사명까지 섬으로 들여왔다. 그런데 문제는 뉴질랜드가 넓은 영토에 비해 사람 수가 적다 보니 정착민들 중 말썽을 일으킨 사람, 달아난 죄수, 평판이 안 좋은 선원, 그 외 문제가 있는 사람들이 선호하는 곳이 된 것이었다. 이들은 해안으로 들어와 이런저런 범죄에 가담하기 시작했다. 설상가상으로 남태평양에서의 영토 확장에 열을 올리기 시작한 프랑스가 뉴질랜드를 넘보기 시작했다. 마오리는 프랑스의 영토 점유를 원치 않았다.

•••••••

1831년, 열세 명의 마오리 족 추장들이 모여 잉글랜드 왕 윌리엄 4세에게 한 통의 편지를 써 보냈다. 뉴질랜드를 영국의 보호 아래 둬 달라는 청원서였다. 왕은 이를 받아들여 1833년에 영국령으로의 전환을 도와줄 주재관을 보냈다. 몇 년 후 왕은 나중에 뉴질랜드의 첫 영국인 총독이 되는 윌리엄 홉슨William Hobson을 보내 마오리 추장들과 권력 이양에 따르는 협상을 진행하도록 했다.

1840년 2월 6일, 호네 헤케는 주권을 왕에게 넘기는 공식 합의서인 '와이탕이 협정'에 첫 번째로 서명했다. 북부 마오리 추장 45인이 동의한 이 협정은 마오리 족에게 영국 시민권을 부여하는 것과 함께 뉴질랜드라는 새로운 국가를 형성하는 것이 핵심 내용이었다.

그로부터 얼마 후, 당연한 일이겠지만 번역 과정에서 '주권'이라는 것의 의미를 양측이 다르게 이해하고 있었다는 것이 드러났다. 1842년에 이미 호네 헤케는 자신은 물론 다른 추장들이 기대했던 대로 권력을 공유하는 상황이 아니라 영국 당국의 일방적인 지배가 펼쳐지고 있다는 사실을 깨닫게 되었다.

경제적인 부분에서도 문제가 불거지기 시작했다. 영국은 뉴질랜드의 수도를 코로라레카에서 오클랜드로 이전하고 경제의 중심도 함께 옮겨 놓았다.

또한 뉴질랜드컴퍼니라고 하는 영국 회사를 통해 대규모 이민을 조직하기 시작하면서 웰링턴과 넬슨 등의 새로운 도시도 건설했다. 그뿐만 아니라 무역법을 내세워 수입품에 관세를 부과하고, 상품을 더 비싸게 제조해 내놓고 모든 세금 수입을 왕에게 바치게 했다. 경제적인 문제가 다가 아니었다. 새 협정은 권력을 변화시켜 놓았다. 호네 헤케를 가장 분노케 한 것은 백인 가족을 살해하여 1842년에 왕명으로 교수형을 당한 북부 지역 추장의 아들이 마오리족의 의사도 묻지 않고 복권된 것이었다.

1844년 7월, 호네 헤케는 항의의 상징으로, 지금까지도 그의 이름과 함께 기억되는 유명한 행동을 개시했다. 부족원들에게 영국기가 꽂힌 깃대를 꺾어 버리라고 지시한 것이다. 나중에 호네 헤케는 깃대를 공격한 것은 협정이 제대로 이행되지 않는 것에 대한 불만을 표시하기 위한 행동이었으며, 영국의 권력을 상징하는 무생물을 대상으로 함으로써 무고한 인명을 해치지 않으려

바로잡기

1975년, 뉴질랜드 정부는 협정 위반에 관한 이의 사항들을 재심하는 법적 장치인 와이탕이 재판소(Waitangi Tribunal)를 설치했다.
처음에는 재판소 창설 이후에 발생한 마오리의 이의 제기에 대해서만 접수가 허용되었는데, 곧 와이탕이 협정의 조항에서 발생할 수 있는 모든 위반에 대해 마오리족이 이의를 제기하면 접수하여 재심하는 것으로 확대되었다. 와이탕이 재판소는 비록 법정은 아니며 재판소의 결정은 정부에 대한 권고사항을 제출하는 것에 그치지만, 몰수한 땅에 대한 대가 지불, 이의의 권리 인정, 정부의 공식적인 사과 등을 이끌어 내어 마오리족이 제기한 이의 조정에 기여해 왔다.
물론 이의 조정에서 왕 측에 과도한 권력을 부여하여 불만 요소들을 해소하기에 충분치 않다는 비판을 들어온 것도 사실이다.

한 것이었다고 설명했다. 1845년 1월에 깃대가 교체되자 그는 이번에는 직접 나서서 두 차례나 깃대를 꺾어 버렸으며, 정부에서 군대를 파견한 후에도 3월에 또 깃대를 넘어뜨렸다.

• • • • • • •

결국 군대가 개입하게 되면서 이 사건은 깃대 전쟁Flagstaff War이라고 불리게 되었다. 1845년 3월, 정부군이 전투를 개시하여 호네 헤케와 그의 지지자들을 코로라레카에서 축출해 버렸다. 마을은 백인과 친 영국파 마오리 군대에 의해 접수되었다. 호네 헤케는 내륙으로 이동하여 파pa를 구축했다. '파'는 방어에 최적인 위치에 만들어지는 요새화된 마을의 형태를 가리킨다. 곧 400명이 넘는 영국 부대가 그를 추격해 들어갔다.

파가 완성되자 호네 헤케 측은 낮 동안에는 전투에 임하고 밤에는 안전하게 숨어 있을 수 있게 되었다. 그러는 동안 협상가가 수차례나 찾아와 항복의 기회를 주겠다고 했지만 그는 일절 응하지 않았다. 5월 8일, 정부군의 총공격이 개시되었다. 그들은 신무기인 로켓포까지 끌어와 쐈지만 명중시키지는 못했으며, 파에 있던 방어군은 무사히 후퇴했다.

그러나 호네 헤케의 운도 더 길게 가지는 못했다. 그의 숙적이자 북부의 친 영국파 추장 타마티 와카 네네에게 두 번의 주요한 전투에서 패배한 것이 뼈 아픈 고비가 되었다.

정부군의 총공격에 대항해 일단 성공적인 방어를 한 후 호네 헤케는 그곳을 떠났다. 이들에게는 한 번 피를 흘린 장소에 계속 머무는 것이 금기였기 때문이다. 옮겨 간 파는 테 아후아후에 있었는데, 그가 무리를 이끌고 보급품을 구하러 나간 사이에 타마티 와카 네네가 공격하여 방어가 허술한 파를 차지해 버렸다. 게다가 호네 헤케는 파를 탈환하려다가 총에 맞아 한동안 전투에 참여할 수가 없는 처지가 되었다. 결국 그는 상처가 어느 정도 낫자 정부 당국에 평화를 요구하는 편지를 써 보냈다. 편지에는 자신이 오로지 군인들만을 상대해 싸웠으며, 봉기하는 동안 마을이나 시민들이 다치지 않게 내내 조심했다는 내용이 들어 있었다. 그러나 영국 측에서 답으로 보낸 평화의 조건은 무조건 부족의 땅을 포기하라는 것이었다. 그로서는 받아들일 수 없는 내용이었으므로 전쟁은 계속되었다.

호네 헤케가 두 번째로 패배한 것은 루아페카페카에서였다. 이곳은 그의 가장 가까운 동맹인 테 루키 카위티가 통제하던 또 하나의 요새 마을이었다. 호네 헤케가 부상을 입은 상황이어서 이동이 생각보다 더뎠던 것이 불운이었다. 그들이 미처 파에 도착하기 전에 포격이 개시되었고, 이번에 상대할 적의 수는 지난번과 비교가 되지 않을 정도로 많았다. 그는 결국 부대를 뒤로 물려 루아페카페카를 네네의 수중에 넘겨줄 수밖에 없었다.

그로부터 일주일 후에 호네 헤케, 테 루키 카위티 두 사람은 중립적인 추장의 감독하에 네네와 마주 앉았다. 네네는 자신이 호네 헤케와 오클랜드 총독 조지 그레이 사이에서 중재를 맡겠다고 했다. 그레이는 어떻게 해서든 봉기를 중단시키려는 마음에 호네 헤케와 카위티, 그리고 다른 사람들까지 모두 사면해 주었으며, 별다른 조건 없이 전투를 끝내고 봉기에 대해 다른 책임도 요구하지 않았다. 카위티는 그레이가 내건 협상 조건에 순순히 응했지만, 호네 헤케 측은 투쟁만 중단하고 1848년까지 공식적인 항복을 하지 않았다. 1848년에서야 자신의 패배를 받아들인 호네 헤케는 그로부터 불과 2년 후인 1850년 8월 7일에 결핵으로 세상을 떠났다.

같은 언어로 말하기

뉴질랜드에서 실시한 가장 최근의 인구 조사에서 국민 7명 중 1명만 마오리라는 결과가 나왔다. 또한 마오리족 중에서도 4분의 1에 해당하는 인구만 마오리어를 쓰는 것으로 집계되었다. 이렇듯 마오리어를 쓰는 인구는 적지만, 뉴질랜드는 마오리어 보존 작업을 오랫동안 추진해오고 있다. 1987년부터 마오리어를 영어와 나란히 뉴질랜드의 공동 공식 언어로 지정했으며, 국가인 '신께서 뉴질랜드를 지키시리(God Defend New Zealand)'도 마오리어 가사와 영어 가사를 연달아 부르게 되어 있다. 모든 정부 청사와 단체에는 영어와 마오리어 명칭이 동시에 붙으며, 마오리어 주간(Maori Language Week)을 운영하여 마오리어를 살아 있게 만드는 노력을 하고 있다. 세계적으로 명성을 떨치는 뉴질랜드의 럭비 팀 올블랙(All Blacks)이 경기 때마다 하카(haka)로 시작하는 것은 유명한 사례다. 하카란 전통적인 마오리족의 전투 개시용 춤으로, 상대를 적절히 주눅 들게 만든다.

이후 몇 년에 걸쳐 다른 족장들이 영국의 지배에 항거하는 봉기를 잇따라 일으키면서, 호네 헤케의 봉기는 '제1차 마오리 전쟁'이라는 이름을 얻게 되었다. 수많은 이위와 정부 사이의 전쟁은 영국 왕이 반란을 일으킨 부족들에게서 4백만 에이커가 넘는 땅을 몰수하면서 1872년을 끝으로 사라졌다.

엘리자베스 캐디 스탠턴
ELIZABETH CADY STANTON

시기	1815~1902
지역	미국
투쟁 대상	성 불평등

미국은 여성 참정권 운동을 통해 참정권을 획득하는 데 아주 오랜 시간이 걸렸다. 엘리자베스 캐디 스탠턴이 오십 년이 넘는 세월 동안 헌신하여 이 대의를 이루려 했지만 끝내 자신의 목표가 이루어지는 것을 보지 못하고 눈을 감았을 정도였다. 그러나 그녀의 노력이 없었더라면 이 운동은 그만큼 오래 이어지지도 못했을 것이다.

1815년 뉴욕 주의 존스타운에서 태어난 엘리자베스 캐디는 당대의 여성으로서는 대단히 우수한 교육을 받았다. 하원의원이자 판사였던 아버지가 법률 서적들을 읽어보라고 독려해주고, 남녀가 함께 수학하는 존스타운 아카데미에도 보내주었다. 그녀는 이곳에서 작문과 과학은 물론 다양한 언어를 공부한 후, 다른 유수의 대학들이 여성에게는 열려 있지 않았으므로 트로이 여성

신학교에 진학했다.

엘리자베스는 사촌인 게릿 스미스Gerrit Smith를 방문한 것이 계기가 되어 당시의 젊은 여성으로서는 드물게 노예제 폐지 운동의 활동가가 되었는데, 게릿이 탈출한 노예들을 보호해주는 적극적인 노예제 폐지론자였던 것에서 영향을 받은 것이다. 게릿 스미스는 나중에 자유지역당 하원의원이 되었으며, 1848년에 대통령직에도 출마했다. 자유지역당은 새로 생기는 주에 노예제가 확산되는 것에 반대한 정당이다. 엘리자베스는 게릿의 소개로 노예제 폐지론자이며 저널리스트인 십 년 연상의 헨리 스탠턴Henry Stanton을 만나게 되었다. 헨리는 윌리엄 로이드 개리슨, 호러스 그릴리 같은 유명 편집자들과 함께 집필 활동을 하는 한편, 장차 장인이 될 대니얼 캐디Daniel Cady의 문하로 들어가 법률을 공부하게 된다.

1840년, 엘리자베스 캐디와 헨리 스탠턴은 결혼하여 강력한 부부 활동가로 뭉치게 되었다. 그녀는 결혼식 서약에서 '복종할 것을 약속하며'라는 전통적인 문구를 빼 버림으로써 장차 굳건한 평등론자가 될 면모를 보여주었다.

1840년 6월, 신혼여행으로 엘리자베스와 그녀의 남편은 런던에서 열린 '노예제 반대 세계대회'에 참석했다. 이곳에서 그녀는 두 가지를 깨닫고 여성의 권리를 위한 대회를 열 수 있겠다는 아이디어를 얻게 되었다. 두 가지란, 활동가들이 대의를 위해 한자리에 모이면 큰 힘을 발휘한다는 것, 그리고 여성 차별의 뿌리가 깊다는 것이었다. 노예제 폐지를 옹호하는 대회에서조차 여성 대표들은 좌석을 배정받지 못하고 별도의 지정된 구역에 앉게 되어 있었

IMAGE COURTESY OF LIBRARY OF CONGRESS

엘리자베스 캐디 스탠턴이 딸 해리엇을 안고 있다. 1856년 은판 사진.

으며, 결국 별도 구역에 앉게 된 엘리자베스의 옆에는 루크리셔 모트(Lucretia Mott, 엘리자베스와 오랜 친구이자 동지가 된 반 노예제 활동가)와 윌리엄 로이드 개리슨(강력한 평등주의 지지자로서 스스로 여성들과 함께 앉는 쪽을 선택했다)이 함께 앉아 있었다.

●●●●●●●

그로부터 몇 년 후, 스탠턴 가족은 뉴욕 주 세네카폴스의 시골 마을로 이사했다. 이곳이 엘리자베스 캐디 스탠턴이 여성권을 위한 최초의 전국 대회를 조직한 곳이었다. 1848년 7월 19일에서 20일의 이틀 동안 삼백 명 넘는 사람들이 세네카폴스 컨벤션장을 찾았다. 스탠턴은 첫날은 오로지 여성들만 참여하는 행사로 꾸미고, 둘째 날은 관심 있는 사람이면 누구나 참석할 수 있게 했는데 꽤 많은 남자들이 이에 호응했다. 그중에는 전설적인 노예제 폐지론자이면서 탈출한 노예이기도 했던 프레데릭 더글러스도 있었다.

스탠턴은 이틀간의 행사를 '합의 선언문'을 읽는 것으로 시작했다. 이 선언문은 그녀가 미국의 독립선언문을 기초로 하여 작성한 것으로, 첫 부분을 '인간은 태어나면서부터…'로 시작하는 것까지 독립선언문과 일치시켰다. 독립선언문에서 영국 왕이 미국인들의 권리를 부인한 것들을 항목별로 정리한 것처럼 그녀도 남성이 여성들에 대해 부정해 온 권리들을 정리해 나열했다. 그녀가 정리한 16개의 항목에는 투표할 권리, 대학 교육을 받을 권리, 직업에서 배제되지 않을 권리, 여성의 요구에 의해 이혼할 권리 등이 포함되어 있었다.

대회 이틀째에 100명의 대표들(남성 32명 포함)이 그녀의 선언문에 서명했다. 이어서 그들은 회의를 열어 특정 권리를 요구하는 12개 결의안을 채택했다. 그런데 12개 결의안 중 유일하게 만장일치로 통과되지 않은 것이 있었다. 다름 아닌 여성의 투표권이었다. 모트와 몇몇 다른 대표들까지 여성 투표권은 좀 지나친 것이 아니냐는 의견을 제시했다. 그런 식의 급진적인 요구는 반발만 불러일으켜 최종적이며 종합적인 목적으로 가는 데 오히려 걸림돌이 될 수 있다고 본 것이다. 심지어 가장 진보적인 사상을 지녔던 스탠턴의 남편까지도 나머지 모두에 동의하면서 참정권에 대해서만은 반대하고 나섰다. 그러나 프레데릭 더글러스는 이 결의안에 찬성표를 던졌으며, 결국 이 조항은 다른 11개 조항과는 달리 만장일치가 아닌 상태로 가결되었다.

세네카폴스는 전국의 페미니스트들이 만나서 자신들의 활동을 조율할 수 있는 장을 마련해주었고, 이것이 전통으로 이어질 수 있도록 연례 여성권 대회를 시작한 중요한 선례가 되었다. 또한 합의 선언문은 참석자들이 자신들의 주에서 특정 법률이 통과되도록 운동을 벌일 수 있는 틀이 되었다.

●●●●●●●

1851년, 스탠턴은 활동가인 수전 B. 앤서니Susan B. Anthony를 만나게 되었다. 수전은 노예제 반대 회합에 참석하기 위해 세네카폴스에 왔던 사람이었다. 두 여성은 곧 평등권 쟁취의 강력한 동반자가 되었다. 일곱 자녀의 어머니로서 다른 지역으로 여행하는 것에 곤란을 느끼는 스탠턴을 대신해 앤서니가 운동의 공식적인 얼굴로서 스탠턴이 쓴 연설문을 읽는 일을 해주었다.

　여성권 운동가들 대부분은 노예제 폐지 운동에도 몸담았으며, 남북전쟁 기간에는 노예제의 종식에 우선 초점을 맞추어 활동했는데 스탠턴도 마찬가지였다. 그런데 남북전쟁 말미에 여성 참정권 운동가들 사이에 아프리카계 미국인의 투표권 문제로 분열이 생겼다. 엘리자베스 캐디 스탠턴과 수전 B. 앤서니 같은 주요 지도자들 일부는 헌법 제14조 및 15조의 수정안에 대한 지지를 거부했다. 이 조항은 과거에 노예였던 사람들에게 시민권을 부여하고 아프리카계 미국인 남성들에게 투표권을 주기로 한 것으로서, 여성은 투표권에서 제외되어 있었던 것이다. 노예제 폐지론자인 상원의원 새디어스 스티븐스는 1866년, 스탠턴과 앤서니 등의 여성 참정권 운동가들이 작성한 '보편적 선거권을 요구하는 청원서'를 의회에 제출했다. 그러나 의회는 이것을 기각했으며, 선거권을 여성들에게로 확장하는 내용을 배제하고 수정헌법 제14조를 통과시켰다.

　운동권이 분열되면서 결국 같은 해에 같은 대의를 지닌 전국적인 여성 조직이 두 개 생기는 결과를 초래하게 되었다. 1869년 스탠턴과 앤서니가 전국여성참정권협회를 창설했고, 상대적으로 보수적인 운동가들을 중심으로 전미여성참정권협회가 생긴 것이다. 이 무렵에는 자녀들이 성장하여 신경을 덜써도 되는 상황이었기 때문에 스탠턴은 여행 일정을 늘릴 수 있었다. 그녀는 어느덧 이혼권, 피임권, 투표권 등 다양한 주제들을 아우르는 운동가로서 미국에서 가장 유명한 여성 중 한 명이 되어 있었다. 또 1868년에는 하원의원에 출마해 낙선하기도 했다.

1876년 건국 100주년 기념일에 맞춰 스탠턴과 마틸다 조슬린 게이지^{Matilda Joslyn Gage}는 '미국 여성 인권 선언문'을 작성했다. 그리고 기념식에 초대받지 못한 수전 B. 앤서니가 독자적으로 참석하여 이것을 읽었다. 인구의 절반에 해당하는 사람들이 2등 시민으로 존재하는 것 때문에 미국의 건립 원칙이 훼손되고 있음을 다시 한번 지적하는 글이었다.

•••••••

60대가 되자 스탠턴의 여성권 운동은 주로 집필 위주로 이루어졌다. 그러나 그녀는 여전히 매우 적극적인 활동가였고, 전국은 물론 유럽으로 다니는 것

영예의 개척자

스탠턴의 오랜 벗이었던 수전 B. 앤서니도 평등한 선거권이 실현되는 것을 보지 못하고 세상을 떠났다. 그러나 앤서니는 행동가로서 스탠턴보다 좀 더 주목과 명성을 얻은 경우였다. 여든 살 생일에 윌리엄 매킨리(William McKinley) 대통령의 초청으로 백악관에서 명예훈장을 받았으며, 1936년에는 그녀의 얼굴이 인쇄된 우표가 발행되었다. 또 1979년에는 앤서니의 모습을 새긴 1달러짜리 주화가 발행되었는데, 이것은 미국의 화폐에 여성이 등장한 최초의 사례였다. 이 주화는 1979년에서 1981년까지 주조되었으며, 1999년에도 잠깐 주조되었다. 앤서니와 스탠턴이 대단히 친밀한 관계를 유지하며 함께 활동한 것이 널리 알려지면서 수전 B. 앤서니 주화는 스탠턴에 대한 경의도 동시에 나타내는 것으로 간주되었고, 나아가 여성의 권리를 위해 싸운 모든 여성 참정권 운동가들에 대한 경의를 의미하게 되었다.

도 마다하지 않았다. 1880년대 초에는 마틸다 조슬린 게이지 및 수전 B. 앤서니와 공동 집필하여 여러 권으로 된《여성 참정권의 역사History of Women's Suffrage》를 출간하기도 했다. 1890년에는 전국여성참정권협회와 전미여성참정권협회가 합쳐져 단일한 여성권 조직으로 확대 재편되었으며, 그녀가 초대 회장으로 선출되었다. 1895년, 특정 종교에 대한 애호가 없었던 그녀는《여성 성경The Women's Bible》을 출간하여 여성을 남성에 대해 종속적인 존재로 보는 그리스도교 전통에 도전장을 내밀었다. 이 때문에 스탠턴과 일부 종교적인 페미니스트들 사이에 분열이 초래되었다.

인생 후반기에 스탠턴은 참정권을 향한 노정에서 몇 가지 승리를 얻어냈다. 1890년 와이오밍주를 시작으로 콜로라도, 유타, 아이다호 등 서부의 몇 개 주에서 여성의 완전한 투표권을 가결한 것이다. 1892년에는 스탠턴과 몇몇 여성 참정권 운동가들이 하원 법사 위원회 앞에서 투표권의 정당성에 대해 증언할 기회를 가졌다. 그녀의 연설이 어찌나 감동적이었던지 그날 연설한 또 한 명의 여성 참정권 운동가 루시 스톤Lucy Stone은 잡지 〈우먼스 저널Woman's Journal〉에 자신의 글을 빼고 스탠턴의 논평을 게재했다.

아이러니한 헌정

제2차 세계대전 중에 미국은 수송선 한 척에 유에스에스 엘리자베스 C. 스탠턴 (USS Elizabeth C. Stanton)이라는 이름을 붙였다.

이 영예는 다소 아이러니한 면이 있는데, 정작 스탠턴 본인은 정식으로 이 배의 승무원이 될 수 있는 허가를 받지 못했을 것이기 때문이다.

이 배는 노르망디 상륙작전의 디데이를 앞두고 군인들을 실어 나르는 등 전쟁에서 가장 중요한 역할을 담당하다가 제2차 세계대전이 끝나고 얼마 후 퇴역하였다.

스탠턴은 1902년 10월 26일, 여든여섯 살의 나이에 심부전으로 사망했다. 미국 여성들이 동등한 투표권을 가지는 것이 현실화된 것은 그로부터 18년이 지나서였다. 동등한 투표권에 관한 헌법 개정안이 처음 제출된 때로부터는 42년이 걸린 셈이다. 수정헌법 제19조는 짧고 명료했다. '합중국 시민의 투표권은 성별을 이유로 합중국 또는 어느 주에 의해서도 거부되거나 제한되지 아니한다. 합중국 의회는 타당한 입법에 의해 본 조항을 시행할 권한을 가진다.'

가슴을 뭉클하게 하는 해리엇 터브먼의 사진. 1860년에서 1875년 사이.
(원래의 사진 설명에서는 간호사, 스파이, 감시자로 그녀를 묘사하고 있다.)

해리엇 터브먼
HARRIET TUBMAN

시기   1820~1913
지역   미국
투쟁 대상   노예제도

남북전쟁으로 노예제 문제가 어느 정도 일단락되기 전까지 미국 남부에서 노예제에 반대하여 일어난 저항운동들은 다양한 형태를 띠고 있었다. 그중에는 해리엇 터브먼이 활동했던 '지하철도' 조직도 있었다. 그녀에게 자유를 위한 투쟁이란, 지하철도를 통해 탈출한 노예들이 남부를 벗어날 수 있게 도와주고 북부 또는 캐나다에서 새로운 삶을 살 수 있게 지원하는 것을 의미했다.

해리엇 터브먼은 1820년경 메릴랜드 주 메디슨 근처의 플랜테이션에서 노예인 부모에게서 태어났으며 어릴 적 이름은 아라민타 로스^{Araminta Ross}였다. 플랜테이션의 주인 내외인 에드워드와 엘리자베스 브로디스는 어린 아라민타에게 아이들을 돌보게 하고 다른 플랜테이션에 임대 형식으로 보내기도 하면서 호되게 일을 시켰다. 이 부부는 다른 노예 주인들과 비교해서도 유

IMAGE COURTESY OF LIBRARY OF CONGRESS

난히 잔인해서, 그녀는 어린아이일 때부터 이미 정기적으로 채찍질을 당하곤 했다. 주인 부부는 터브먼의 자매 셋을 다른 곳에 팔아버렸는데, 그녀의 어머니가 죽을 때까지 맞서 싸우겠다고 협박까지 해가며 가장 어린 아들만 가까스로 팔려나가는 걸 막을 수 있었다. 어머니의 이런 모습은 딸에게 유익한 교훈이 되었다.

아라민타는 열두 살 무렵 심각한 상해를 입게 되었다. 그날 그녀는 장을 보러 나갔다가 노예 하나가 달아나는 것을 보게 되었다. 그녀는 노예를 잡을 수 있게 도와달라는 말을 듣지 않았고, 다급해진 노예 감독이 달아나는 노예에게 쇳덩어리를 던졌는데 그것이 아라민타의 머리를 맞힌 것이다. 이 일로 아라민타는 뇌에 영구적인 손상을 입어 발작과 극심한 두통을 평생 달고 다니게 되었다.

머리를 다친 것과 때를 같이 하여 아라민타는 종교에 깊이 빠지게 되었다. 그녀는 그 무렵부터 시작된 강렬한 꿈과 환상이 뇌를 다친 것과 연관이 있을 것이라고 인정하면서도 그것을 자신이 가야 할 길을 일러주는 종교적 계시로 받아들였다.

그녀는 1840년대 초반에 자유 흑인인 남성과 결혼하여 남편의 성인 터브먼을 따르면서 이름을 자신의 어머니의 이름인 해리엇으로 바꾸었다. 그녀의 결혼에 대해서는 알려진 것이 많지 않다. 또한 자유민인 남성과 결혼한 대부분의 노예들과 마찬가지로 그녀는 여전히 노예의 신분이었다. 결국 그녀는 직접 자신을 해방시키게 된다.

••••••

1849년 무렵, 터브먼의 건강 문제가 더 심각해지자 플랜테이션 주인은 그녀의 재산 가치가 이전만 못하다고 생각했다. 그러던 중에 에드워드 브로디스가 사망하자 과부가 된 안주인은 노예들을 팔아 치우기 시작했다. 일이 되어가는 것을 지켜보던 터브먼은 가족이 뿔뿔이 헤어지게 생긴 것을 알아차렸다. 9월 17일, 다른 플랜테이션에 임대되어 일하러 가던 중에 그녀는 남동생들인 벤과 헨리를 데리고 달아났다. 그러나 남동생들은 브로디스 플랜테이션으로 되돌아가고, 해리엇 혼자서 노예제 반대 조직인 지하철도의 도움을 받아가며 145킬로미터가 넘는 길을 걸어 펜실베이니아로 탈출했다.

지하철도 조직은 남부에서 북부로 가는 노정을 따라 안전가옥을 마련해 두고 있어서 달아난 노예들이 밤을 타서 16킬로미터에서 32킬로미터 이동하고 나면 안전하게 쉬면서 필요한 것들을 공급받을 수 있게 했다. 한 안전가옥에서 쉬었다가 들킬 위험에서 벗어났다 싶으면 다시 밤을 타서 다음 안전가옥까지 가는 식으로 전진하는 것이었다. 이전에도 노예제 폐지론자들이 노예들을 구출해 북으로 빠져나갈 수 있도록 돕기는 했지만, 지하철도는 자유민이 된 노예, 퀘이커교도(노예제에 한결같이 반대해온 집단이었다), 노예제 폐지론자들이 어울려 함께 움직였으므로 구성원의 범위가 더 넓었으며 더 철저하게 조직되어 있었다.

도망친 노예를 보면 주인에게 되돌려 주어야 한다는 도망 노예 송환법이 이미 발효되어 있었지만 1850년 9월, 의회는 훨씬 더 엄격한 법안을 다시 통과시켰다. 새로운 법은 노예들이 빠져나갈 구멍을 아예 막아 버리는 내용이었다. 이 법의 핵심 내용은 달아난 노예에게 먹을 것을 주거나 주거 공간을 제공하는 사람들은 벌금형에 처하거나 감옥에 가둘 수 있게 한 남부의 법을 노예제도가 불법인 북부 주들에게도 강요하는 것이었다. 물론 수많은 북부의 주민들은 이에 따르기를 거부했지만 법대로라면 북부에 있는 모든 노예가 대상이 되었다. 탈출한 노예들을 데려가면 보상을 준다고 하자 많은 자유 흑인들이 사로잡혀서 노예로 팔려갔으며 상황은 걷잡을 수 없이 흘러갔다.

법이 통과되고 몇 달이 지난 후, 터브먼은 지하철도의 '차장'으로서 임무를 시작했다. 첫 임무는 메릴랜드로 되돌아가 조카딸과 그 자녀들을 노예 경매에서 구해내는 일이었다. 이후로 계속해서 그녀는 원정길에 올라 더 많은 가족 구성원들을 구출해냈으며, 자신의 힘으로 도와줄 수 있는 사람이면 누구든 자유를 향해 이끌어냈다.

●●●●●●●

차장으로서 십 년간 활동하면서 해리엇 터브먼이 남부로 잠입해 들어간 횟수만도 19차례였으며, 개인적으로 도움을 준 노예들은 수십 명이 넘었다. 차장의 역할을 하며 노예들을 인도하는 여행은 적진 깊숙이 잠입하여 비밀리에 임무를 수행하는 것과 마찬가지여서 말할 수 없이 위험했다. 이러한 영웅적인 행위와 종교적 태도를 보고 노예제 폐지론자인 신문 발행인 윌리엄 로이드 개리슨은 그녀에게 '모세'라는 별명을 붙여주었다.

또한 그녀는 노예들을 자유의 몸으로 이끌어주는 효과적인 방법을 생각해낸 훌륭한 전략가였다. 이를테면 그녀는 대부분의 신문에서 토요일에서 월요일까지는 달아난 노예에 대한 광고를 실을 수 없는 점을 이용해 주로 토요일에 작전을 수행했다. 그러면 하루의 여분이 생겨 더 안전하게 탈출을 도울 수 있었던 것이다. 그뿐만 아니라 그녀는 다양한 경로로 움직여 누군가가 뒤쫓으려 해도 어느 노선으로 갈지 예측할 수 없게 했다. 결국 그녀는 큰 현상금이 걸린 유명한 저항 인사가 되었지만 절대로 잡히지 않았으며, 그녀가 자유로 인도한 노예들도 잡히는 법이 없었다. 그녀가 "나는 결코 기차를 탈선하게 만든 적이 없으며, 내 승객을 잃은 적이 한 번도 없었다"고 말할 만했다.

이십 년이 넘는 기간 동안 수천 명—6천 명에서 3만 명 정도로 서로 다르게 집계하기도 한다—의 노예들이 지하철도를 이용해 북쪽으로 탈출했다. 그때까지도 영국의 식민지였던 캐나다의 온타리오 주가 가장 인기 있는 최종 목적지였는데, 북

역사적 헌정
터브먼이 세상을 떠나고 한 세기도 더 지난 후에 메릴랜드의 도체스터 카운티에
해리엇 터브먼 국립 기념관(Harriet Tubman National Monument)이 건립되었다.
아프리카계 미국인 여성을 기리는 국립기념관으로서는 최초였다.
2013년 3월 25일에 터브먼 기념관의 건립을 지시한 사람이 다름 아닌
미국 최초의 아프리카계 대통령인 버락 오바마였다는 사실은 의미가 깊다.
기념관은 그녀가 태어난 곳 근처인 메릴랜드 동부 해안을 따라
11,000에이커가 넘는 부지에 세워졌다.

부의 자유 주들까지도 도망 노예 송환법의 영향을 받고 있었던 반면 이곳은 노예제가 전면 금지되어 있었기 때문이다.

노예제 폐지론자들 사이의 유명인사였던 해리엇 터브먼은 지지자들을 대상으로 강연을 하는 한편 존 브라운이 노예제 반대를 위한 습격을 준비할 때는 자원자들을 모으는 데 도움을 주기도 했다. 터브먼이 마지막으로 차장으로 여행한 것은 1860년 12월이었지만 이후로도 지하철도는 꾸준히 움직였다.

●●●●●●●

남북전쟁이 시작되자 해리엇 터브먼은 노예제 폐지의 대의를 위해 봉사할 수 있는 새로운 길을 찾았다. 바로 사우스캐롤라이나로 가서 간호사 겸 요리사로 일하는 것이었다. 사우스캐롤라이나는 노예제 폐지론자인 데이비드 헌터 David Hunter 장군이 노예에서 자유의 몸이 된 사람들로 북부연방을 위한 군대

업적의 가치 환산

노예제 폐지 투쟁에서 터브먼이 차지한 중요성 때문에 그녀의 체포에
현상금 4만 달러가 걸렸었다는 것은 유명한 일화다.
그러나 당시의 4만 달러는 오늘날의 수백만 달러에 해당하는 천문학적인 금액이었으며,
남부의 재정이 심각하게 안 좋은 상황이었기 때문에 이 금액은 사실이 아닐 가능성이 높다.
아마 이 이야기의 기원은 터브먼의 지지자들이 그녀의 업적을 부각시켜
전상자 연금을 타게 하려고 애썼던 1867년으로 거슬러 올라가는 것이 타당하지 않나 싶다.
그런가 하면 일부 역사가들은 이 금액이 그녀의 업적을 폄하하고자 했던
다양한 파벌들이 제시한 현상금을 모두 합한 누적 총액일 것이라고 이야기하기도 한다.

를 조직한 곳이었다. 그녀는 차장 시절의 잠입 기술을 이용해 이 지역의 감시 습격 활동도 수행했다. 1863년 6월, 그녀는 여성으로서 최초의 무장 공격을 지휘한 인물이 되었다. 두 척의 배로 강을 타고 사우스캐롤라이나의 컴버히 페리로 가서 그 지역의 노예들을 해방시켜 구출해오는 작전에서 배 한 척을 맡아 이끌게 된 것이다. 컴버히페리 습격은 대단히 성공적이었으며, 연방군 은 이 전술을 노예해방은 물론 해방된 노예들을 대상으로 지지자 및 군인들 을 모으는 일 그리고 남부연합의 무급 노동을 비판하는 일에 자주 이용했다.

 전쟁이 끝나고 노예제가 폐지되고 나자 해리엇 터브먼은 뉴욕 주의 오번 으로 돌아갔다. 1859년에 노예제 폐지론자인 상원의원에게서 싼값에 땅을 사서 가족들과 함께 이사한 집이 오번에 있었던 것이다. 그녀는 생의 마지막 나날을 자신이 기증한 땅에 자신의 이름으로 설립된 노인 쉼터에서 보냈다. 1913년, 그녀는 어린 시절부터 고통받던 머리 부상으로 인한 증세가 악화되 어 고통을 줄이기 위한 수술을 한 뒤 오래지 않아 폐렴으로 세상을 떠났다.

제로니모
GERONIMO

시기	1829~1909
지역	아파치 영토
투쟁 대상	멕시코, 미국

적을 급습하고, 체포를 비껴가며, 구금에서 탈주하는 역사를 살아낸 아파치족의 우두머리 제로니모는 유명한 무법자였다. 그러나 한편 제로니모는 아파치 땅을 침략한 자들에게 굴복하기를 거부하고 자유를 위해 투쟁한 전사였으며, 멕시코와 미국 정부에게는 위협적인 테러리스트였다.

제로니모는 1829년에 지금의 뉴멕시코 지역인 힐라 강 근처에서 태어났다. 당시 아파치 부족들이 살던 곳은 얼마 전 스페인에 대항해 독립전쟁을 벌였던 멕시코의 점유지였다. 아파치 족은 몇 개의 혈연 부족으로 구성되어 있었는데, 제로니모는 치리카후아 부족의 일원이었으며, 그중에서도 베돈코헤 무리에 속했다.

그의 원래 이름은 고야클라(Goyakla, '하품하는 자'라는 뜻)였으며, 열일곱 살에 결혼했다. 당시 아파치들은 보급품을 차지하기 위해 인근 지역을 공격하곤 했는데, 1835년 제로니모의 일족이 살던 소노라 주의 멕시코 정부는 아파치의 머리 가죽을 가져오는 사냥꾼에게 보상금을 주는 것으로 이에 대응했다. 이 정책으로 인해 제로니모와 그의 일족은 종종 쫓김을 당했으며, 자신들과 상관없는 범죄 때문에 사냥을 당하기도 했다.

1851년 3월, 제로니모는 꽤 많은 부족원들을 이끌고 물건을 거래하기 위해 야영지를 떠나게 되었는데, 그 사이에 멕시코 군대가 이곳을 습격했다. 제로니모 일행이 돌아왔을 때는 천막과 물품들이 모조리 파괴되어 있었고, 말은 도난당하고 수많은 가족들이 살해된 상태였다. 살해된 사람들 중에는 제로니모의 어머니와 아내, 세 명의 어린 자녀까지 가족 전부가 포함되어 있었다.

그 무렵 치리카후아 족 중에서 제로니모의 일족은 원칙적으로 멕시코와 평화를 유지하는 것으로 되어 있었지만, 이 사건 이후로 멕시코인들은 제로니모가 평생 피의 복수를 할 것이라는 사실을 피부로 느낄 수밖에 없게 되었다. 슬픔에 치를 떨며 스물한 살의 제로니모는 2백 명의 아파치 전사들로 군대를 조직해 가족을 살해한 멕시코 군인들을 사냥해 죽였다. 이 무렵부터 내내 그를 가리키게 된 '제로니모'라는 이름은 가족이 살해되고서 일 년쯤 후에 멕시코 군대를 상대로 벌인 전투에서 얻은 별명이었다. 아마 멕시코 군이 성 제로니모(St. Jerome, 가난한 사람들을 위해 헌신한 성자. 성 예로니모, 성 제롬 등으로도 불린다-역주)의 가호를 빌고 있던 순간에 그가 나타나 자신의 방식으로 정의의 철퇴를 내리자 이때부터 그렇게 불린 게 아닌가 추측된다.

•••••••

나중에 알려진 사실이지만 제로니모의 가족이 학살되었을 시점에 그의 일족이 살던 땅은 실제로는 멕시코의 통제하에 있지 않았다. 1848년에 과달루페이달고 조약과 함께 멕시코-미국 전쟁이 끝났는데, 이 조약에 따라 멕시코는 대부분의 아파치 영토를 포함하여 남서부의 넓은 땅을 미국에 양도한 상태였던 것이다. 결국 제로니모는 멕시코를 미워할 이유 외에도 미국을 증오해야 할 이유까지 품게 되었다. 얼마 지나지 않아 수많은 미국인들이 아파치의 땅으로 몰려들기 시작했기 때문이다.

많은 미국인들이 멕시코로부터 양도받은 영토에 정착하기 시작하면서 채굴이 활발히 이루어지고, 대규모 목장과 도시가 조성되었다. 정착민들은 그 지역 전체를 자유롭게 통제하는 것에 익숙해지자 아파치 일족들을 조상 대대로 내려오던 땅에서 몰아내고 움직임을 제한했다.

그런 동안에도 제로니모와 그의 일족은 십 년 넘게 그 지역의 멕시코 정착민들을 습격하여 공포에 떨게 만들면서 복수를 계속해 나갔으며, 미국인 신출내기들이 건설한 목장과 마을에도 똑같이 했다. 그럼에도 불구하고 점점 더 많은 미국인들이 서쪽으로 향했고, 그에 따라 그들의 마차 행렬이 아파치에 의해 습격당하는 일도 늘어났다. 물론 그중에는 폭력적인 기습 공격도 있었다.

IMAGE COURTESY OF LIBRARY OF CONGRESS

관람자들을 위해 자세를 취한 제로니모. 1904년 사진.

••••••

1872년, 다른 아메리카 원주민들처럼 아파치 족 역시 미국 정부가 지정한 특별보호구역으로 이주하라는 명령을 받았다. 처음에는 보호구역이 한정적이었으며 치리카후아 아파치들은 적어도 조상들에게서 물려받은 땅의 한쪽에서 살 수는 있었다. 족장인 코치스(재혼한 제로니모의 장인)는 이 보호구역에서 재정착하는 내용을 포함한 미국인들과의 평화 협정에 동의했다. 제로니모는 두말할 것 없이 이 조약에 반대했지만 묵묵히 조건에 따랐다.

그러나 협정은 고작 몇 년밖에 지켜지지 않았다. 연방정부는 이내 치리카후아 족에게 다시 이동하라고 종용하기 시작했다. 코치스가 죽자 협정의 효력이 상실되었다는 구실을 댄 것이다. 정부 측은 치리카후아 족에게 동부 애리조나의 산카를로스 인디언 보호구역으로 이주할 것을 명령했다. 그곳에는 다른 아파치들도 이주해 있었지만 치리카후아의 땅과는 아무런 관련이 없는 곳이었다.

제로니모는 산카를로스를 감옥과 다름없다고 여겼고, 자신을 따르는 사람들로 소규모 집단을 만들어 일련의 탈옥을 감행해 나갔다. 이주 초기에는 작은 조를 짜서 멕시코로 달아났지만 사로잡혀서 산카를로스로 돌려보내졌고, 몇 년 후에는 시에라마드레 산맥에 거점을 마련하여 습격 작전을 펼쳤지만 이번에도 붙잡히고 말았다.

1885년, 제로니모는 또 한 차례의 탈출을 시도했다. 이번에는 여자와 어린

이를 포함하여 서른여덟 명의 아파치들로 구성된 작은 부대가 무사히 빠져나가 일 년 넘게 체포를 피해 다녔다. 그들은 미국 남서부 전역을 옮겨 다니면서 마을이나 마차 행렬을 습격하여 필요한 것들을 얻어 생활해 나갔다. 그 과정에서 미국인들이나 멕시코인들을 죽이기도 했다. 습격과 인명 살상에 대한 신문 기사가 날 때마다 제로니모는 더욱 유명인사가 되었고, 그를 잡아 보호구역에 묶어 두라는 요구가 연방정부에 빗발쳤다.

제로니모를 잡아야 한다는 압박감 때문에 결국 역전의 '인디언 사냥꾼' 넬슨 A. 마일스 장군General Nelson A. Miles이 5천 명의 군인들을 이끌고 나서기에 이르렀으며, 다시 5천 명가량의 멕시코 군이 그 뒤를 따랐다. 마침내 제로니모의 운이 다하는 순간이 닥쳤다. 애리조나와 멕시코 사이의 국경 근처에서 마일스의 군대에게 따라잡히자 제로니모는 모든 것을 포기하고 마일스를 만났다. 그리고 짧은 문장으로 된 요구 하나를 들어주는 조건으로 항복하는 것에 동의했다. 나중에 군대 측에서는 그런 단서조항이 없었다고 주장했고, 제로

해골과 뼈

제로니모가 사망하고 1세기가 지난 후, 갑자기 그의 해골의 소재가 논쟁거리로 떠올랐다. 2009년 2월, 제로니모의 후손 스무 명이 미 연방정부를 포함한 몇 군데의 집단을 상대로 해골 반환 청구 소송을 제기한 것이다. 소장에는 현재 및 과거 예일대 학생들로 이루어진 유명한 비밀 클럽인 스컬앤드본즈(Skull and Bones)에 대한 내용이 들어 있었다. 전하는 이야기에 따르면 이 클럽의 구성원들이 1918년에 제로니모의 해골을 훔쳐 자신들의 의식에 썼다는 것이었다. 그러나 스컬앤드본즈는 회원이 아닌 사람들에게는 클럽 내에서 이루어지는 모든 행위에 대해 비밀을 유지하기 때문에 끝까지 소문을 확인해 주지 않았으며, 소송은 증거 부족으로 기각되었다.

니모는 거짓말을 하고 있다며 그들을 비난했다.

●●●●●●●

1886년 9월 4일에 마일스에게 투항한 후 제로니모와 약 4백 명의 아파치들이 포함된 그의 지지자들은 여자와 어린아이들 따로, 남자들 따로 분리되어 플로리다의 보호구역으로 보내졌다. 이후로도 제로니모는 몇 차례나 보호구역을 옮겨 다녀야 했으며, 인생의 마지막 14년은 오클라호마의 포트실 보호구역에서 보냈다. 그야말로 조상의 땅에서는 머나먼 곳이었다.

결국 제로니모는 생의 마지막 27년 동안 전쟁포로로 분류된 채 살았으며, 미국과 아메리카 원주민이 벌인 '인디언 전쟁'의 마지막 라운드에서 패배한 아메리카 원주민의 살아 있는 본보기로 유명해졌다. 만년에 이 아파치 추장은 바렛S. M. Barrett이라는 한 학교 감독관을 정기적으로 만나 그에게 자신의 이야기를 들려주어 구술 자서전을 썼는데, 이 책은 시어도어 루스벨트 대통령

제로니모!!!
'제로니모'라는 이름은 비행기에서 낙하하는 사람들이 외치는 상용어가 되었다.
이런 관행의 시작은 1940년, 조지아 주 포트베닝에서
군 낙하산 시험 중에 한 명이 자기가 겁먹지 않았다는 것을 보여주기 위해
'제로니모'라고 외친 순간으로 거슬러 올라간다.
이 표현이 유행을 타고 군과 민간의 스카이다이버들 및
패러슈티스트(parachutists, 낙하산병 또는 낙하산 강하자-역주)들
사이에서 일종의 비공식 슬로건이 되었다.

의 허가에 의해서만 출판될 수 있었다. 그는 또한 1904년에 세인트루이스에서 열린 만국박람회에 등장하여 일약 유명인사가 되기도 했다. 이 유명한 인디언 전사와 사진을 찍고 싶어 하는 사람들이 구름처럼 모여들었던 것이다.

제로니모는 1909년 2월 17일 폐렴으로 사망하기까지 79년을 살았다. 사망하기 며칠 전에 말에서 굴러떨어져 부상을 당한 채 밤새 땅바닥에 쓰러져 있었던 것이 원인이었다. 그가 조카에게 남긴 것으로 전해지는 마지막 말은 이러했다. "결코 항복해서는 안 되는 거였다. 내가 살아 있는 최후의 한 명이 될 때까지 싸웠어야 했어."

시팅 불
SITTING BULL

시기	1831~1890
지역	수 족의 영토
투쟁 대상	미국

시팅 불이 라코타 수 족의 한 파벌에서 추장이 되었을 무렵, 미국 정부는 이미 아메리카 원주민들과 협정을 체결해온 긴 역사를 지니고서 자신들 편에서 불편한 조항들만 바꿔 나가고 있던 상황이었다. 추장으로서 이런 일들을 지켜보던 시팅 불은 수 족을 규합해 역사적인 마지막 저항을 이끌게 된다.

시팅 불은 1831년경, 당시의 다코타 준주에서 존경받는 전사의 아들로 태어났다. 태어났을 당시의 이름은 호카 프사이스(Hoka Psice, '뛰어오르는 오소리'라는 뜻)였으며, 일찍부터 다코타와 몬태나 일대에 기반을 둔 몇 개의 수 족 무리 중 홍크파파 라코타 족에서 종교적, 군사적 인물로 입지를 세웠다. 열네 살에는 크로우 족을 습격하여 용맹을 떨친 보상으로 타탕카 요탕카(Tatanka-Yotanka, 앉아서 꿈쩍 않는 버펄로 수컷을 가리키며, 여기에서 시팅 불Sitting Bull이라는 이름이 유래되었다)라는 이름을 새로 얻었다.

시팅 불은 미국과의 관계에 대해 원칙적으로 분리주의의 태도를 견지했다. 그는 자신의 일족이 전통으로 내려오는 땅에서 전통적인 방식으로 살아가기를 원했다. 자신들을 에워싼 채 무한 확장의 길을 걷는 미국의 간섭을 최소한으로 유지할 수 있기를 바랐다. 현실적으로 이 말은 차례차례 이어지는 침입에 무장으로 항거할 수밖에 없다는 의미였다.

●●●●●●●

1862년에 같은 동부 다코다의 한 무리인 산테 수 족 일부가 계속되는 협정 위반에 대한 응분의 조치로 서부 미네소타의 백인 정착촌을 몇 차례 공격한 일이 있었다. 기록에 따르면 8백 명 넘는 인명 손실을 빚은 사건이었다. 이에 대한 보복으로 여단 규모의 군대가 다코타로 파견되었고, 사건과 아무런 관련이 없는 수 족 마을과 사람들까지 무차별로 공격해댔다. 거기에는 홍크파파 라코타도 끼어 있었다.

이 공격으로 시팅 불은 처음으로 백인 미국인들과 맞붙게 되었다. 알프레드 설리 준장이 이끄는 2천2백 명의 군인들이 다코타에 도착하여 벌어진 킬디어마운틴 전투에서 시팅 불이 지휘관으로 참여한 수 족 방어군의 전과는 성공적이지 못했다.

산테 수 족은 서부로 달아나면서 시팅 불과 다른 라코타 족에게 연방 인디언 보호구역에서의 삶에 대해 들려주었다. 자유도 없이 열악한 생활환경에서 살아가는 인디언들의 삶에 대해 듣고 나자 부족을 보호구역으로 이주시키는 것에 관련된 어떤 협정에도 서명하지 않고 라코타 땅의 권리를 보호하기 위해 끝까지 투쟁하겠다는 시팅 불의 의지는 더욱 확고해졌다. 오갈라 라코타 족의 추장인 레드 클라우드가 미국군에 대항할 때도 시팅 불은 레드 클라우드 편에서 인디언 군을 이끌며 전투에 참여했다.

그러나 레드 클라우드는 1868년, 부족을 넓은 보호구역으로 이주시키는 협정에 서명하고 전쟁을 끝내버렸다. 시팅 불과 그의 일족은 이를 단호히 거부했다. 시팅 불은 홍크파파 라코타의 추장이 되어 자신들의 영토를 잠식해 들어오는 백인 정착민들을 상대로 게릴라 방식의 습격을 계속해 나갔으며, 노던 퍼시픽 철도회사가 철도 건설 노선을 정하기 위해 보낸 조사단까지 몰아내 버렸다.

미국이 시팅 불과의 전쟁을 개시하면서 라코타 영토를 위협하기 시작한 계기는 돈이었다. 1874년에 블랙힐스에서 금이 발견되면서 거기서 한밑천을 잡아보려는 사람들이 러시를 이루기 시작한 것이다. 금광을 발견한 사람은 군사 기지를 세울 만한 장소를 물색하던 군 장교 조지 암스트롱 커스터였다.

문제가 된 블랙힐스 지역은 이론상 1868년의 포트 라라미 조약에 따라 영유권이 라코타 족에게 있었다. 그러나 미국은 커다란 재정난을 겪고 있던 때였으므로 어떻게 해서든지 금에 접근할 수 있는 방법을 찾고 싶어 했다. 정부가 대책으로 내놓은 방안은 라코타 족으로부터 그 땅을 사겠다는 것이었지만 라코타 족은 거절했다. 1875년 5월, 여러 수 부족의 대표들이 워싱턴에서 율리시스 S. 그랜트 대통령을 비롯한 지도자들과 만났지만 미국인들이 내놓은 새 협정안들은 한결같이 수 족을 보호구역으로 보내는 내용을 포함하고 있었다. 수 족 입장에서는 결코 평화적인 해결책이 아니었다.

●●●●●●●

시팅 불에게 최후의 결정적 계기가 다가왔다. 원주민문제를 담당하는 부처의 연방 장관 에드워드 스미스가 기존 협정을 무효화하고 1876년 1월 31일까지 보호구역으로 이주하지 않는 라코타 족은 누구든 적으로 간주하여 공격해도 무방하다는 발표를 한 것이다.

시팅 불은 공격이 임박했다는 사실을 알고 있었다. 1876년 3월, 연방군이 세 줄로 길게 행렬을 맞춰 다가오자 그는 인근의 라코타와 샤이엔, 아라파호 족과 연대하여 동맹을 결성했다.

시팅 불은 널리 군사적인 능력을 인정받고 있었지만 '위대한 수 전쟁'이라고 불리게 되는 1876년의 전투에서는 직접 군대를 지휘하지 않았다. 대신에 그는 영적 지도자 겸 전체적인 상황을 판단하는 전략가로 전투에 참여했다. 자신의 막사에서 부족 연합을 위한 종교의식을 치를 때면 그는 자신의 팔을 깊이 베어 대의에 대한 헌신을 나타내 보이곤 했는데, 이 시기에 1백 회나 팔을 벤 것으로 알려져 있다. 그는 또한 자신의 눈 앞에 펼쳐지는 계시를 전달

IMAGE COURTESY OF LIBRARY OF CONGRESS

시팅 불이 그야말로 황소처럼 완고한 모습으로 앉아 있다. 1885년.

하기도 했는데, 한 번은 군인과 말이 하늘에서 떨어져 내리는 모습이 보인다면서 이 계시가 동맹군이 침략자들을 물리칠 것이라는 징조라고 선언했다.

•••••••

시팅 불의 지지자들은 크레이지 호스의 지휘를 앞세워 6월 17일의 로즈버드 전투에서 빠른 승리를 거두었다. 크레이지 호스가 세 부대 행렬 중 하나를 기습 공격하여 몬태나 준주 밖으로 몰아낸 것이다. 덕분에 시팅 불은 리틀 빅혼 강 근처에 진영을 확장하여 재배치할 수 있게 되었다.

금 발굴 탐사로 이 모든 충돌을 불러일으킨 조지 커스터는 이제 제7 기병대의 지휘관이 되어 있었다. 1876년 6월 25일, 시팅 불의 진영에 인원이 얼마나 되는지를 심하게 과소평가한 커스터가 공격을 개시했다. 2천 명에 육박하는 시팅 불의 전사들은 커스터와 휘하의 기병 2백62명을 쉽사리 물리쳤다. 커스터는 일차 퇴각했다가 산등성이 부근에서 최후의 공격을 시도했지만 동맹군 전사들에게 완전히 에워싸여 전원 몰살되었다.

미리 보는 사람

시팅 불은 조지 커스터의 군대를 물리칠 것이라고 미리 계시를 받아 예언했다고 전해지는데, 마찬가지로 자신의 죽음에 대해서도 선견을 보았다고 한다. 사망하기 몇 년 전쯤, 스탠딩 록 보호구역에서 지내던 중에 그는 종달새 한 마리가 나타나 경고하는 소리를 듣게 되었다. "너의 백성 라코타 족이 너를 죽일 것이다"라는 것이었는데, 이 경고는 사실이 되었다. 비록 미국인들의 명령에 따른 것이기는 해도 경관들은 라코타 부족민들로 구성되어 있었기 때문이다.

리틀 빅혼의 패배는 미국에게 커다란 충격을 주었지만 그 일로 물러설 사람들은 아니었다. 더 많은 기병대의 물결이 수와 샤이엔 영토로 끊임없이 밀려들어 추장들을 한 명씩 차례로 연방법 아래로 굴종시켰다.

시팅 불은 지지자들 한 무리를 이끌고 1877년에 캐나다로 달아나 4년가량 유랑생활을 이어갔지만, 결국 그는 따르는 사람들을 먹이는 일이 너무 어렵다는 사실을 깨닫게 되었다. 1881년 7월 19일, 다른 방법을 찾을 수 없었던 그들은 몬태나로 돌아가 투항했다. 연방 당국은 시팅 불과 지지자들 일부를 전쟁포로로 억류했다가 거의 2년이 지나서야 지금의 노스다코타에 있는 스탠딩 록 보호구역으로 보냈다.

●●●●●●●

추장으로서는 무릎을 꿇었지만 영적 지도자로서 시팅 불에 대한 존경은 보호구역에서도 계속되었다. 이것이 정부에게 위협으로 비쳐진 것은 어쩌면 당연할 일이었을 것이다. 1890년, 교령 춤Ghost Dance으로 알려진 종교 운동이 라코타 족 사이에서 일어나기 시작했다. 이 운동은 특정한 의식을 치르면 백인 정착민들을 그들의 땅에서 몰아내고 수 족의 주권을 회복할 수 있으리라는 생각에 바탕을 두고 있었다.

1890년 12월 15일, 시팅 불은 한 경관의 총격으로 죽임을 당했다. 점점 확산되는 교령 춤과 시팅 불의 영적 지도력이 합쳐질 것을 두려워했던 스탠딩

록 보호구역의 당국자들이 그를 체포하기로 결정한 날이었다. 이른 아침, 43인의 라코타 족 경관들이 시팅 불의 오두막에 들이닥쳐서 그를 끌어내 체포하려고 했고, 이 소식을 전해 듣고 달려온 지지자들이 막아서서 대치 상황이 벌어졌다. 한순간에 대치 상황이 총격전으로 번졌고, 혼란 속에서 불헤드Bullhead라는 이름의 경관이 이 전설적인 추장의 머리를 쏘아 맞혔다. 이 작은 전투에서 열네 명이 목숨을 잃었다.

시팅 불이 살해되자 수 족들은 한층 더 교령 춤에 매달렸다. 그의 죽음으로부터 2주일 후, 미국 군대가 사우스다코타의 운디드 니 보호구역에 사격을 개시했다. 여자와 어린아이를 포함하여 3백50명의 라코타 족 사람들이 운디드 니 학살에서 살해되었다. 시팅 불을 중심으로 일어나고 있던 수 족의 저항운동을 그야말로 효과적으로 종식시킨 사건이었다.

유람 전시의 유명 연예인

만년에 시팅 불은 유명 연예인이 된 적이 있었다. 1885년, 그는 여분의 돈을 마련하고 원주민들에 대한 백인의 태도를 개선시켜 보려는 의도로 연방정부의 허가를 얻어 보호구역을 벗어났으며, 몇 개월 동안 버팔로 빌 코디가 운영하는 유람 전시행사인 와일드 웨스트 쇼 (Wild West Show)를 따라다녔다. 투어에서 그는 명사수로 이름을 떨치던 애니 오클리를 알게 되어 그녀를 양녀로 삼을 만큼 가까운 친분을 쌓았다.

또한 그로버 클리블랜드 대통령과 나란히 포즈를 취해 찍은 유명한 사진을 남기기도 했다. 그러나 투어 도중 일부 관중들은 그에게 야유를 퍼붓기도 했으며, 뒤이어 그가 라코타어로 관중들을 저주했다는 소문이 돌았다 (이것은 시팅 불을 더 이국적으로 연출하려고 코디가 생각해낸 판매 전략이었을 가능성이 크다). 시팅 불은 투어 초반에 일을 접고 떠나게 되었으며, 정부에서는 이듬해에는 투어 참여를 허용해주지 않았다. 그러나 그는 여전히 주당 50달러(당시로써는 상당한 액수였다)를 벌어들이는 인기인이었으며, 사인을 해 주거나 사진을 같이 찍어주는 대가도 꼬박꼬박 챙겼다.

메리 해리스 존스
MARY HARRIS JONES

시기	1837~1930
지역	미국
투쟁 대상	부당 노동 행위

1800년대 후반에서 1900년대 초반의 미국인 노동자 계층은 오늘날과는 본질적으로 다른 경험을 하고 있었다. 8시간 근무에서부터 기본적인 안전 규정에 이르기까지 모두가 당연하게 여기는 현재의 근무 조건들은 이 시절의 노동운동에서 비롯되어 발전한 것이다. 그리고 이 노동운동의 가장 중요한 인물들 가운데 메리 해리스 "마더" 존스가 우뚝 서 있다.

메리 해리스는 1830년에서 1840년 사이(그녀도 자신이 태어난 해를 몰랐다)에 아일랜드의 코크에서 태어났다. 그녀의 유년 시절은 고난의 연속이었다. 태어난 때가 갑작스럽게 전국의 감자 수확이 망쳐지면서 빚어진 아일랜드 대기근과 맞물리던 시기였다. 약 백만 명이 목숨을 잃었으며, 해리스 가족을 포함한 또 다른 백만 명은 굶주림을 피해 아일랜드를 떠났다.

그녀의 부모가 처음으로 정착한 곳은 캐나다의 토론토였다. 이곳에서 교육을 마친 메리는 교사 일을 하기 위해 미시간으로 이주했다가, 나중에는 시카고를 거쳐 테네시 주 멤피스로 옮겼다. 1861년 메리는 멤피스에서 노동조합원인 철공 노동자 조지 존스George Jones와 결혼했다. 이후 6년이 채 안 되어 이들에게는 네 명의 자녀가 생겼지만, 곧 비극이 이 젊은 부부를 덮치게 된다.

1867년에 멤피스는 4차례의 대규모 황열병(모기가 옮기는 치명적인 질병) 발생 중 두 번째 사태에 직면해 있었다. 목숨을 잃은 많은 사람들 중에는 메리의 남편과 네 자녀가 모두 포함되어 있었다. 이때부터 메리 해리스 존스는 평생에 걸친 애도의 일부로서 매일 검은색 옷만 입었으며, 결국 이 검정 드레스는 그녀를 대표하는 이미지가 되었다. 이후 그녀는 다시는 결혼하지 않았고 아이도 갖지 않았다.

30대 혹은 40대의 나이에 혼자가 된 존스는 멤피스에 머물 이유가 없었기 때문에 시카고로 돌아가 양재 사업을 시작했다. 그러나 그곳으로도 비극이 찾아왔다. 1871년의 시카고 대화재가 상점과 집은 물론 그녀의 재산 모두를 태워 버린 것이다.

• • • • • • •

가족도, 일도, 집도 없어진 메리 해리스 존스는 시간과 에너지를 막 발아하기 시작한 노동조합 운동에 쏟아붓기로 했다. 양재 일의 특성상 부유한 고객들을 많이 상대해본 그녀는 노동자들의 형편에 대해 냉담한 그들의 태도 때문에 더욱 열렬히 노동 투쟁에 참여하게 되었다고 한다.

몇십 년 전에 시작된 산업혁명의 영향으로 미국은 농업 경제에서 산업 경제로 이행하는 극적인 변화를 겪고 있었으며, 점점 더 많은 사람들이 일자리를 찾아 도시로 이동했다. 일자리보다 가용 노동력이 훨씬 많았고, 정부에서 빠르게 성장하는 산업에 대한 규제를 거의 하지 않았기 때문에 회사는 쉽사리 종업원들을 착취할 수 있었다. 그나마 노동조합이 노동자들의 요구를 전달하고 단체교섭을 할 수 있는 유일한 통로였으므로, 노동자들에게는 노동조합이 그 어느 때보다 중요한 도구로 받아들여졌다. 대개의 사업 소유주들은 노동자들에게 힘을 실어주는 노동조합을 대단히 싫어했으며, 개중에는 파업 파괴자들을 고용해 폭력을 쓰는 사람들도 있었고, 정부까지 나서서 군대를 보내 더 나은 노동조건을 요구하는 노동자들을 협박, 구타하거나 살해하는 일까지 벌어졌다.

존스는 몇 년 동안은 유목 생활을 하다시피 하면서 노동자들의 파업 현장을 찾아 전국을 떠돌아다녔다. 가는 곳마다 연설을 하거나 노동조합이 조직될 수 있게 다방면에서 지원하는 일을 한 것이다. 그녀의 초기 활동에서는 노동 기사단Knights of Labor이라고 하는 신생 조직 활동이 많은 부분을 차지하고 있는데, 하루 8시간 노동 추진, 어린이의 노동 종식 등을 주요 의제로 하는 조직이었다. 뛰어난 연사이자 카리스마를 지닌 지도자였던 존스는 1877년의 피츠버그 철도 파업에서 노동자들을 독려했으며, 곧이어 다양한 산업과 여러 도시의 파업 노동자들에게도 힘을 불어넣었다.

노동 기사단은 1886년까지 약 7십만 명의 회원을 보유할 정도로 성장했지만, 그 해에 시카고에서 8시간 노동을 주장하며 파업을 주도한 노동자들이 경찰과 충돌한 헤이마켓 사건^{Haymarket Riots}이 일어난 뒤로 점차 쇠퇴의 길에 접어들었다. 이후 존스는 광부의 처우 개선 쪽으로 관심을 돌려 생긴 지 얼마 되지 않은 광산노동자조합에 협력했다. 광산노조는 몇 년 사이에 원래의 서른 배가 넘는 조합원 수를 기록하면서 약진했다. 파업 노동자들과 보조를 맞추어 행진하는가 하면 노동자들의 관심사를 보살펴주는 그녀의 모습은 강한 인상을 남겼으며, 덕분에 그녀에게는 '광부들의 천사'라는 별명이 생겼다.

●●●●●●●

그녀는 "마더 존스^{Mother Jones}"라는 또 다른 별명으로 불리며 어느덧 수천 명의 광부들을 대변하는 여성 유력자가 되어 있었다. 그녀는 제복이 되다시피 한 특유의 차림으로 집회에 나서곤 했는데, 트레이드마크가 된 검정 드레스와 레이스 깃 그리고 꼼꼼히 장식된 모자가 그것이었다. 여기에다 그녀가 더 위엄 있어 보이기 위해 나이를 올려 부르기 시작하자, 이런 것들이 합쳐져 형성된 어머니다운 페르소나 덕분에 그녀는 이내 전국적인 유명인사가 되었다. 집회에서 그녀가 외치는 "죽은 자들을 위해 기도할 것이며, 산 자들을 위해서는 악착같이 싸우라"는 구호도 그녀의 명성에 한몫을 했다.

이렇게 누구나 아는 사람이 되자 그녀는 간과되기 쉬운 문제들에 사람들의 관심을 집중시키는 힘을 발휘하게 되었다. 1902년, 웨스트버지니아의 한 지방 검사는 그녀를 "미국에서 가장 위험한 여자"라고 하면서, 한 번의 연설로 수백 명의 남자들을 일터에서 끌어내는 능력을 인정해 주었다.

마더 존스의 분투는 광산과 철도 노동자의 권리를 위한 조합 조직 운동을 훌쩍 뛰어넘었으며, 의류 노동자에서부터 제분 노동자, 나아가 운송 노동자에 이르기까지 필요하다고 생각되는 모든 사람들, 사용자들로부터 착취당한다고 여겨지는 모든 집단에게 두루 미쳤다. 당시에 여성 참정권 운동이 활발하게 이루어지고 있었지만, 존스는 여기에 큰 관심을 두지 않았으며 스스로를 페미니스트로 여기지도 않았다. 그녀는 성차별이 아닌 계층 차별에 집중했다. 그녀는 또한 세계 산업 노동자 동맹의 창설에도 힘을 보탰으며(그녀는 이 단체의 최초 서명자들 중 유일한 여성이었다), 노동운동의 대의를 위한 자금을 모으고, 강연자이자 노동조합의 대변인으로서 방방곡곡을 누볐다.

1903년, 존스는 미성년 노동을 보호하기 위해 '어린이 십자군'을 조직했다. 그녀는 약 100명가량의 아이들을 이끌고 필라델피아에서 출발하여 시어도어 루즈벨트 대통령의 롱아일랜드 여름 별장을 향해 나아갔다. 행렬에는 일터에서 심하게 다친 어린이들 몇 명이 포함되어 있었다. 여전히 아이들의 고용주들에게서는 치료비가 지급되지 않은 상황이었다. 대통령은 아이들을 만나지 않겠다고 거절했지만, 그녀는 중간중간 마을에 멈춰 서서 사람들에게 상황을 전달하고 신문과 접촉해 기사로 다룰 수 있게 했다. 그런 식으

IMAGE COURTESY OF LIBRARY OF CONGRESS

트레이드마크인 검정 드레스를 입은 위엄 있는 모습의 마더 존스.

로 사람들의 관심을 모으고 미성년 노동의 문제점에 대한 경각심을 고조시
킨 것이다.

•••••••

존스는 체포나 구금을 두려워하지 않았을 뿐 아니라, 오히려 부당함에 대한
관심을 불러일으키고 변화를 가져올 수 있는 효과적인 방법의 하나라고 생
각했다. 그녀는 콜로라도에서 광부들의 파업을 지원하면서 여러 차례 체포된
적이 있었고, 웨스트버지니아에서는 1913년 석탄 노동자의 파업에서 폭동을
선동한 혐의로 두 달 넘게 가택연금을 당했다가 대중매체의 압력 덕분에 연
금에서 해제되기도 했다. 미국 상원에서 한 비평가가 그녀에게 '모든 선동가
의 할머니'라고 하자 그녀는 할머니가 아니라 증조할머니 소리를 들을 때까
지 오래 살고 싶다고 응수했다.

그녀가 거둔 큰 승리 중에는 1914년의 '루드로 학살' 이후 산업계의 거물인
존 D. 록펠러를 설득하여 면담을 성사시킨 일이 있었다. 루드로 학살은 광부
들의 파업에 대응해 주 방위군이 여자와 어린이를 포함해 24명의 인명을 살
상한 사건이었다. 이 사건으로 파업 노동자들에게 자행되는 폭력에 사람들의
관심이 높아졌으며, 록펠러는 자기 소유의 광산에 대해 노동 조건 개선에 동
의하게 되었다.

사람들은 종종 그녀가 이긴 싸움보다 진 싸움이 더 많았다고 이야기한다.

그러나 노동운동에서는 원래 승리하는 경우가 드물었다. 상대가 미국에서 가장 부유한 사람들이기 때문이다. 그럼에도 그녀와 노동조합의 조직자들은 노동을 둘러싼 대화를 진전시키고 산업 전반의 노동 조건 개선을 위해 싸웠으며, 작은 승리들을 쌓아 나가 마지막에는 완전히 달라진 미국의 일터를 일구어냈다.

존스는 1920년대에 광산노조를 떠났지만 노동의 대의를 위한 활동은 계속했다. 그녀가 마지막으로 모습을 보인 현장은 1924년 시카고에서 일어난 양재사들의 파업이었다. 마치 그녀의 인생이 한 바퀴를 돌아 원점으로 되돌아간 것 같았다. 그러나 파업의 결과는 좋지 않았다. 동참한 사람들 수백 명이 블랙리스트에 올랐고, 〈시카고 트리뷴〉 지의 발행인은 존스를 상대로 광범위한 명예훼손 소송을 걸어 이겼다. 1925년, 그녀는 〈마더 존스의 자서전〉을 출간하여 큰 인기를 끌었다. 이 책에 그녀는 오십 년에 걸쳐 운동가로 살아온 자신의 행적을 자세히 적었으며, 그녀 자신을 '소란꾼 hellraiser'으로 묘사해 놓았다.

이윽고 존스는 은퇴하여 메릴랜드에 있는 친구의 농장으로 내려갔으며, 1930년에 실버 스프링스에서 세상을 떠났다. 시신은 그녀의 유언에 따라 일

모든 잡지의 어머니
1976년, 지금은 없는 진보 잡지 〈람파츠(Ramparts)〉의 전직 편집기자 세 명이
샌프란시스코에서 새로운 진보 잡지를 창간하고 노동운동 지도자를 기리는 의미로
제호를 〈마더 존스(Mother Jones)〉로 정했다.
〈마더 존스〉는 정치 및 시사 문제를 다루는 비영리 잡지로서,
탐사 저널리즘으로 명성을 떨쳐 전미잡지상(National Magazine Awards)을 6차례나 수상했다.

리노이 주 마운트 올리브의 석탄 광부 노동조합 묘지에 매장되었다. 장례식을 주관한 신부는 그녀를 모자람 없는 "노동자들의 잔 다르크"로 불렀다.

생일 축하

마더 존스는 자신의 출생에 대해 자세한 사항을 알지 못했으며
자기 나이가 몇인지도 몰랐다. 그래서 생일을 직접 정하기로 했다.
나중에 발견된 세례 기록에 따르면 그녀의 생년월일은 1837년 8월 1일이었지만,
그녀는 1830년 5월 1일로 하겠다고 했다. 그녀가 생일로 삼은 5월 1일은 노동절,
즉 메이데이(May Day)로서 1886년 시카고에서 있었던 헤이마켓 사건을 기념하여
전 세계에서 행사가 열리는 날이었다. 또한 태어난 연도를 1830년으로
선택한 것은 1930년에 맞는 생일 축하를 100주년 기념으로 하기 위해서였다.
100세 생일에 그녀의 실제 나이는 대략 90대 초반이었을 것으로 짐작된다.

릴리우오칼라니
LILIUOKALANI

시기	1838~1917
지역	하와이
투쟁 대상	미국

1800년대 후반 미국의 일부 실세들은 대서양에서 태평양까지 뻗친 커다란 국가 하나로는 만족을 못 하고 태평양을 뒤져 더 넓은 땅과 더 많은 장삿거리를 찾아 나서기 시작했다. 그들의 물색 대상에 하와이가 포함되어 있었다. 하와이의 마지막 여왕은 미국이 자신들의 섬을 점유하려는 것에 대항해 자신이 할 수 있는 모든 것을 했다. 미국을 등에 업은 쿠데타에 의해 실각당한 후에도 최후의 반혁명을 시도했지만 역부족이었다.

릴리우오칼라니(왕좌의 계승자로서 부여받은 왕의 이름)는 1838년 호놀룰루에서 태어났으며 이름은 리디아 카마카에하Lydia Kamakaeha였다. 그녀의 아버지 카이세라 카파케아는 1845년부터 죽을 때까지 왕국의 의회에서 대추장을 지냈으며, 어머니 아날레아 케오호칼롤레는 여성 대추장이면서 칼라카우아 가계의 왕족이었다. 부모의 지위에 따라 릴리우오칼라니는 공주의 신분을 부여받았으며, 그리스도교 방식의 교육을 받고 자라 영어를 유창하게 구사했다.

릴리우오칼라니가 태어났을 무렵, 하와이는 생긴 지 얼마 안 되는 신생 왕국이었다. 카메하메하 1세는 15년에 걸친 전쟁 끝에 서양인 고문들과 서양 무기의 지원을 받아 1801년 하와이의 섬들과 추장들을 통일했으며, 모든 섬의 추장들로 의회를 구성하고 입헌 군주국을 탄생시켰다. 그러나 이 무렵 의회는 큰 구실을 하지 못했고 많은 권력이 군주에게 있었다.

이후 그녀가 아직 어린아이일 때 하와이는 세계 강대국들로부터 정식 승인을 받은 최초의 비유럽 국가가 되었다. 1843년에 영국과 프랑스가 하와이의 독립을 인정하는 공동 선언문을 발표한 것이다. 이 사실이 왜 중요한가 하면, 곧 이 두 나라가 하와이 정부와 싸움을 벌이게 되고, 독일과 함께 태평양에서 더 많은 영토의 점유를 주장하기 시작했기 때문이다. 이 당시 미국은 성명에 참여하기를 거부했다가 1849년에 한발 늦게 하와이를 국가로 인정했다. 국제적 승인을 얻었다는 것은 하와이 왕국이 전 세계에 영사를 파견하고, 공식 외교 관계를 맺을 수 있게 되었다는 의미였다.

•••••••

1874년 2월, 릴리우오칼라니의 오빠인 칼라카우아가 왕이 되었으며, 동생인 윌리엄 피트 렐레이오호쿠를 후계로 지명했다. 그런데 3년 뒤 윌리엄이 세상을 떠나자 릴리우오칼라니가 칼라카우아 왕의 대를 잇는 것이 당연한 수순이 되었다. 릴리우오칼라니는 1881년에 왕이 세계를 순방하는 동안 섭정을 맡았고, 1887년에는 자신도 전 세계를 두루 돌아보았다. 런던에서는 국가의 대표자로서 여왕의 기념일 행사에서 빅토리아 여왕과 그로버 클리블랜드 미국 대통령을 만나기도 했다.

그러나 그때 이미 빅토리아 여왕은 영국령의 비원주민 집단과 접촉하여 하와이 왕조를 전복시킬 모의를 하고 있는 상황이었다. 1887년, 미국인 사업가들로 이루어진 무리가 민병대를 몰고 들이닥쳐 칼라카우아 왕에게 자신들이 가져온 문서에 서명하라고 강요했다. 나중에 '총검 헌법'이라고 불리게 된 이 헌법의 핵심은 선거에 참여할 수 있는 하와이인들의 수를 대폭 줄인 것에 있었다. 아시아인들은 아예 투표권을 상실했고, 나머지 사람들은 최소한의 땅을 가지고 있어야만 투표에 참여할 수 있게 되었다. 이에 따르면 미국에서 건너와 시민권이 없는 거주자들도 투표권을 가질 수 있었다. 그뿐만 아니라 총검 헌법에는 미국이 전략적 요충지인 진주만의 통제권을 가지며, 통상에서 수많은 독점적 이권을 가져가는 협정이 포함되어 있었다.

릴리우오칼라니는 이 헌법이 군주에게서 권력을 빼앗고 하와이에 기반을 둔 미국인 사업가 파벌들에 너무 많은 힘을 실어준다면서 강력하게 반대 의사를 표명했다. 1891년, 오빠가 죽고 나자 릴리우오칼라니가 왕좌에 올라 하와이 최초의 단독 여성 통치자가 되었다. 그녀는 새로운 헌법을 폐기하겠다고 공공연하게 말하여 이 법을 만든 사람들의 분노를 샀다. 그들은 그녀가 변화를 시도할 만한 시간을 주지 않았다.

●●●●●●●

1893년 1월 16일, 미 해병대 한 무리가 하와이를 침공했다. 릴리우오칼라니는 폭력 사태를 막기 위해 총검 앞에 항복했다. 이때 침공을 이끈 사람이 샌퍼드 B. 돌이었다. 그는 하와이산 파인애플을 수출하는 돌 프루트 컴퍼니^{Dole Fruit} ^{Company}의 설립자와 사촌지간이었다. 칼라카우아 왕 아래에서 판관을 지냈던 돌은 새 임시정부의 대통령이 되었으며, 이후 쿠데타의 지도부는 하와이 공화국을 선포했다. 이와 동시에 외국 정부들과 공화국의 승인을 위한 협상을 벌여나갔다. 그러나 그들의 궁극적인 목표는 미국의 하와이 합병이었다.

그녀는 그동안 만들어둔 정치적 인맥을 이용해 클리블랜드 대통령에게 도움을 청했다. 클리블랜드는 사안에 대해 심사숙고한 뒤 전 하원의원이며 합병 반대 인사이기도 한 제임스 블런트에게 전면 조사를 지시했다. 1893년 7월에 블런트가 제출한 보고서에는 쿠데타를 계획한 사업가들, 해군과 해병을 시켜 반란을 실행한 미국 내 세력에 대한 책임소재가 분명히 적혀 있었다. 또한 이 반란을 위법적, 불법적, 국제법 위반 등의 표현으로 명시했다.

클리블랜드 대통령은 릴리우오칼라니를 하와이의 통치자로 다시 세우는 일을 도와주겠다고 했지만, 거기에는 쿠데타에 가담한 사람들을 사면해야 한다는 조건이 붙었다. 그녀는 거절했다. 쿠데타의 지도자들 역시 대단히 막강한 권력을 소유하고서 여왕의 귀환을 거부하고 있었다.

하와이의 통치권을 되찾기 위한 다른 방법을 모색하던 그녀는 1895년 로버트 윌콕스가 주도하는 반란을 밀어주기로 했다. 윌콕스는 친 군주파의 하와이 원주민으로, 릴리우오칼라니의 오빠인 선왕이 총검 헌법에 서명한 것에 반발하여 반란을 조직했던 사람이었다. 그는 이번에는 릴리우오칼라니에게 권력을 되찾아주기 위한 군사전략을 주도했다.

그러나 윌콕스가 이끈 반란은 금세 허물어졌다. 1월 초, 왕당파 군대는 다이아몬드 헤드에서 이틀간 충돌한 것을 시작으로 쿠데타 지원군과 수차례의 전투를 치렀지만, 결국 윌콕스를 비롯해 지도부가 일제히 체포되었으며 반역죄로 사형을 선고받았다. 쿠데타 측은 릴리우오칼라니의 소유지에서 은닉된 무기들을 찾아내어 그녀 역시 가택 연금시켰다.

1895년 1월 24일, 그녀는 자신을 포함해 윌콕스와 다른 반란자들의 사면을 대가로 왕좌에 대한 권리 주장을 포기하겠다는 공식 문서에 서명했다. 그

여전한 외국의 통치

미국은 하와이에 대해서는 그나마 주의 지위를 부여했지만,
괌과 아메리칸사모아, 북마리아나 제도는 지금도 여전히 준주로서 점유하고 있다.
특히 미국이 거대 군사 기지로 활용하는 괌의 경우 섬 전체의
30퍼센트가 넘는 지역에 군사 시설이 들어서 있다.
지금은 대부분의 태평양 제도들이 독립국에 속해 있지만 여전히 식민지로
남아 있는 곳들도 있다. 프랑스는 프랑스령 폴리네시아와 타히티,
뉴칼레도니아, 월리스푸투나 제도를 통치하고 있으며, 칠레는 멀리 떨어진
라파누이(이스터 섬이라도 한다)를 1888년 병합 이래 통치하고 있다.

러나 이후로도 그녀는 오니 파(Oni pa'a, '굳게 맞서라'라는 의미)라고 부르는 저항운동의 일환으로 합병 반대 운동을 계속해 나갔다.

●●●●●●●

1896년의 미국 대선 이후 민주당의 클리블랜드 대통령이 물러나고 하와이 합병을 지지하는 공화당의 윌리엄 매킨리가 미국 대통령이 되면서 여전히 군주의 지위를 회복하기 위해 애쓰던 릴리우오칼라니의 희망을 꺾어 버렸다. 그뿐만 아니라, 하와이의 독립을 유지하는 것조차 물거품이 되었다. 1898년 7월, 매킨리 행정부가 합병을 공식화하면서 국가로서의 하와이는 역사 속으로 사라졌다.

미국의 태평양 식민지 야욕은 하와이로 끝나지 않았다. 그다음 달에 스페인-미국 전쟁에서 이긴 기세를 몰아 1898년 4월에는 괌과 필리핀, 쿠바와 푸에르토리코의 영유권까지 주장하고 나섰다.

릴리우오칼라니는 이후로도 하와이에서 지내다가 1917년 11월 11일에 뇌졸중으로 사망했다. 그녀의 나라는 여전히 공식적으로 미국의 영토였다. 수십 년이 흐른 후 제2차 세계대전이 끝나고 미국은 하와이를 비자치지역으로 지정했으며, 1959년에는 드와이트 아이젠하워 대통령이 이곳을 미국의 주로 편입하는 문제를 표결에 부치면서 하와이인들도 투표할 수 있게 한 법안에 서명했다. 주 편입 조치는 하와이 인구의 4분의 1만 투표한 상태이기는 했지

IMAGE COURTESY OF LIBRARY OF CONGRESS

말년의 릴리우오칼라니. 1915년경.

만 투표자의 93퍼센트 찬성으로 가결되었다. 1959년 8월 21일, 하와이는 미국의 쉰 번째 주가 되었다.

음악적 유산

릴리우오칼라니는 하와이의 여왕이었을 뿐 아니라 하와이 음악사에서 논쟁의 여지 없이 가장 중요한 위치를 차지하는 음악가이기도 하다. 그녀가 작곡한 노래만도 100곡이 넘고, 그중 '알로하오에(Aloha Oe)'는 전 세계가 다 아는 대표적인 하와이 노래가 되어 있다. 이 노래는 엘비스 프레슬리와 조니 캐시가 녹음을 해서 더 유명해졌으며, 미국의 소설가 잭 런던의 단편소설의 기초가 되기도 했다. 그녀는 우쿨렐레, 치터 등 다양한 악기를 연주했으며, 하와이 여성 최초로 책을 출간했다. 〈하와이 여왕이 쓴 하와이 이야기(Hawaii's Story by Hawaii's Queen)〉가 그것인데, 군주가 되었다가 끌어내려진 자신의 이야기를 담아냈다.

케이트 셰퍼드
KATE SHEPPARD

시기	1847~1934
지역	뉴질랜드
투쟁 대상	성 불평등

그리 오래되지 않은 과거에만 해도 가장 민주적이라는 나라들에서조차 성인 인구의 절반은 투표할 수가 없었다. 뉴질랜드는 여성이 이 기본적인 권리를 획득한 최초의 근대 국가가 되었지만, 그것이 하룻밤 사이에 이루어진 일은 아니었다. 그리고 투표권을 얻기 위한 이 성공적인 투쟁에는 누구보다 큰 역할을 한 케이트 셰퍼드가 있었다.

캐서린 말콤(Catherine Malcolm, 나중에 그녀는 이름의 철자를 바꾸었다)은 1847년 잉글랜드의 리버풀에서 태어나 대부분의 유년기를 스코틀랜드에서 보냈다. 아버지가 세상을 떠나자 그녀의 어머니는 스물한 살의 케이트와 그 아래 세 자녀를 데리고 뉴질랜드 남섬의 최대 도시인 크라이스트처치로 이주했다.

그녀는 1871년에 지역 소매상인인 월터 셰퍼드Walter Sheppard와 결혼하여 주

부이자 어머니가 되었다. 케이트 셰퍼드는 삼위일체 회중 교회와 초창기의 금주 운동 단체에서 활동했으며, 여성의 사회적 역할 증대에도 앞장섰다. 그녀는 혼자가 아니었다. 1870년대에 이르러 여러 영어권 세계에서 일어난 여성 참정권 운동이 견인차 구실을 해주고 있었기 때문이다. 물론 대부분의 경우 참정권 법안이 통과되지는 않았지만, 적어도 이 문제에 대한 국제적 논의가 이루어지게 된 것만은 사실이었다. 뉴질랜드에서는 이미 오타고와 넬슨의 두 지역에서 여성도 투표를 할 수 있었지만, 자기 명의의 재산을 가지고 세금을 내는 경우에 국한되어 있었기 때문에 대개 남편을 잃고 혼자 사는 여성들만 투표권을 가질 수 있었다.

•••••••

삼십 대 후반부터 셰퍼드는 한층 더 적극적인 활동가로 변모했다. 1885년에는 11년 앞서 미국에서 시작된 '기독교 부인 절제연맹WCTU'의 뉴질랜드 지부를 다른 사람과 공동 창설했는데, 일찍부터 페미니스트였던 그녀의 활동은 이내 절제 운동을 훌쩍 뛰어넘었다. 그녀는 코르셋과 여러 인기 패션 품목들이 여성의 신체 형태를 변형시킨다면서 이것에 반대하는 목소리를 높였고, 연약한 존재로 여겨지던 여성의 이미지를 탈피하기 위해 키위(Kiwi, 뉴질랜드인을 가리킴-역주) 여성으로서는 최초로 자전거를 타기 시작했다. 건강한 여성의 이미지는 계층 구조가 경직되어 있던 영국에서보다 민주적인 것에 대한 기대가 크고 여성들의 활동적인 삶에 대해 상대적으로 열려 있던 뉴질랜드에서 상당히 좋은 반응을 이끌어냈다.

당시 전 세계의 절제 운동은 여성이 남성보다 도덕적으로 순수하다고 여기는 추세를 반영하여 여성 지도자를 선호하는 경향이 있었다. 그러나 이 관념은 정치나 법 같은 '지저분한' 비즈니스에 여성의 참여를 막는 벽으로도 작용했다. 셰퍼드는 절제연맹에서의 위치를 이용하여 피임, 이혼, 아동 양육 보호권, 고용 기회 등에서 여성의 권리를 위해 목소리를 높였으며, 이를 위해 여성에 대한 편향된 관념을 기꺼이 받아들였다.

애초에 WCTU는 술을 비롯해 모두가 인정하는 사회적 병폐와의 접촉을 제한하자는 생각에서 시작된 것이었는데, 셰퍼드와 여러 지도자들은 여기에서 멈추지 않고 운동의 폭을 더 넓은 분야로 넓히고 싶어 했다. 그들은 여성이 실제로 정부에서 발언할 수 있다면 여성이 벌이는 다른 운동의 효과도 훨씬 더 클 것이라고 여겼다. 그래서 셰퍼드는 투표권 운동을 다른 페미니스트 운동이 정부의 문을 열 수 있는 열쇠로 삼았다.

●●●●●●●

케이트 셰퍼드는 사람들을 고무시키는 지도자이면서 훌륭한 저자이기도 했다. 그녀는 〈프로히비셔니스트Prohibitionist〉(절제 운동의 전국 신문)의 편집자이자 저자로서, 또한 페미니스트를 다루는 얇은 소책자들의 저자로서 자신의 필력

뉴질랜드의 10달러짜리 지폐에는 그녀의 초상이 새겨져 있다. 1905년 사진.

을 이용해 대중을 결집시키곤 했다. 특히 1888년에 출간한 소책자 〈뉴질랜드의 여성들이 투표를 해야 하는 10가지 이유〉는 이 주제에 관해 효과적인 논쟁을 이끌어내기도 했지만, 그녀가 감정을 섞지 않은 위트와 논리적 접근으로 회의론자들을 이길 수 있는 사람이라는 것을 잘 보여주었다. 그녀는 이 글을 뉴질랜드 의회의 수많은 구성원들 모두에게 보냈지만, 그들의 행동을 이끌어내지는 못했다.

셰퍼드와 WCTU는 의회에 여성의 투표권을 보장해 달라는 청원을 넣기 위해 전국의 여성들에게서 서명을 모으기 시작했다. 1891년의 첫 시도에서는 9천 명이 넘는 여성의 서명과 함께 존 홀, 알프레드 손더스는 물론 존 밸런스 총리 등 몇몇 걸출한 의회 구성원들의 지지까지 얻어냈다. 그러나 이런 인물들의 지지에도 불구하고 변화를 끌어내기에는 충분하지 않았다. 이듬해에 2차 시도가 있었고, 이번에는 전해보다 두 배가 넘는 만9천 명의 서명이 모였다. 그러나 이 또한 의회를 흔들기에는 부족했다.

WCTU는 멈추지 않았다. 1893년, 이들은 다시 청원서를 돌려 자그마치 3만2천 명의 서명을 모았다. 이는 당시 전국의 여성 세 명 중 한 명꼴로 서명을 한 셈이었다. 관련 분야에서는 뉴질랜드 역사상 가장 많은 사람들이 서명한 것으로 기록되는 이 일을 단 600명가량의 인원이 해낸 것이다. 대중적 지지가 여기에 이르자 참정권 후원자인 존 홀이 마침내 이 의제를 의회에 상정했다.

또 한 명의 귀중한 동맹자였던 밸런스 총리가 재직 중에 세상을 떠나자 리처드 세든이 후임 총리가 되었는데, 리처드는 여성의 투표권 보장을 내켜 하지 않는 사람이었다. 그런 와중에 주류 산업에서는 이 운동이 절제 운동과 연결되어 있다는 점 때문에 위협을 느껴 자체적으로 술집에서 반 참정권 청원 운동을 추진하기도 했다(별로 반응은 없었다). 세든 총리는 동료 당원들의 압력에 못 이겨 결국 동등한 투표권을 보장하는 법안을 상정했고, 어떻게 해서든 통과하는 것만은 막아 보려던 책략이 무색하게 법안은 아슬아슬한 표 차이로 가결되었다.

1893년에 선거법이 상·하원 모두에 의해 처리되고 9월 19일에 법률로 선포되면서 셰퍼드는 염원했던 일차적인 목적을 이루었다. 참정권은 그해 11월 국민 선거 이전에 효력이 발생하여 원주민인 마오리 족 여성들을 포함해 21세 이상의 모든 여성이 투표에 참여할 수 있게 되었다. 뉴질랜드에서는 처음부터 마오리 족 남성들에게 투표권을 부여했었는데, 이제 같은 원칙이 마오리 족 여성에게도 적용되게 된 것이다.

정치의 개척자들

뉴질랜드의 여성들은 1893년부터 투표를 할 수 있었지만
처음으로 여성 총리가 나온 것은 1997년 12월이 되어서였다.
선출된 것은 아니었지만, 제니 시플리(Jenny Shipley)가 1999년까지
뉴질랜드의 제36대 총리를 지낸 것이다.
그녀는 국민당 내에서 짐 볼저 총리를 밀어내고 그 자리를 이어받았다.
이후 시플리는 임기를 모두 채우기 위한 첫 선거에서 패배했으며,
대신에 그녀의 적수인 노동당의 당수 헬렌 클라크(Helen Clark)가 당선되어
뉴질랜드 최초로 선출 여성 총리가 되었다.
클라크는 두 차례 더 선거에서 이겨 세 번에 걸쳐 거의 9년 동안 총리 자리에 있다가
2008년에 노동당이 국민당에게 패배한 후 존 키에게 자리를 내놓았다.

그러나 투표권을 획득했다고 해서 곧장 여성이 실제로 투표를 할 수 있게 된 것은 아니었고, 제때에 선거인으로 등록하는 절차가 남아 있었다. 셰퍼드와 WCTU는 다시 전국 캠페인을 시작했다. 이번에는 가능한 한 많은 유권자들을 등록시키는 일이었다. 이들의 노력으로 전체 투표 자격이 있는 여성의 65퍼센트가량이 첫 선거에서 자신의 한 표를 행사했다. (투표 결과, 여성의 투표권에 반대했던 세든과 그가 속한 정당이 권력을 유지하게 되었지만.)

●●●●●●●

셰퍼드는 승리한 뒤에도 참정권을 지지하는 활동을 계속했다. 1896년, 그녀는 뉴질랜드 여성 협의회의 의장으로 선출되었으며 협의회의 기관지를 발행하기 시작했는데, 이 기관지는 온전히 여성들이 작성하고 편집한 최초의 키위 간행물이었다. 그녀는 1903년에 영국으로 되돌아가 은퇴 계획을 세우고 있다가 심각한 건강상의 문제가 생겨 이듬해에 따뜻한 뉴질랜드로 다시 귀환했다.

셰퍼드는 몸이 아파서 힘들게 지내기는 했지만 여든일곱 살까지 살다가 1934년 7월 13일에 임종했다. 두 명의 남편(1915년에 첫 남편이 세상을 떠났고, 일흔여덟 살에 재혼했다), 외동아들, 심지어 하나뿐인 손자까지 먼저 저세상으로 보낸 뒤였다. 게다가 그녀는 1933년에 엘리자베스 맥콤스가 뉴질랜드 최초의 여성 하원의원이 되는 것까지 살아생전에 볼 수 있을 만큼 천수를 누렸다.

셰퍼드는 뉴질랜드 역사상 가장 중요한 인물로 평가되며, 뉴질랜드의 10달러짜리 지폐에 그녀의 초상이 새겨져 있다. 또한 크라이스트처치에는 그녀와 동료 여성 참정권 운동가들의 동상이 세워져 있다.

셰퍼드가 거둔 투표권의 승리가 세계적인 주목을 끌기는 했지만, 이것이 곧장 다른 국가로 이어진 것은 아니었다. 1902년 오스트레일리아가 두 번째로 여성 참정권 국가가 되기까지는 그로부터 9년이 걸렸으며, 그나마도 보통선거는 아니었다(원주민 여성은 투표가 거부되었다). 스칸디나비아의 몇몇 국가들이 20세기 초반에 여성 참정권을 이루었고, 대다수의 국가는 1차 세계대전 이후에 그 뒤를 따랐다.

최초 그리고 영원히

뉴질랜드는 여성이 투표권을 가진 최초의 근대 국가라는 자부심을 가지고 있지만,
더 정확히 말하면 처음으로 '모든 여성들에게' 투표권을 부여했다고
하는 것이 옳으며, 최초라고 할 수는 없다.
스웨덴에서는 일찍이 1717년부터 1781년까지 여성 투표가 이루어졌는데,
특정한 길드에 속하여 세금을 내는 사람들에 국한되어 있었다.
폴란드와 핀란드에서도 짧은 기간 동안 여성의 투표가 실시되었지만
땅을 소유한 사람들만 가능했다.
그런가 하면 영국은 1869년에 지방 선거에서 여성의 투표를 허용했고,
코르시카 섬에서는 1755년부터 프랑스에 점령되기 전까지 14년간
여성에게 전면적으로 참정권이 주어졌다.
오스트레일리아와 미국의 일부 주에서는 1893년 이전에 이미
여성에게 온전한 참정권이 부여되었지만,
나라 전체로 확대되기까지는 한참을 더 기다려야 했다.

엠마 골드만
EMMA GOLDMAN

시기	1869~1940
지역	미국, 러시아
투쟁 대상	자본주의, 전쟁, 성 불평등

1800년대 후반에서 1900년대 초반까지 일어난 반체제적인 움직임들을 살펴보면 거의 대부분에서 엠마 골드만의 자취를 발견할 수 있다. 헌신적인 아나키스트(anarchist, 무정부주의자-역주)였던 그녀는 러시아혁명 지원, 여성의 산아 제한 권리 투쟁, 징병 반대 운동 등 여러 방면에서 자신의 적극적 행동주의를 펼쳐나갔다.

엠마 골드만은 1869년 6월, 러시아 차르 치하의 리투아니아에서 태어나 유태인 게토에서 성장했다. 그녀는 정교회 가정에서 태어났지만 열렬한 무신론자가 되었다. 그녀의 가족은 프러시아로 이사했다가 다시 러시아로 옮겨갔는데, 학대 성향이 있었던 아버지가 교육의 기회를 막아 그녀는 혼자서 공부할 수밖에 없었다. 어느덧 그녀는 급진적인 정치에 관심을 가진 십 대가 되어 있었다.

1885년, 열여섯 살의 엠마 골드만은 상트페테르부르크를 떠나 먼 뉴욕으로 향했다. 먼저 이민 간 언니와 함께 살러 가는 길이었다. 그녀는 뉴욕에서 재봉사로 일하다가 한창 무르익고 있던 노동운동에 몸담게 되었다. 그녀가 더욱 적극적인 활동가가 되기로 결심한 것은 이듬해에 시카고에서 일어난 헤이마켓 파업과 그에 잇따른 사건들을 지켜보면서부터였다. 헤이마켓의 파업자들 중에 아나키스트 무리가 있었는데, 그녀는 이들의 반권위주의 철학에 특별히 매료되었다.

1889년에 뉴욕 시로 옮겨간 골드만은 의류 공장에서 일하면서 유명한 아나키스트 저자이자 책 발행인인 요한 모스트^{Johann Most}를 만나게 된다. 그녀는 그의 후원 아래 마음을 휘어잡는 대중 연설 기법을 배워 발전시킬 수 있었다. 그녀가 뉴욕에서 만난 또 한 사람, 알렉산더 버크만^{Alexander Berkman}은 이후 거의 평생 동안 남녀관계에서나 사상 면에서 그녀의 동반자가 될 사람이었다(그녀는 그 전에 로체스터에 살 때 잠깐 동안 결혼생활을 했으나 곧 헤어졌다). 뉴욕은 활발한 아나키스트의 현장이었다. 골드만은 자본주의와 국가 권력의 다양한 형태를 종식시키자는 주장을 펼치는 저자이자 연설가로서 이 현장의 한 부분이 되었다. 그녀는 자신이 생각하는 아나키즘에 대해 '개인 주권의 철학', '사회 조화의 이론'이리고 묘사했다.

IMAGE COURTESY OF LIBRARY OF CONGRESS

엠마 골드만은 다른 사람이 무의미한 말이나 행동을 하든 말든 관심이 없다.

•••••••

골드만과 버크만은 1892년의 홈스테드 파업에서 논란의 여지가 있는 요한 모스트의 이론을 실천했다. 홈스테드 파업은 펜실베이니아의 철강 노동자들이 일으킨 파업으로 폭력을 동원한 저지세력과 충돌한 사건이다. 공장 관리인인 헨리 클레이 프리크가 파업 파괴자들과 사설 경호원을 고용하여 파업 노동자들을 공격하고 그 과정에서 사람들을 몇 명 해친 것이었다.

대개의 아나키스트들은 전쟁이 닥치면 평화주의 노선을 지지하지만, 요한 모스트는 '행위를 통한 선전'을 주장했다. 궐기를 부추기기 위해 주의 깊게 목표를 정해 행동한다는 뜻이었다. 이러한 원칙하에 골드만과 버크만은 프리크를 암살할 계획을 세웠다. 7월 23일, 버크만은 프리크의 사무실에 침입하여 총을 쏘고 칼로 찌르는 시도를 했지만, 죽이는 데는 실패하고 현장에서 잡혔다.

버크만은 체포되어 살인죄로 유죄 선고를 받고 14년 동안의 수감생활을 시작했다. 경찰은 골드만이 함께 범죄를 모의했다는 정황을 파악하고 그녀의 아파트를 급습하여 수색했지만, 혐의를 입증할 충분한 증거를 찾아내지 못했다. 대신에 그들은 그녀가 세 든 집 주인을 설득하여 그녀를 내쫓게 만들었으며, 감찰 대상으로 정해 두고 감시 감독하기 시작했다.

1893년, 미국 경제는 최악의 침체로 접어들어 대량 실업 사태가 일어났다. 골드만은 실업자들 수천 명 앞에서 흥분을 자아내는 연설을 하곤 했으며, 이것이 당국에게는 위협으로 느껴졌다. 어느 날 그녀는 뉴욕 시의 유니언스퀘어에서 유난히 선동적인 연설을 한 후 체포되어 소요를 부추긴다는 죄목으로 유죄를 선고받았다. 결국 1년 형 중 10개월을 복역했지만, 그녀가 다른 아나키스트에 대한 정보를 제공하면 감옥에 가지 않을 수 있는 기회를 거절했다는 사실이 알려지면서 그녀는 한층 더 영웅의 모습으로 비치게 되었다.

한편, 골드만의 대중적 인지도와 호감이 높아지자 그것이 오히려 문제를 일으키기도 했다. 1901년에 레온 촐고츠라는 아나키스트가 윌리엄 매킨리 대통령을 저격했을 때, 골드만의 연설을 듣고 감동 받아서 암살을 결심했다고 말한 바람에 졸지에 골드만까지 범죄를 조장했다는 죄목으로 체포된 것이다. 사실 촐고츠는 정신적인 문제가 있는 사람이었으며 골드만은 아무런 관련이 없었지만, 심문을 받는다는 명목으로 2주일을 꼬박 갇혀 있어야 했다. 결국 골드만을 기소하는 일은 기각되었지만 아나키즘에 대한 인식은 땅으로 떨어졌고, 그녀의 대중적 평판도 함께 떨어졌다. 그뿐만 아니라 급진적인 운동에 몸담고 있던 많은 사람들이 자신들의 정치 철학을 수정해야 했다.

●●●●●●●

매킨리 대통령 암살 사건 이후 골드만은 공적인 생활에서 잠시 뒤로 물러나 있다가 1906년에 〈어머니 대지Mother Earth〉라는 급진적인 월간 잡지를 만들기 시작했다. 이 잡지는 레프 톨스토이와 유진 오닐 등 유명 작가들의 글을 실음으로써 골드만에게 전국에 걸쳐 활동할 수 있는 배경이 되어 주었다. 골드만이 연사 겸 활동가로서 전국을 다니는 동안에는 그해에 석방된 버크만이 잡지의 편집자 역할을 맡아 했다(그의 원래 직업은 식자공이었다).

골드만의 순회 연설은 거대한 인파를 몰고 다녔다. 그녀는 단 6개월 만에 수십 군데의 도시를 방문하여 120회의 연설을 하면서 한 해의 절반을 거리에서 보내는 생활을 계속했다. 자연히 그녀의 행동 중에는 법에 저촉되는 부분들이 생기게 되었다. 게다가 그녀가 개척자적인 페미니스트인 마거릿 생어Margaret Sanger의 산아 제한과 피임 찬성을 지지하고 나서자 이를 법률로 금지하는 당국과는 부딪힐 수밖에 없었다. 생어와 마찬가지로 골드만도 외설을 금지하는 컴스톡법Comstock Laws 위반으로 체포되어 1916년에 2주일간 감옥 신세를 지게 되었다.

아나키스트 운동을 하는 많은 사람들이 그렇듯이 골드만은 전쟁을 고삐 풀린 공권력의 고전적인 사례라고 생각했다. 그래서 1917년에 미국이 제1차 세계대전에 개입했을 때 격렬히 반대했다. 또한 그 해에 의회에서 선발징병법—21세에서 30세 사이의 모든 남자에게 군대의 소집에 응하도록 등록하게 하는 법—이 통과되자 여기에 해당하는 사람들에게 법을 따르지 말라고 촉구했다. 나아가 그녀는 '징병 반대 동맹'이라는 단체를 만들어 징집에 반대하는 집회를 조직하고 반전(反戰) 소책자를 배포하기도 했다.

1917년 6월 15일, 연방정부는 군대의 신병 모집을 방해하는 행위를 불법화한 '간첩법'을 통과시켰다. 이 법은 통과된 그 날부터 효력을 발휘했으며, 같은 날 경찰이 골드만의 사무실을 급습하여 그녀와 버크만을 체포했다. 그들은 '언론의 자유'를 주장하며 맹렬히 저항했지만 징역 2년과 벌금 1만 달러, 국외 추방 등을 포함한 최고 형량을 선고받았다. 골드만은 '자신의 이상을 양보하지 않는 것'에 대한 대가로는 소소한 편이라면서 담담히 응했다.

●●●●●●●

1919년에 골드만이 감옥에서 나왔을 때쯤, 미국은 적색 공포(Red Scare, 대대적인 반공 운동을 가리킨다-역주)의 소용돌이 속에 있었다. 러시아의 볼셰비키 혁명을 빌미로 자국 내의 좌파를 엄중하게 단속하기로 작정한 것이었다. 그녀는 드러내놓고 볼셰비키 혁명을 옹호했기 때문에 감옥에서 나온 지 한 달도 채 되지 않아서 외국인 추방법에 의해 국외 추방 심리를 받게 되었다. 그녀는 이 법이 자신에게 적용될 수 없다고 강력히 주장했다. 왜냐하면 혐의 자체가 그녀가 수감되어 있을 동안 개정된 법에 따른 것이었으며, 비시민권자에게만 적용하

부흥 운동

골드만은 1970년대에 출판 산업과 페미니스트 운동 양쪽에서 그녀의 기록을 되살리면서 다시 명성을 얻게 되었다. 〈나의 삶을 살다〉가 다시 발행되었고, 한 페미니스트 언론에서는 그녀의 저작을 한데 모아 〈붉은 에마가 말하다(Red Emma Speaks)〉라는 책으로 엮어냈다. 또 1980년, 캘리포니아대학교 버클리 캠퍼스에서는 엠마 골드만 페이퍼스 프로젝트(Emma Goldman Papers Project)를 시작했다. 그녀가 집필했거나 그녀에 관해 기록된 문서들을 집대성하여 모음집을 출간하기로 한 것이다.

기로 한 법이었기 때문이다. 그러나 정부는 1908년에 그녀의 전남편이 시민권을 잃었을 때 그녀의 시민권도 상실되었다는, 그 당시에 듣기에도 모호한 주장을 펼치면서 판결을 강행했다. 판이 자신에게 불리하게 돌아가는 상황을 지켜보면서 그녀는 굳이 판정에 이의를 제기하지 않았다.

1919년 12월 21일, 정부는 골드만을 비롯해 버크만과 2백47명의 징병 반대 행동가들을 소비에트 연방으로 향하는 배에 태워 추방했다. 소련은 혁명 후 여전히 내전의 한가운데에 있었다. 골드만은 군주제와 자본주의 둘 다를 바로잡기 위한 과정이라고 여겨 러시아의 혁명에 강력한 지지를 보냈지만, 막상 그녀가 현장에서 바라본 소련에서는 혁명이 왜곡되고 있었다. 1921년 즈음하여 그녀는 러시아에 흥미를 잃고 버크만과 함께 몇 차례 거주지를 옮기다가 독일로 가서 자리를 잡았다.

이후 버크만과 결별하고 영국으로 건너간 골드만은 1925년에 스코틀랜드인 아나키스트와 서류상의 결혼을 하여 합법적으로 영국에서 머물게 되었다. 그녀는 저자 및 연극 평론가로 활동하면서 캐나다, 프랑스를 거쳐 스페인까지 갔다. 이곳에서 그녀는 스페인 내전에 관한 체험적인 수필을 썼다.

1934년, 엠마 골드만은 마지막 미국 여행을 떠났다. 자서전인 〈나의 삶을 살다 Living My Life〉를 출간하고서 제2의 고향이라고 할 미국에서 출간 기념 투어를 할 수 있게 단기 체류 허가를 신청한 것이다. 정부는 전 일정 동안 FBI의 밀착 감시를 포함해 오로지 책에 관해서만 이야기하는 조건으로 입국을 허용했다. 그녀에게 주어진 비자는 단 석 달 동안만 유효했다. 그 뒤로 그녀는 다시는 미국으로 되돌아가지 않았다.

1940년 5월 14일, 골드만은 한 달 새에 두 차례의 뇌졸중을 일으킨 후 일흔 살의 나이로 토론토에서 사망했다. 그녀의 시신은 미국 정부의 특별 허가를 받아 시카고 근처의 왈드하임 묘지에 묻혔다. 일찍이 그녀가 아나키스트의 삶을 선택하는 데 처음으로 영감을 주었던 헤이마켓 행동주의자들의 무덤 가까이에 그녀의 무덤이 있다.

산아 제한의 선구자

마거릿 생어를 만나기 전에 이미 골드만 역시 산아 제한과 비슷한 조치를
적극적으로 지지하기는 했지만, '산아 제한'이라는 용어를 탄생시키고
피임을 합법화하는 운동을 이끈 사람은 생어였다.
생어는 1914년부터 산아 제한을 옹호하는 월간 잡지를 발간했으며, 임신의 과정과
피임법을 설명하는 부분 때문에 여러 당국에서는 단박에 그녀를 외설죄로 기소했다.
그녀는 감옥에 갇히는 것을 피하기 위해 해외에 나가 있다가 귀국하여 1916년에
미국 최초의 산아 제한 클리닉을 열었다. 병원은 며칠이 못 가서 폐쇄 조치되고 생어는
감옥에 갇혔지만, 그녀가 상소 끝에 받은 판결 덕분에 의사들이 피임법을
처방하는 길이 열리게 되었다.
그녀는 1921년에 미국 산아 제한 연맹(American Birth Control League)을 창설했으며
그로부터 2년 후, 미국 최초의 합법적인 산아 제한 클리닉을 개원하기에 이른다.
그녀가 만든 연맹은 결국 오늘날의 미국 가족계획 연맹(Planned Parenthood)이 되었다.
그녀는 또한 최초의 경구 피임약을 비롯하여 새로운 피임 도구들의 사용도 지지했다.
사망하기 한 해 전인 1966년, 생어는 대법원에서 그녀의 대의에 찬성하는
판결이 내려지는 것을 지켜볼 수 있었다.
1965년의 그리스월드 대 코네티컷(Griswold v. Connecticut) 재판의 판결에서
피임 금지 관련법들을 결혼의 사생활에 관한 헌법적 권리,
즉 기본권의 위반으로 보아 폐지할 것을 결정한 것이다.

모한다스 간디
MOHANDAS GANDHI

시기	1869~1948
지역	인도
투쟁 대상	영국

모한다스 간디는 비폭력이라는 개념을 창안해낸 사람이 아니다. 굳이 말하자면 이 사상은 단순히 폭력적인 것은 무엇이든 하지 않는다는 것에 다름 아니다. 그러나 비폭력 시민 불복종을 대규모 운동으로 집결시켜 이를 전략으로 이용한 것은 간디만의 새롭고 급진적인 사상이었으며, 대단히 성공적이었다. 인도인들의 시민권과 국가의 독립을 위한 간디의 평화적 실천주의는 그를 인류 역사상 가장 영향력 있는 인물로 만들었으며, 지금도 그는 전 세계가 우러러보는 사람으로서 마틴 루터 킹 주니어, 넬슨 만델라와 함께 가장 존경받는 지도자로 꼽힌다.

모한다스 카람찬드 간디^{Mohandas Karamchand Gandhi}는 인도 서부 구자라트 주에서 1869년에 태어났다. 그의 아버지는 그 지역의 정치가였다. 간디 일가의 남자들은 대개 정계로 진출했으며, 모한다스의 초기 경력도 여기에서 벗어나지 않았다. 그는 런던의 법률학교를 졸업하고 1891년에 인도로 돌아가 법률 쪽에서부터 기반을 잡기 위해 무진 애를 썼다.

그러던 중에 남아프리카에서 일 년 동안 일할 수 있는 좋은 계약 건이 들어왔다. 1893년, 그는 변호사로 일하기 위해 남아프리카로 건너갔으며 그곳에서 20년간을 머물게 된다. 그 기간 동안 그는 남아프리카의 인종차별에 대항해 싸우면서 이후의 인생을 뒷받침할 철학과 전술을 개발하게 된다.

●●●●●●●

남아프리카는 아파르트헤이트(apartheid, 남아프리카공화국의 인종차별 정책-역주) 법이 생긴 지 수십 년이 흐른 채 여전히 심각하게 인종차별적인 조항들이 고쳐지지 않고 있었으며, 사회적으로도 인종에 대해 배타적이었다. 인도인 이민자들도 철저히 인종차별에 부딪혔는데, 법률가 같은 전문직이라고 해서 예외는 아니었다. 더구나 전문직은 백인과 경쟁해야 하는 분야여서 오히려 더 심했다.

남아프리카에서 간디가 겪은 인종차별 중에는 전설적인 것들이 몇 있지만, 그중에서도 더반에서 프리토리아로 가는 기차에서 겪은 일이 특히 유명하다. 백인 승객에게 자리를 내주기 위해 좌석을 포기하라는 말을 따르지 않았다고 일등칸에서 내쫓긴 것이다. 게다가 같은 여행의 다른 일정에서도 백인 승객이 자리를 차지할 수 있게 바깥쪽 짐칸에 타라는 말에 따르지 않았다고 백인 역무원에게 두들겨 맞기까지 했다.

이런 식의 경험은 남아프리카에 사는 인도인들에게는 특별한 일이 아니었다. 간디는 이 경험들을 이용하여 차별에 저항하는 새로운 방식을 주장하기 시작했다. 바로 간디가 사티아그라하satyagraha라고 한 저항의 철학이다. 사티아그라하는 소극적인 저항이 아니라 '진실에의 헌신' 또는 '진실의 주장'으로써 그릇됨에 대해 적극적으로 맞서고, 그릇된 것을 진전시키는 어떠한 체제에도 참여함을 거부하되 이 모든 것들을 철저하게 평화적인 수단으로만 이루는 것을 의미한다.

• • • • • • •

그때까지만 해도 정치에 큰 관심이 없었던 간디는 이제 남아프리카의 나탈에서 인도인들의 공동체를 조직하기 시작했으며, 공동체의 대변인으로서 정부 관리들에게 편지를 써 보냈다. 잘 훈련된 변호사가 (남아프리카인들과 똑같이 대영제국의 신민인) 인도인 이민자들도 동등한 권리를 누릴 자격이 있다는 내용의 항의문을 제대로 써서 보낸 것이다.

간디의 노력으로 이 문제는 영국과 해외에서 공개 토론에 부쳐지게 되었고, 그는 일약 누구나 알만한 중요 인물로 떠올랐다. 이 과정에서 그는 백인들의 미움을 사서 여러 차례 폭도들의 공격을 받았고, 1897년에는 거의 죽을 뻔하기도 했다. 그러나 그는 자신의 철학을 지켜 상대를 고소, 고발하지 않았다.

매무새가 좋은(그러나 조용히 상대를 제압하는) 젊은 시절의 간디,
1895년, 남아프리카에서.

1906년, 간디는 장장 8년간 이어지게 될 최초의 대규모 저항 운동을 조직했다. 정부가 남아프리카의 모든 인도인에게 등록을 요구하는 법안을 통과시킨 것 때문이었다. 요하네스버그의 시위에서 그는 인도인들에게 이 법을 따르지 말 것과 정부에서 어떤 식의 처벌을 부과하더라도 맞서지 말 것을 주문했다. 처벌이란 감옥에 가는 것은 물론 매질과 폭도들의 공격을 모두 가리키는 것이었다(간디 역시 여러 차례 수감되었다). 결국 부정적인 여론에 밀려 정부는 간디와의 협상에 임했으며, 저항운동도 끝을 맺었다. 그러나 대부분의 인종차별은 그대로 남아 있었다.

● ● ● ● ● ● ● ●

1914년, 마흔다섯 살이 된 간디는 인도로 귀환해 몇 년이 지나지 않아 인도 자치 운동의 지도자가 되었다. 이 운동이 전면적인 독립운동으로 발전한 것은 순식간이었다.

처음에는 영국령 인도 정부에 대항하여 소규모의 행동주의를 이끈 것으로 시작했다. 비하르 지역의 인디고 재배 농부들과 구자라트의 빈농들의 시위를 조직하여 정부가 부과한 부당한 세금에 대해 저항한 것이 그런 예다. 두 경우 모두에서 그는 정부와 협상하여 좀 더 공정한 조항으로 수정하는 성과를 거두었다.

1919년, 인도 정부는 반란이나 폭동의 우려가 있다고 의심되는 사람은 정당한 재판 없이 무조건 체포, 구금할 수 있다는 내용의 '롤래트 법안'을 통과시켰다. 간디는 펀자브에서 반 롤래트 시위를 조직했으며, 정부는 군대를 보내 1만 명가량의 평화적 시위대를 무력으로 진압하면서 적어도 3백70명 이상을 살상했다. 이 암리차르 학살 사건은 영국을 등에 업은 정부가 자치 운동에 대해 지나친 응징을 한 것으로, 정부가 가도 너무 멀리 갔으며 교체되어야 한다는 확신을 많은 인도인들에게 심어 주는 결과가 되었다.

간디는 힌두교도였지만 무슬림에게서도 엄청난 인기를 얻고 있었다. 제1차 세계대전 후 오스만 제국에 대한 영국의 처리 방침에 항의하여 무슬림의 저항운동이 일어났을 때 간디가 이를 지지했기 때문이다. 이렇듯 폭넓은 지지를 바탕으로 1920년경 그는 인도 국민의회파에서 가장 강력한 인물로 떠올랐으며, 이 정당을 이끌며 독립운동을 펼치게 되었다.

●●●●●●●

이제 공적인 지위와 도덕적 권위를 겸비한 간디는 일부 영국산 제품과 영국 회사를 배척하도록 인도인들에게 촉구하는 강력한 불복종 운동을 조직했다. 그는 모든 인도인에게 영국산 수입 의류가 아닌 인도 옷을 입도록 독려하면서 자신이 먼저 실천에 옮겼다. 간디는 이 운동을 평화적으로 펼쳐 가려 했지만 불복종 운동 지지자들과 정부의 충돌 사태가 몇 차례 빚어지면서 일부 계획했던 실천 행사를 취소하는 상황이 벌어졌다.

1922년 3월, 정부는 소요의 주모자로 간디를 체포하여 반란죄로 투옥했다. 그는 6년 형을 선고받고 복역하다가 2년 후에 풀려났다. 이 무렵 그는 정계 은퇴를 계획하고 물러나 있었는데 국민의회파의 분열 사태가 이를 허락하지 않았다. 당의 단합을 이루어낼 수 있는 누군가의 복귀가 절실했던 것이다.

간디는 1930년에 복귀하여 다시 사티아그라하 저항운동을 이끌었다. 1천 명이 넘는 지지자들을 집결시켜 한 달 남짓 동안 320킬로미터가 넘는 거리를 걷는 '소금 행진Salt March'이 이 시기의 대표적인 저항운동이었다. 이 운동은 인도인들의 소금 채취를 금지하고 비싼 세금이 부과된 수입 소금을 사 먹도록 강제하는 영국의 법에 항의한 것이었다. 행진은 4월 6일에 간디와 지지자들이 아라비아해의 바닷가에서 직접 소금을 채집하는 행사와 함께 막을 내렸다. 결국 이들이 소금 채취를 금지하는 현행법을 위반한 셈이었으므로 영국은 또다시 대량 처벌로 대응했다. 이번에는 수천 명의 사람들을 잡아 가둔 것이다. 그러나 이 일로 인해 정부는 독립운동을 심각하게 받아들여야 한다는 사실을 이해하기 시작했다.

•••••••

간디는 1931년에 영국 양원 협의회의 초청을 받아 국민의회파의 대표 자격으로 런던을 방문했다. 인도 식민지 정책의 향방을 논의하는 회의에 초대된 것이었다. 이렇듯 영국에서까지 존경의 대상이 되고 있음을 알면서도 정부는 그가 인도로 돌아가자마자 체포하여 구금했다. 이때쯤 그는 시선을 인도의 내부적인 문제로 돌려, 특히 카스트에서 가장 빈곤한 계층인 '불가촉천민'의 생활 개선에 초점을 맞추고 있었다. 간디는 긴 단식투쟁을 벌였으며, 덕분에 개혁을 요구하는 목소리가 높아졌다. 그는 인도인 무슬림과 힌두교도들 사이의 좋은 유대관계를 북돋는 작업과 전 인도인들의 교육 개선, 비폭력의 철학을 한층 더 발전시키는 일을 계속해 나갔다.

그는 1934년에 다시 정계 은퇴를 시도했지만 이번에는 제2차 세계대전의 발발로 길게 쉬지를 못했다. 국민의회파는 다시 간디에게 자리를 맡겼고, 그는 영국과 협상을 시도했다. 전쟁 동안 영국을 지원하면 인도에서 완전히 철수하겠다는 약속을 받아 내려 한 것이다. 영국은 두말할 것 없이 거절했을 뿐 아니라 1942년 8월에 국민의회파의 지도부 전체를 체포하여 수감시켰고, 간디는 추가로 2년 형을 더 받았다.

모두를 향한 평화

간디는 모든 형태의 폭력을 반대하는 연장선에서 다른 생물 종에 대한 폭력에도 저항했으며, 그 때문에 일찍부터 채식주의자가 되었다.

법학도 시절에는 런던 채식주의자 협회(London Vegetarian Society)의 지도부에 합류하여 채식주의 운동의 현장에서 다른 실천가들과 만나기도 했다.

간디는 채식주의를 자신의 철학 전체에서 핵심 부분으로 삼았으며, 저서인 〈채식주의의 도덕적 근거(The Moral Basis of Vegetarianism)〉에서 인류가 영적으로 진보하게 되면 육식은 사라질 것이라고 주장했다.

간디가 남긴 글 중 가장 널리 인용되고 있는 문장도 바로 이 주제를 다룬 것이다.

"한 국가의 위대함과 도덕적 진보는 동물을 대하는 방식으로 판단될 수 있다."

그러나 전쟁이 끝난 후 영국은 식민 제국의 남은 영토들을 분해하기 시작했고, 간디가 수십 년 동안 추구했던 인도의 독립도 마침내 현실이 되었다.

1947년 6월, 새로 선출된 영국의 노동당 정부는 인도의 독립에는 합의했지만 종교에 따라 인도와 파키스탄의 두 국가로 분리시켰다. 수백만 명의 사람들이 국경을 넘어 원하는 땅으로 이주했고, 분리 과정 중에 폭력 사태가 일어나 인도인과 파키스탄인들 50만 명이 죽고 죽임을 당했다. 간디는 당연히 분리와 폭력 사태에 반대했으며 또다시 장기간의 단식으로 항의를 표했다.

그가 단식을 끝내고서 불과 며칠 뒤인 1948년 1월 30일, 힌두교 극단론자인 나투람 고드세가 뉴델리에서 기도를 드리러 가던 일흔여덟 살의 간디를 저격했다. 비폭력을 외치던 세계적 지도자를 폭력으로 살해한 사건이 일어난 것이다. 당시 수백만 명이 간디의 장례 행렬을 따랐으며, 지금까지도 간디는 세계에서 가장 사랑받는 인물 중 하나로 남아 있다. 그를 부를 때는 항상 마하트마Mahatma라는 수식어를 붙이는데, 이 말은 '위대한 영혼'이라는 뜻이다. 또한 간디는 누구나 다 아는 인도 독립의 아버지이기도 하다.

블라디미르 레닌

VLADIMIR LENIN

시기	1870~1924
지역	러시아
투쟁 대상	러시아 귀족계급

블라디미르 레닌이 1917년 볼셰비키 혁명을 이끌기 전까지는 어느 나라에서도 대규모의 공산주의가 시도된 적이 없었다. 레닌은 러시아 귀족 정치를 공산주의 소비에트 유니언으로 대체함으로써 20세기 최대의 실험적 정부를 출범시켰으며, 이것은 현실과 이데올로기 양쪽에서 전 지구적인 전쟁을 일으키며 당대에 일어난 가장 중요한 혁명으로 남게 된다.

블라디미르 일리치 울리야노프^{Vladimir Ilych Ulyanov}는 1870년 4월 20일, 심비리스크의 러시아 마을에서 태어났다. 그의 아버지는 빈손으로 시작하여 귀족 칭호를 얻고 수백 개의 학교를 감독하는 자리에까지 오른 사람이지만, 그 자식들은 한결같이 반 권위주의 운동에 몸담아 여섯 자녀 모두 앞서거니 뒤서

최초로 공산주의 혁명을 성공시킨 블라디미르 레닌.

거니 혁명가가 되었다.

1887년 봄, 대학생이던 블라디미르의 형 사샤가 알렉산드르 3세의 암살 계획에 참여했다가 발각되어 5월에 처형되었다. 블라디미르의 대학 생활은 한 학기 만에 끝나고 말았다. 대학 당국이 그를 저항운동에 가담했다는 이유로 퇴학시켰던 것이다. 이때부터 그는 정부의 감시 대상이 되었다.

대학에서 쫓겨나면서 블라디미르는 더욱 열렬한 혁명가가 되었다. 이제 독학의 길로 접어든 그는 몇 년 동안 혁명 문학을 탐독하면서 독일의 정치 철학자인 칼 마르크스의 책들도 접하게 된다. 마르크스는 노동 계급이 권력과 생산 수단을 공유하는 공산주의 체제를 사회 진화의 최종 단계로 예견했다. 법학 학위를 딸 무렵, 블라디미르는 스스로를 마르크스주의자라고 부르게 되었다. 몇 차례의 이사 끝에 수도인 상트페테르부르크에 정착하게 된 그는 마르크스주의자들의 조직에 참여하고, 중요한 혁명가들과도 친분을 쌓았다.

러시아 정권은 마르크스주의가 자신들의 권력에 위협이 되는 사상이라는 것을 알고, 공산주의자들의 시위와 집회를 감시 탄압했다. 1895년, 블라디미르 울리야노프는 체포되어 몇몇 혁명 동지들과 함께 시베리아 유형에 처해졌다. 3년 동안의 유형 생활이 끝난 후 그는 레닌이라는 새로운 이름을 들고 러시아로 귀환했으며, 그 어느 때보다 더 열성적으로 공산주의 혁명에 헌신했다.

IMAGE COURTESY OF LIBRARY OF CONGRESS

마르크스주의에는 전통적인 민족 국가의 틀을 벗어던진 전 세계 노동자들의 혁명이라는 사상이 포함되어 있었다. 유형에서 해제된 후 레닌은 많은 시간을 들여 서유럽의 혁명가들로부터 지지를 얻기 위해 노력했다. 그러면서 스위스, 영국, 독일 등지에 흩어져 있던 러시아 출신 공산주의자들을 연대시키는 노력도 함께 했다. 또한 그는 공산주의 신문 〈이스크라^{Iskra}〉를 발행하기 시작했으며, 1903년에는 마르크스주의 정당인 러시아사회민주노동당을 창설했다.

러시아사회민주노동당은 두 개의 주요 당파로 구성되어 있었는데, 레닌을 지지하는 사람들은 볼셰비키(Bolsheviks, 러시아어로 '다수'라는 뜻이다)라는 명칭을 채택하여 자신들의 수가 더 많다는 의미를 내비쳤고, 온건파의 명칭은 멘셰비키^{Mensheviks}였다. 두 당파는 정기적으로 당 대회에 참석했지만, 1912년 결국 레닌과 볼셰비키가 분리해 나가서 완전히 별개의 정당을 꾸렸다.

이렇게 러시아 공산당이 조직을 갖추느라 바쁜 사이에 러시아 사회도 황제인 니콜라이 2세뿐 아니라 유일 통치 체제 자체에 대해 항거를 시작했다. 특히 1904년에 일어난 러일전쟁은 정치적으로나 군사적으로 재앙임을 증명하듯, 막대한 러시아 해군의 손실을 기록하고 대규모 시위까지 불러왔다. 1905년 1월, 수많은 사람들이 떼 지어 황제의 궁전을 향해 행진했다. 개혁을 요구하는 청원을 하기 위해서였다. 니콜라이의 보안군은 군중을 향해 발포하였고,

수백 명이 죽거나 부상을 당했다. 문자 그대로 블러디 선데이^{Bloody Sunday}, 즉 '피의 일요일'이라고 불리는 사건이었다. 전국적으로 파업과 시위가 폭발적으로 일어났고, 결국 황제는 선거에 의해 구성되는 의회를 두겠다는 내용을 포함한 개혁을 약속할 수밖에 없었다.

1917년까지 황제에 대한 러시아인들의 분노는 커져가기만 했는데, 특히 1914년에 러시아가 1차 세계대전에 참여하게 되자 참고 견딜 수 있는 마지막 끈이 끊어져 버렸다. 막강한 독일군이 러시아 군대를 조각내고 있었으며, 러시아는 그 당시의 모든 전쟁에서 어떤 나라보다도 병력의 손실을 크게 입었다. 전쟁 때문에 재정은 파탄이 나고, 도시에서는 식량이 부족했다. 게다가 니콜라이는 정적들을 처형하고 반유태인 폭력을 조장했으며, 평화적 시위를 진압했다. 또한 의회의 존재를 인정하기는 했지만, 자신이 원하는 방향으로 표결이 이루어지지 않으면 해산시키고 또 해산시키기를 반복하여 결국은 의회가 상징적으로만 존재하면서 실제로는 아무런 효용이 없게 만들어 버렸다.

결국 많은 러시아인들은 참을 만큼 참았다고 생각하게 되었다. 심지어 온건한 편에 섰던 사람들조차도 마르크스주의자들이 이미 확신했던 것과 의견을 같이했다. 즉, 황제가 물러나야 한다는 것이었다.

●●●●●●●

1917년 3월에 러시아 혁명(러시아에서는 여전히 율리우스력을 쓰고 있었기 때문에 2월 혁명이라고 불렀다)이 일어났을 때 레닌은 스위스에 머물고 있었다. 3월 8일, 수만 명으로 이루어진 시위대가 수도로 행진했으며 더 많은 사람들이 파업에 돌입했고, 며칠이 지나지 않아 군대까지 새로운 정부를 외치는 대열에 합류했다. 니콜라이 2세는 퇴위를 강요받고 가족과 함께 가택연금에 처해졌다. 그러는 사이 온건파와 진보정당이 혼합되어 임시정부가 형성되기 시작했다.

황제를 제거한 일은 러시아로서는 땅이 흔들릴 만큼 큰 사건이었다. 그런 만큼 권력의 공백 상황이 뒤를 이었다. 독일은 레닌이나 그의 볼셰비키 사상에는 아무런 관심이 없었지만, 그가 러시아를 1차 세계대전에서 물러나게 할 수 있는 잠재력을 가졌다는 점은 인정했다. 혁명이 일어나기 한 해 전에 쓴 책에서 레닌은 러시아가 전쟁에서 패배하기를 바란다고 했기 때문이었다. 레닌은 이 책을 자본주의와 제국주의를 비난하고 반전을 주장하기 위해 썼는데, 그는 그것이 혁명으로 한 발자국 다가갈 수 있는 길이라고 여겼던 것이다.

황제가 힘을 잃자 독일 당국은 레닌과 몇몇 지지자들이 은밀히 귀환할 수 있도록 도와주었다. 귀국 후 그는 자신이 보기에 충분히 급진적이지 않은 임시정부에 맞서 볼셰비키 당을 조직하기 시작했다. 임시정부는 레닌의 당을 불법으로 선언하여 금지했으며, 레닌은 길지 않은 기간이었지만 다시 핀란드로 망명하여 정부 타도를 계획했다.

마침내 그는 1917년의 10월 혁명을 실행에 옮겼다. 볼셰비키의 시위자들은 상트페테르부르크의 겨울 궁전을 점거하고 비교적 평화적인 분위기에서 수도를 탈취했다. 1917년이 끝나기 전, 레닌은 러시아를 전쟁에서 끌어내고 노동자 조직들로 이루어진 의회, 즉 소비에트^{Soviets}가 통제하는 통치 체제를 수립하기 시작했다. 나중의 소비에트 연방, 즉 소련이라는 이름이 여기에서 유래했다.

●●●●●●●

10월 혁명은 대체로 유혈 사태 없이 이루어졌지만, 이로 인해 촉발된 내전은 그야말로 피비린내의 현장이었다.

볼셰비키가 권력을 장악하고 불과 며칠 만에 황제의 군사들과 레닌의 정치적 적대자들, 새로운 국가 건설 계획을 세우고 있던 소수 민족 시민들이 연합한 반공산주의 군대가 전쟁 준비에 돌입했으며, 이들 백색 러시아인과 레닌의 적색 러시아인의 충돌이 벌어지게 된 것이다. 전쟁은 1922년 말까지 계속되면서 40만 명이 넘는 러시아 군인들이 전투에서 또는 질병으로 목숨을 잃었다. 또 죽임을 당한 시민들의 수는 이보다도 훨씬 많았다.

레닌과 볼셰비키는 체카^{Cheka}라고 불리는 비밀경찰까지 만들어 내전에 무

잘 보존된 혁명가

레닌의 시신은 사후에 방부 처리하여 모스크바 붉은 광장(Red Square)의
맞춤형 묘소에 전시되었다. 투명한 관에 눕혀진 시신은 필요에 따라 정기적으로
방부 처리되는데, 지금까지 수백만 명이 양복을 입은 레닌의 시신을 볼 수 있었다.
레닌의 시신이 그곳을 떠난 것은 제2차 세계대전 때 모스크바가 나치에게
점령되자 시베리아로 쫓겨나 보관되었던 4년 동안뿐이었다.

자비하게 대응했다. 1918년 7월에는 폐위된 황제와 그 가족이 처형당하면서 왕가의 혈통이 끊겼다. 그리고 그다음 달 정부는 이른바 '적색 테러'를 시작했다. 이것은 '반 혁명주의자'로 여겨지는 사람들을 조직적으로 처형한 공포 정치를 가리킨다. 이것이 맞아떨어져서 붉은 군대^{Red Army}는 내전에서 최종 승리를 거두었으며 레닌은 권력을 유지했다. 그러나 이들이 불러일으킨 공포 때문에 러시아는 레닌이 장담했던 평등한 노동자들의 천국이 될 가능성을 잃어버리고 말았다.

내전이 끝나고 레닌은 독재자와 같은 권력을 얻었지만 1922년 5월 뇌졸중으로 쓰러져 몸이 제 기능을 하지 못하는 상태가 되었다. 회복 후 그는 구술로 〈유서^{Testament}〉를 남겼는데, 소비에트 유니언을 정착시켜 자신이 그리던 마르크스주의 국가로 만들기 위한 계획이 담긴 글이었다. 그러나 그 자신에게는 이 계획을 실행시킬 시간이 없었다. 그는 두 차례 더 뇌졸중을 일으켰다. 한 번은 1922년 12월에 발생하여 오른쪽 반신이 마비되었으며, 3개월 후 한 번 더 뇌졸중을 일으켰을 때는 병상에서 영영 일어나지 못하게 되었다. 그는 언어 기능을 상실한 채로 누워 지내다가 1924년 1월 21일, 쉰세 살의 나이로 생을 마쳤다.

레닌은 〈유서〉에서 이오시프 스탈린^{Joseph Stalin}에게로 권력이 갈 것을 우려하며 스탈린을 관직에서 제거할 것을 제안했다. 그의 우려는 옳았던 것으로 드러났다. 스탈린은 레닌의 사후에 전권을 장악하고 볼세비키의 대부분을 죽이거나 유형에 처했으며, 레닌의 글을 뜯어고쳐 자신이 혁명에서 독보적인 역할을 한 것으로 바꾸었다. 또한 레닌이 스탈린에 대해 내린 평가 부분을 교묘하게 삭제했다. 그리고 USSR(Union of Soviet Socialist Republics, 구소련의 정식 명칭-역주)을 한층 더 가혹한 독재 치하의 국가로 몰아갔다. 이 잔인한 독재는 1953년까지 그가 다스리는 기간 내내 이어졌다.

조지 오웰의 눈
영국의 사회주의 소설가인 조지 오웰은 스탈린을 경계하라고 한 레닌의 경고를,
그리고 이에 따르지 않아서 일어난 일들을 소설 〈동물 농장〉의 기초로 이용했다.
오웰은 이야기에 등장하는 동물들의 성격을 특정 러시아 혁명가에게 노골적으로 빗대고 있는데,
사상과 권력을 두고 각축전을 벌임으로써 이야기를 끌어가는 돼지들, 즉 나폴레옹과 스노볼은
스탈린과 그의 라이벌인 레온 트로츠키(Leon Trotsky)를 형상화한 것이다.
늙은 돼지 메이저는 모든 동물이 평등하게 살아가는 농장의 비전을 제시한 장본인이지만,
그의 이상은 후계자인 나폴레옹과 스노볼에 의해 철저히 왜곡되고 만다.
메이저가 상징하는 인물은 레닌과 마르크스다.

판초 비야
PANCHO VILLA

시기	1878~1923
지역	멕시코
투쟁 대상	멕시코 정부 당국들

1860년에서 1920년 사이, 멕시코의 통치권자는 바뀌고 또 바뀌었다. 외국의 침공과 쿠데타, 혁명과 배반이 이어지면서 대통령들이 연달아 교체되었다. 판초 비야는 한 번도 최고의 자리까지 가지 않았지만, 법망을 피해 다니는 노상강도에서 시작해 이 권력 판도의 변화에서 중심 역할을 하는 인물로 성장했으며, 끝내 전설적인 혁명가가 되었다.

판초 비야라는 이름은 도적질을 하던 시절에 만든 가명으로, 그의 원래 이름은 호세 도로테오 아랑고 아람불라^{Jose Doroteo Arango Arambula}였다. 그의 젊은 시절에 대해 알려진 이야기들은 단순한 전설일 가능성이 크다. 그는 1878년 6월 5일, 멕시코의 두랑고에서 소작인의 아들로 태어났다. 열여섯 살에 누이를 강간한 남자를 쏘아 죽이고 말을 훔쳐 산으로 달아나 도적질로 살아가게 되었다고 하는데, 일부 역사가들은 이것 역시 그의 주장일 뿐 사실과 다를 수 있다고 한다. 그러나 사실이 어떠하든, 어느 날 그가 전국 제일의 악명 높은 도적단에 들어갔다가 나중에는 무리를 이끄는 무법자의 우두머리가 되었다는 것은 분명하다.

도로테오는 반돌레로(bandolero, '도적'의 스페인어)로 사는 동안 몇 차례에 걸쳐 이름을 바꾸었다. 그가 노새를 훔친 죄로 체포될 때 불리던 이름은 아랑고였다. 입대를 한다는 조건으로 가까스로 사형을 면한 그는 군에서도 버려져 다시 무법자 생활로 돌아갔는데, 이때부터 새로운 이름인 프란시스코 판초 비야Francisco "Pancho" Villa를 쓰기 시작했다. 그는 따르는 무리를 이끌고 말을 훔치거나 은행을 털고 선적된 물품들을 습격하여 강탈했는데, 이따금 그 지역의 소작농들에게 생활용품을 나눠 주기도 했다.

부자들의 재산을 강탈하는 농부 출신의 무법자인 데다 대담한 삶의 태도를 지녔으며, 궁극적으로 민주주의를 지지했기 때문에 비야는 로빈 후드 같은 인물로 주목받았다. 그는 일찍부터 프란시스코 마데로를 지지했다. 마데로는 1910년에 포르피리오 디아스 정권을 전복시키기 위해 혁명을 시작한 정치가였다. 마데로는 이 유명한 무법자의 게릴라 전술이 자신에게 유용하다는 사실을 잘 아는 사람이었다.

1876년의 쿠데타 이후 독재자로서 멕시코를 통치했던 디아스는 원래는 대중의 지지를 받는 혁명가였다. 그는 1864년 프랑스가 막시밀리안 1세를 멕시코의 황제로 앉혀 놓았던 '프랑스 간섭' 시기에 이름을 떨치게 되었다. 이때 황제를 체포하여 처형하고 멕시코시티를 재탈환하는 데 공을 세운 지휘관 중 한 명이었던 것이다. 그 후 이전에 대통령이었던 베니토 후아레스가 다시 대통령으로 선출되었지만, 후아레스가 사망하고 나서는 디아스가 권력을 장악하고 30년 이상 통치를 해오고 있었다.

●●●●●●●

디아스는 멕시코의 경제를 크게 성장시켰지만 그 성장은 주로 부유한 시민과 외국인 투자자에게 이익이 되어 부자와 소작농 계층 간의 격차를 벌려 놓았다. 이런 상황들은 결국 대규모 시위로 이어졌고, 민주주의에 대한 요구도 격렬해졌다. 마침내 디아스는 1910년에 선거를 실시하겠다고 약속했지만, 적수인 프란시스코 마데로가 투표에서 자신을 누를 것이 분명해지자 마데로를 감옥에 가두고 부정한 방법으로 선거를 조작했다.

비야는 에밀리아노 사파타, 카술로 헤레라와 함께 마데로를 지지하여 반란을 이끈 여러 투사들 중 한 명이었다. 그는 북부 치와와 지역에서 봉기하여 사우다드 후아레스에서 벌어진 중요한 전투에서 승리했다. 이미 디아스 정권과 협상 중이었던 마데로는 비야에게 이 도시를 공격하지 말라고 했지만 비야는 듣지 않았다. 그는 도시의 모든 출구를 봉쇄하고 군인들을 교대로 배치하여 지치지 않게 유지하면서 근접 전투 방식으로 공격하여 사우다드 후아

IMAGE COURTESY OF LIBRARY OF CONGRESS

높은 안장에 올라탄 판초 비야.

레스를 손에 넣고 말았다. 이렇게 비야가 북부에서 승리하고 남부에서는 사파타가 쿠아우틀라에서 승리하자, 디아스는 반란군의 요구 조건에 동의할 수밖에 없었다.

1911년, 디아스가 사퇴하고 마데로가 대통령이 되면서 혁명은 성공적으로 마무리되었다. 비야는 국군 대령으로 임명되었지만 곧 사임했다. 새 아내와 조용히 살고 싶은 바람이 있기도 했고, 반란군 시절의 사령관들 중 파스쿠알 오로스코와 여러모로 마음이 맞지 않았기 때문이었다. 그러나 1912년 봄, 비야는 다시 마데로의 편에서 싸우기 위해 귀환했다. 오로스코가 쿠데타를 일으킨 것이었다. 그런데 일이 안되려고 그랬는지, 마데로 편에서 함께 싸웠던 빅토리아노 우에르타 장군이 비야가 말을 훔쳤다면서 고발했고(거짓일 가능성이 높다), 비야는 체포되어 사형선고를 받았다. 대통령이 나서서 형벌을 낮추어주었지만 여섯 달이 넘게 옥살이를 하던 그는 결국 12월에 탈옥을 감행한다.

● ● ● ● ● ● ●

비야가 감옥에 갇혀 있던 여섯 달 동안 멕시코의 정국은 극적인 변화를 겪고 있었다.

마데로는 진정한 민주적 개혁가의 모습을 보여주었지만 정치권력에 대해서는 조금 고지식한 사람이었다. 덕분에 그는 비야의 천적이었던 우에르타에게 배신당하고 만다. 우에르타 장군은 쿠데타를 일으켜 마데로를 체포한 뒤

나흘 후에 재판 없이 그를 처형했다. 비야는 우에르타와 싸우기 위해 사파타 및 베누스티아노 카란사와 힘을 합쳐 일어났다. 비야는 다시금 북부의 대부분을 장악했고, 인상적인 기습 공격과 카리스마 넘치는 개성 덕분에 국경을 넘어 미국에서도 명성을 떨치기 시작했다.

1914년, 혁명에 의해 우에르타가 쫓겨나고 카란사가 대통령 자리를 건네받았으며, 비야는 치와와 주의 군사령관들에 의해 주지사로 선출되었다. 그러나 그로부터 얼마 지나지 않아 비야와 카란사의 관계가 틀어졌다. 비야와 사파타는 카란사가 애초에 약속한 개혁안의 채택을 거부하자 그 역시 또 다른 독재자일 뿐이라고 판단하고, 한때 동지였던 카란사에 대항하여 다시 혁명을 이어 나갔다. 그러나 비야의 전투 지도력은 이전만 못 했다. 그는 1915년 봄과 여름 사이에 치러진 세 차례의 결정적인 전투에서 연달아 패하고 말았다. 그는 병력 대부분을 잃는 것으로 패배의 값을 치러야 했으며, 남은 부하들 2백 명가량만 데리고 산속으로 숨는 처지가 되었다.

조명, 카메라, 액션!
비야가 살던 시대에 영화는 상당히 낯선 미디어였지만 그는 일찍부터
이미지 메이킹의 가치를 이해하는 편이었다. 1913년에 그는 할리우드의
뮤추얼 필름 컴퍼니(Mutual Film Company)와 계약을 맺어 자신의 활약상을
촬영할 권리를 주고, 제작된 영화의 수익을 일정 비율로 제공 받았다.
비야의 활동에 대한 이 회사의 역할은 꽤 과장되어 전해지기는 하지만
여러 차례의 전투에서 그를 촬영한 것은 사실이다.
2003년에는 배우 안토니오 반데라스(Antonio Banderas)가
〈판초 비야가 자신의 역으로 출연하다(And Starring Pancho Villa as Himself)〉에서
비야를 연기했는데, 바로 이 1913년의 계약에 관한 내용을 각색한 것이었다.

비야는 무리를 다시 결집하면서 돈과 물품을 공급해 줄 것을 미국에 호소했지만 아무런 소용이 없었다. 미국은 비야와 카란사가 같은 편에 있을 때는 비야에게 우호적이었지만, 멕시코의 정국이 안정되는 쪽을 원했기 때문에 카란사 정부를 인정하기로 결정했다. 비야는 배신감을 느끼고 1916년 1월에 멕시코 북부에 사는 미국 시민들을 죽여 버렸다. 그러고는 아예 미국 남서부로 관심을 돌려 미국을 공격하기 시작했다. 이것은 1812년 전쟁 이후 처음으로 외국이 미국 땅을 공격한 사건이었다. 그는 콜럼버스, 뉴멕시코 등지를 돌면서 수백 차례의 게릴라전을 펼쳐 또다시 미국인들을 살해했고, 우드로 윌슨 대통령은 존 퍼싱 준장을 멕시코로 파견하여 보복을 시작했다.

● ● ● ● ● ● ● ●

퍼싱은 만 명가량의 군대를 이끌고 판초 비야의 사냥에 나섰다. 여기에는 미군 역사상 처음으로 비행 편대까지 포함되어 있었다. 그들은 비야 군의 최고 사령관들 몇 명을 포함해 거의 2백 명 정도를 죽였지만 정작 비야를 잡지는 못했다. 멕시코의 대중이 비야를 감싼 데다, 게릴라 전술과 무법자들이 쓰는 전술을 자유자재로 구사하는 바람에 비야를 잡기가 쉽지 않았던 것이다. 퍼싱은 결국 제1차 세계 대전에 참전하기 위해 철수했고, 비야를 전설적인 인물로 만드는 데 한몫을 한 셈이 되었다.

1920년 5월 20일, 멕시코 군에서 일어난 쿠데타로 카란사가 암살되면서 권력이 다시 바뀌고, 이번에는 아돌포 드 라 우에르타가 대통령이 되었다. 그는 끊임없는 전쟁과 정권이 뒤바뀌는 상황을 끝내야겠다고 결심하고, 그 일환으로 비야에게 은퇴를 권했다. 비야는 조건이 맞으면 싸움을 중단하겠다고 했다. 새 대통령은 그의 모든 범죄를 사면하고 치와와의 파랄에 큰 목장을 주어 그가 남은 부하들과 평화롭게 살 수 있게 해주었다.

그러나 평화는 오래가지 못했다. 1923년, 비야는 은행에서 볼일을 보고 파랄로 돌아가는 차 안에서 피습을 당했다. 그의 정적이 보낸 것으로 예측되는 일곱 명의 소총수들이 매복하고 있다가 그의 차를 습격하여 불태우고 그 자리에서 비야를 쏘아 죽였다.

노래 대결

멕시코의 라이벌 파벌들은 무기뿐만 아니라 노래로도 경쟁을 벌였다.
멕시코의 대표적인 민요인 라쿠카라차(La Cucaracha)는 원래 혁명 이전부터
있던 노래였지만 몇몇 혁명가의 지지자들이 나중에 가사를 바꿔 쓴 경우다.
제목인 '바퀴벌레'는 무슨 이유에서 붙여졌는지 몰라도, 이 노래를 부른 가수가
우에르타나 비야를 비웃어주고 싶을 때마다 여러 가지 벌레의 이름을 번갈아 붙였다고 한다.
어찌 되었든 지금 남은 가사 중에서는 비야를 지지하는 쪽에서 쓴 것이 가장 인기가 있다.

무스타파 케말 아타튀르크
MUSTAFA KEMAL ATATURK

시기	1881~1938
지역	터키
투쟁 대상	오스만 제국

20세기 초 오스만 제국의 붕괴가 불가피한 상황이 되었을 때, 제국의 가장 큰 영토가 민주적이며 종교의 제약을 넘어선 근대 국가 터키에 속하게 된 것은 무스타파 케말 아타튀르크의 혁명적 업적 덕분이었다. '아타튀르크'라는 성은 그가 구성했던 의회에서 수여한 것으로, 말 그대로 '터키의 아버지'라는 뜻이다.

처음에는 그냥 무스타파로만 불렸던 그는 1881년경 살로니카(지금의 그리스 테살로니키)에서 태어났다. 그가 태어났을 때 이미 오스만 제국은 가파른 쇠퇴의 길을 걷고 있었다. 무스타파는 뛰어난 학생이었다. 그의 두 번째 이름인 케말 Kemal은 '완벽한 자'라는 뜻으로, 뛰어난 제자에게 감동을 한 교사가 지어준 것이었다. 그는 콘스탄티노플의 군사 대학에 진학하였고, 1905년에 오스만 육

군의 대위 계급을 달고 졸업했다.

케말은 학생 신분일 때 이미 오스만의 술탄 압둘 하미드 2세의 통치에 저항하기 시작했다. 압둘 하미드 2세는 악명 높은 전제군주로, 의회를 해산시키고 1876년의 제국 헌법을 정지시켰으며, 비밀경찰을 풀어 반대 의견을 가진 사람들을 엄중히 단속했다. 대학생이었던 케말은 지하신문을 발행하다가 잡히기도 했지만 무사히 졸업할 수는 있었다. 졸업 후에도 케말은 친구들과 비밀리에 만나 술탄의 정책에 대해 토론하곤 했는데, 정부에서는 이들을 감시한 끝에 '불충'한 젊은 장교들을 수도에서 멀리 떨어진 곳으로 좌천시켜 버렸다. 케말이 배속된 곳은 다마스쿠스였다. 이곳이 그가 비밀 저항 집단을 결성하기 시작한 곳이었다.

•••••••

그는 1908년 7월에 시작된 청년 투르크당 혁명의 지지자였다. 청년 투르크당은 군인들을 중심으로 결성되어 수도를 향해 행진하면서 술탄에게 헌법과 의회의 부활을 요구했다. 물론 청년 투르크당에 군인들만 있는 것은 아니었다. 압둘 하미드의 전제정치에 반대하는 대학의 지식인들에서부터 민족주의자들, 여러 소수민족에 이르기까지 폭넓은 집단과 개인들이 참여하고 있었다.

결국 이들은 압둘 하미드 2세를 퇴위시키고 의회를 부활시키는 한편, 그의 동생인 메메드 5세를 술탄 자리에 앉히는 데 성공했다. 그런데 처음에는 힘을

1차 세계대전의 한가운데서, 아타튀르크.

합쳐서 혁명을 이루어낸 청년 투르크당 내의 파벌들 사이에 점차 틈이 벌어지기 시작했다. 이내 라이벌 그룹 간의 내부적 싸움이 치열해졌고, 오스만 제국은 잇따른 전쟁을 치르는 사이에 더욱 무기력해졌다.

케말이 이름을 알린 것은 군 지휘관으로서였다. 그는 1911년에 이탈리아-터키 전쟁의 토부르크 전투에서 승리하면서 두각을 나타냈는데, 그의 활약에도 불구하고 결국 전쟁은 이탈리아의 승리로 끝났다. 이 전쟁으로 오스만 제국은 현대의 리비아에 해당하는 땅을 거의 다 뺏기고 말았다. 이후 1912년에서 1913년까지 케말은 발칸 전쟁에 투입되었다. 이 전쟁에서도 오스만 제국은 유럽의 영토 대부분을 그리스, 불가리아, 세르비아, 몬테네그로 연합군에게 잃었다.

이제 작은 제국에 불과하게 된 오스만은 1914년 제1차 세계대전에 독일과 불가리아 그리고 오스트리아-헝가리 편에서 동맹국으로 참여하게 된다. 케말은 갈리폴리의 방어 책임자로 보내져 연합 작전을 펼친 프랑스와 영국군을 성공적으로 물리쳤다. 오스만과 동맹군 각각 5만6천 명이 넘는 희생을 치른 전투였다. 1911년과 마찬가지로, 케말은 또다시 전투에서 이겼지만 제국이 전쟁에서 지는 모습을 바라봐야 했다.

●●●●●●●

오스만의 지도부는 1918년 10월 30일, 동맹국과 함께 휴전 협정에 서명했다.

거의 600년 동안 이어 내려온 제국의 종말이 시작되는 순간이었다. 프랑스와 이탈리아, 영국, 그리스가 각각 제국의 일부를 점령했고, 이들은 대전을 종식하는 평화 회담이 진행되는 동안 제국을 조각조각 나누기 시작했다.

무스타파 케말은 오스만 제국의 붕괴를 터키가 독립국가로 변모할 기회로 보고 은밀히 터키 국민운동을 시작했다 1919년 5월 19일, 무스타파 케말과 그의 지지자들은 아나톨리아 지역에 도착하여 그곳에서 다른 민족주의자들과 접촉하면서 활동 본부를 조직하기 시작했다.

터키 독립전쟁에서 케말의 싸움은 서쪽의 그리스와 동쪽의 아르메니아로 구성된 연합국을 상대하는 것만이 아니었다. 콘스탄티노플에 있는 오스만의 중앙정부도 그의 적군이었다. 적으로 둘러싸인 상황에서도 그는 무장 저항군을 조직하는 것 외에도 미래의 독립된 터키에 필요하다고 판단되는 기관들을 창설했다. 이 무렵인 1920년에 만들어진 기관 중에는 앙카라에 본부를 둔 혁명 의회, 터키 대국민의회가 있었다.

마침내 혁명 정부가 진짜 정부가 되었다. 영국은 케말의 군대가 콘스탄티노플로 진격하고 있다는 사실을 알고서 터키와 오스만 정부 둘 다를 평화회담에 초청했다. 터키 대국민의회는 오스만의 술탄 통치를 종식하는 것에 투표하는 것으로 회담을 끝내 버렸고, 술탄은 싸우기보다 국외 망명을 택했다.

1923년 7월 24일, 연합국과 터키 대국민의회는 전쟁을 끝낸다는 것, 합의된 국경 내에서 연합군이 터키를 국가로 인정한다는 것 등을 내용으로 하는 로잔 조약을 체결했다. 터키 측에서는 오스만 제국의 다른 지역에 대해서는 일절 권리를 주장하지 않기로 하는 것에 동의했다. 이 조약으로 불가리아와 그리스의 국경이 정해졌으며, 이전 오스만 제국의 중동 지역 중 어느 곳을 프랑스 또는 영국이 통치하는가도 결정되었다.

●●●●●●●

케말의 군대는 10월 2일에 콘스탄티노플에 입성했으며, 10월 29일에는 앙카라를 수도로 하는 독립 터키공화국을 선포했다. 같은 날 무스타파 케말이 초대 대통령으로 선출된 것은 놀라운 일이 아닐 것이다. 그는 곧 터키인들 삶의 거의 모든 면에 영향을 미치게 될 야심 찬 개혁 프로그램에 착수했다.

문화적 측면에서는 터키의 근대화에 초점을 맞추어 서구적 관행을 받아들였으며, 수 세기 동안 사용해오던 아랍 문자를 라틴어의 알파벳으로 대체하고 아랍어를 특수한 경우에 사용하는 것을 금지함으로써 터키어를 강조했다. 또한 서유럽에서 쓰는 그레고리력을 달력으로 채택하는가 하면, 콘스탄티노플의 지명을 사람들이 이미 쓰고 있는 이스탄불로 전격적으로 바꾸었다.

1924년, 터키는 케말의 지도력 아래에서 권력 분립과 대의적 입법기관, 자유 투표를 보장하는 새로운 헌법을 통과시켰다. 또 1924년 3월에는 국가 통치에서 수니파 이슬람의 공식 지위를 없애고 오스만 칼리프 제도를 폐지하여 정부를 세속화함으로써 터키에서 종교의 역할을 영원히 바꿔 놓았다. 그로부터 2년 뒤, 케말은 이슬람 법정 체계 역시 새로운 형법으로 교체했다.

그의 개혁은 칼리프 통치 시절의 성차별을 끝내는 것에도 두루 미쳤다. 몇 년이 지나지 않아서 터키 여성들은 투표권을 가지고 공직에도 출마할 수 있게 되었다. 종교적인 학교들은 문을 닫았고, 공직자가 이슬람교의 복장을 하는 것도 금지되었다. 그는 전통적인 페즈 모자(fez hat, 일부 이슬람 국가에서 남자들이 쓰는 모자-역주)를 쓰는 것까지 금지하면서 모든 터키인이 서구식 옷을 받아들이도록 권장했다.

케말은 군 출신임에도 불구하고 터키가 전쟁에 휘말리지 않도록 하는 데 성공했다. 독립전쟁이 터키가 다른 국가에 대항해 벌인 마지막 군사 작전이었다. 그는 효과적인 외교술을 운용하였으며, 1930년에는 역사적으로 터키와 가장 불편한 관계를 이어온 그리스와 평화 협정을 맺기까지 했다. (그러나 협정으로 정해진 국경 내에서 반란을 일으킨 쿠르드 족에 대해서는 강경하게 진압했다.)

국내적으로는 새로운 교육 제도의 설립에 초점을 두어 근대적 대학교를 만들고 터키어를 공식 언어로 채택했다. 터키의 역사를 연구하는 단체를 설립하고 관련 책들을 간행했으며, 과학 정보를 터키어로 번역하고, 서구식의 미술과 음악을 연구하도록 장려했다. 또한 처음에는 국가 주도형 경제를 운영하여 중앙은행이나 국영철도를 설립하기도 했다.

•••••••

1926에 그는 동포를 향해 "문명화된 세계는 우리보다 훨씬 앞서 있다"고 말했지만, 사실 그의 지도력 아래 터키는 단 십 년 만에 현저한 발전을 이루었다. 케말이 추진한 개혁 중 종교 쪽에서는 대중의 외면을 받은 것들도 있었지만, 그가 터키를 이전과 비교해 훨씬 더 근대적 국가로 탈바꿈시킨 것에는 누구도 의문을 제기하지 못한다.

케말은 생물학적 자녀들을 두지는 않았지만(그는 세계 최초의 여성 전투기 조종사가 된 사비하 괵첸을 비롯해 여러 명의 아이를 입양했다), 터키 대국민의회는 1934년에 아타튀르크라는 성을 헌정함으로써 그를 터키의 아버지로 공식 인정했다.

그는 말년에 간경화로 고생하다가 1938년 11월 10일, 쉰일곱 살의 나이로 세상을 떠났다. 지금까지도 그는 터키인들이 가장 우러르는 인물이다. 터키의 모든 도시에 그의 기념물이 있으며, 해마다 그가 사망한 날의 사망 시간에 맞추어 전국에서 묵념이 이루어진다.

우호적인 적

케말이 얼마나 국제적인 존경을 얻었는가는 오스트레일리아의 캔버라에
케말 아타튀르크 기념비가 있는 것으로 증명이 된다.
이것은 갈리폴리 상륙작전 70주년에 그에게 헌정된 것인데, 알다시피 그는
상륙작전에서 터키 군의 사령관으로 오스트레일리아의 적이었을 뿐 아니라
오스트레일리아와 뉴질랜드 연합군을 철저하게 패퇴시켰던 사람이었다.
그럼에도 그가 전투에서 보여준 기사도와, 자신에게 패한 오지/키위(Aussie/Kiwi) 군대에
바친 정중한 글 때문에 이 기념비가 세워질 수 있었다.
그가 쓴 글은 오스트레일리아의 수도에 있는 그의 기념비에 새겨져 있다.

마르쿠스 가비
MARCUS GARVEY

시기	1887~1940
지역	미국
투쟁 대상	인종차별

20세기 초반까지 아프리카계 미국인들의 시민권 운동은 당장 완전한 평등을 달성해야 한다는 측과, 자신들의 공동체를 현존하는 미국인들의 권력 구조 속으로 점진적으로 통합시키자는 측으로 나뉘어 있었다. 그러나 마르쿠스 가비는 두 접근법 모두 시간 낭비라고 생각했다. 그는 아프리카계 미국인들이 분리되어 나와 순수하게 아프리카인으로서 스스로를 다시 일으켜 세워야 한다고 믿었으며, 이 사상을 중심으로 수백만 명의 지지자를 몰고 다니는 강력한 정치 운동을 시작했다.

가비는 1887년 8월에 자메이카에서 태어났다. 열네 살에 견습 인쇄공의 일자리를 구해 학교를 그만두었지만 그로부터 얼마 지나지 않아 그의 열정을 불태울 진정한 관심사가 등장했으니, 바로 정치였다. 그는 처음에는 노동운동에 집중했으며, 스무 살에는 수도 킹스턴에서 인쇄공들의 파업을 주도하는 데도 참여했다. 또 나중에는 중앙아메리카를 돌며 코스타리카와 파나마에서 일하는 이주민 농장 일꾼들의 실상을 보도하는 신문에서 일했다.

이후 런던에서 2년 동안 공부할 때도 가비는 〈아프리칸 타임즈 앤드 오리엔탈 리뷰African Times and Oriental Review〉에 글을 기고했다. 이 잡지는 범아프리카주의를 옹호하는 흑인과 아시아인 독자들을 대상으로 전 세계의 아프리카인들이 디아스포라(diaspora, 자신의 진정한 고국에서 추방된 사람들)로서 연결되어 있으며, 공통의 목적을 위해 하나가 되어야 한다는 신념을 전파하고 있었다.

1914년, 가비는 다시 자메이카로 들어가 국제흑인개선협회를 설립하고 범아프리카주의에 대한 지지를 행동에 옮겼다. 그는 이 협회가 터스키기 전문학교를 본보기로 삼아 흑인 자메이카인들을 위한 경력 및 교육의 기회를 개발할 수 있기를 바랐다. 터스키기 전문학교는 부커 워싱턴(Booker T. Washington, 교육가이자 저술가, 아프리카계 미국인 공동체의 지도자-역주)이 앨라배마에 설립한 아프리카계 미국인들의 학교였다. 가비는 워싱턴과 이 계획에 대해 편지를 주고받았으며, 가비가 미국으로 가서 자리를 잡고 학교를 운영해 나갈 기금을 마련하는 부분에 대해서도 의논했다(그러나 나중에 가비가 도착했을 때 워싱턴은 세상을 떠나고 없었다).

●●●●●●●

가비가 미국으로 옮겨간 것은 1916년이었다. 그는 약간의 돈만 가져가서 뉴욕의 할렘 근처에서 여러 자메이카 가족들과 함께 지냈다. 아프리카계 미국인 인구가 밀집해 있는 이 지역은 마침 '할렘 르네상스'의 예술적 전성기로 접어들고 있어서 영향력 있는 지도자들과 여러 운동이 속속 유입되고 있었다. 흑인 민족주의를 외치는 가비의 메시지를 퍼뜨리기에 알맞은 환경이 만들어져 있는 셈이었다.

1917년 5월, 가비는 미국에 첫 국제흑인개선협회 지부를 세웠으며, 처음에 열세 명에 지나지 않던 회원 수를 단 몇 달 만에 수천 명으로 늘리는 기염을 토했다. 또한 1918년 초에는 인쇄 관련 일을 했던 경력을 살려 범아프리카주의 신문인 주간 〈니그로 월드Negro World〉를 발행하기 시작했다. 그는 이 매체를 통해 흑인 공동체 내에서 흑인으로서의 자부심을 고취시키고, 아프리카계 미국인 소유의 사업과 단체를 세우자고 호소했다. 그는 할렘 내에 있는 강당을 하나 사서 이름을 리버티 홀Liberty Hall이라고 바꾸고, 그곳에서 국제흑인개선협회의 야간 모임을 열거나 가비 자신이 공개적으로 발표할 일이 있을 때 플랫폼으로 이용했다.

경제적 독립은 가비주의(Garveyism, 흑인 분리독립주의-역주)라고 불리게 될 그의 철학에서 일부분에 지나지 않았다. 뉴욕에서 벌어지는 인종차별을 관찰한 후 가비는 워싱턴이 주장했던 동화(同化)에 대한 꿈을 버렸다. 그는 미국에서 온전한 인종적 통합은 결코 실현되지 않을 것이라고 믿게 되었으며, 궁극적으로 흑인과 백인 사회가 완전히 분리되어야 한다고 주장하면서 아프리카계 미국인들이 자신들만의 완전한 기반을 구축할 수 있기를 바라게 되었다.

IMAGE COURTESY OF LIBRARY OF CONGRESS

가비의 짧은 휴식, 1924년.

그의 바람은 여기에서 그치지 않았다. 그는 아프리카 디아스포라 전원이 궁극적으로는 아프리카 대륙으로 돌아가야 한다고 확신하고, '백투아프리카 Back to Africa' 운동을 위한 기금을 모집했다. 자신의 말을 실천에 옮기기 위해 1919년에 가비는 블랙스타라인 Black Star Line 이라는 증기선 회사를 설립했다. 우선 국제적으로 물품을 판매하다가 마지막에는 '추방자들'을 아프리카로 실어 나르는 것이 회사의 설립 목적이었다. 가비는 회사를 만든 지 3개월이 채 못 되어 중고 석탄 수송선 한 대를 사들이고(제값의 몇 배를 치렀다), 흑인으로만 선원들을 고용했다.

●●●●●●●

1920년경에 가비는 국제흑인개선협회가 4백만 명 이상의 회원을 보유하고 있다고 주장했다. 그는 할렘에서 연례 '가비 퍼레이드'를 개최하기 시작했다. 행사에서 자신은 보라색과 노란색의 군복을 입고 깃털 헬멧을 쓰고서 수천 명의 할렘 주민들을 이끌고 행진을 하곤 했다. 이 퍼레이드에는 가비가 시작한 다양한 클럽의 회원들이 제복을 입고 참가했는데, 세계 아프리카 군단, 세계 아프리카 흑십자 간호부단, 훈련받은 비행사들로 구성된 검정 비행 독수리 군단 등이었다.

이때쯤 국제흑인개선협회는 확장을 거듭하여 전 세계에 수백 개의 지부를 두고 있었다. 1920년 8월, 가비는 이 협회의 첫 국제회의를 메디슨 스퀘어 가

든에서 개최했다. 그는 약 2만5천 명의 대표들이 운집한 가운데 연설을 했다.

가비가 이렇게 지지자들을 늘리고 영향력을 키워 가고 있는 동안 그를 적대시하는 사람들도 함께 생겨났다. 범아프리카주의자이며 미국흑인지위향상협회의 공동 창설자인 두보이스$^{W. E. B. Du Bois}$는 분리주의를 주장하는 가비를 '미국과 전 세계에서 니그로 인종의 가장 위험한 적'이라고 불렀다. 또한 법무부 수사국(나중에 FBI로 바뀐다)에서도 1919년부터 가비를 요주의 인물로 감시하기 시작했다. 존 에드거 후버가 이끄는 수사국은 이후 5년에 걸쳐 약 24개 지부의 국제흑인개선협회의 회원들을 감시하고, 다른 정보기관까지 동원해 감시 체제를 유지해 나갔다. 후버는 가비를 국외로 추방하겠다고 드러내놓고 이야기할 정도로 이 일에 열심이었지만 그러자면 가비가 연방 범죄를 저질렀다는 확증이 필요했다.

그러던 중에 1922년, 가비가 백인 지상주의 집단인 쿠 클럭스 클랜$^{Ku Klux Klan, KKK}$의 에드워드 클라크를 만나는 사건이 발생한다. 클랜은 (누가 봐도 가비와는 다른 이유로) 인종 분리에 뜻을 같이하고, 아프리카계 미국인들을 해외로 내보내는 일을 밀어주기로 가비와 합의했다. 이 만남으로 가비의 수많은 지지자들이 그에게서 등을 돌렸고, 다른 시민운동 단체들도 그를 비판하고 조롱하기 시작했다.

●●●●●●●

마침내 후버가 가비를 추방할 기회를 마련해 준 것은 블랙스타라인이었다. 이 선박회사는 시작부터 과도한 선박 값을 지불하고, 화물을 훔친 사람들을 고용하고, 가비의 정책을 믿고 돈을 낸 가난한 투자자들의 돈에서 백만 달러가 넘는 손실을 내면서 총체적 실패를 기록하고 있었다.

연방 수사관들은 이 관리 부실을 꼬투리로 잡아 블랙스타라인을 뒤쫓기 시작했으며, 때마침 가비가 지지자들에게 추가 선박 구입을 위한 기금 모집을 호소하는 편지를 보낸 사실을 정조준했다. 국제흑인개선협회에서는 지지자들에게 보내는 전단지에 배 사진 하나를 싣고 가비가 새로운 배를 선택했다는 내용을 인쇄해 넣었는데, 사실은 배를 산 것도 아니었고 딱히 그 배를 살 계획이 수립된 것도 아니었다. 그러나 FBI로서는 이 정도로도 가비를 체포할 충분한 빌미가 되었다. 가비는 1922년에 체포되어 우편 사기죄로 기소되었다.

검찰이 사기라고 한 부분은 가비의 지지자들 입장에서는 전문성이 부족하여 회계를 부주의하게 처리한 것에 지나지 않았으며, 사실은 가비에 대한 정치적 공격일 뿐이었다. 그러나 회계 기록에 문제가 있는 것은 사실이었기 때문에 어쩔 도리가 없었으며, 가비가 자신의 변호를 스스로 하겠다고 나선 것도 아무런 도움이 되지 않았다. 1923년 6월 23일, 그에게 유죄와 함께 5년의 징역형이 선고되었다. 1927년 11월에 캘빈 쿨리지 대통령이 몇 년을 감형해주었지만 거기에는 가비를 자메이카로 추방하는 조건이 붙어 있었다.

●●●●●●●

가비는 고국에서 유명인사가 되어 있었다. 그가 킹스턴에 내리자 수많은 사람들이 모여 그를 맞이했다. 그는 범아프리카주의의 이상을 계속해 추구해 나가면서 한편으로는 조국의 정치에도 관여하게 되었다. 그가 창설한 인민정치당은 자메이카 최초의 근대 정당이었으며, 당의 정강에는 8시간 노동과 표준 최저 임금이 포함되어 있었다.

그러나 자메이카에서의 활동에도 역시 어두운 그림자가 따랐다. 가비는 미국의 백인 지상주의자들과 계속해서 편지를 주고받았고, 악명 높은 인종차별론자인 시어도어 빌보 미시시피 주 상원의원과 협력하여 수백만 명의 흑인 미국인들을 아프리카로 돌려보내는 법안을 통과시키려 애썼으나 법안은 부

백투아프리카

가비의 운동은 흑인 미국인이 아프리카로 돌아가야 한다는 사상을 전개한 최초의
운동이 아니었다. 시에라리온은 영국이 1700년대 후반에 식민지 미국과 카리브해로부터
과거의 노예였던 사람들을 이주시켜 재정착할 수 있게 만든 국가였다.
첫 번째 정착지였던 곳이 프리타운(Freetown, 지금의 수도)으로 이름 붙여진 것은 그런 이유다.
영국은 1807년에 노예 매매가 종식된 후에도 자유를 되찾은 노예들을 계속해서
이곳에 정착시켰다. 시에라리온의 인접국인 라이베리아 역시 1820년에 노예제 폐지론자들의
단체인 미국 식민 협회(American Colonization Society)에서 세운 국가로,
자유 노예들의 재정착을 지원하기 위해 아프리카에 국가를 만든 경우다.
라이베리아의 수도는 몬로비아(Monrovia)로, 대통령인 제임스 먼로(James Monroe)를
기리는 의미로 명명되었다. 라이베리아의 국기 역시 미국 국기를 모델로 하여 만들어졌으며,
1847년에 미국 헌법에서 영향을 받은 헌법을 제정하면서 독립국이 되었다.

결되었다. 게다가 미국에서의 우편 사기 사건에서 판사와 검사가 자신을 유죄 판결한 것을 반유대주의 음모로 몰아갔는가 하면, 지방 법원에서 법정 모독으로 기소되어 자메이카의 감옥에서 실형을 살기도 했다. 1935년, 그는 변색되어 버린 평판을 안고 런던으로 옮겨갔다.

마르쿠스 가비는 여생을 영국에서 보내고 1940년 6월 10일에 생을 마감했다. 1964년, 그의 유해는 런던에서 자메이카로 옮겨져 국가영웅공원에 안장되었다.

종교적 명예

가비는 조국인 자메이카에서 국가 영웅이 되었을 뿐 아니라 라스타파리 종교 운동 (Rastafari, 성서를 다르게 해석하여 예수 그리스도를 흑인으로 보고 에티오피아의 황제를 재림한 그리스도로 섬기는 신앙 운동-역주)에서도 선지자로 받들어졌다. 라스타파리 측에서는 그와 그의 사상을 자신들의 전통으로 기록했지만 정작 그는 라스타파리가 아니었다. 그는 가톨릭 신자였으며, 오히려 재림 예수 행세를 하는 에티오피아 황제를 공공연히 비판하기까지 했다.

그런가 하면 많은 아프리카 국가에서 마르쿠스 가비는 종교와 무관한 세속적 존경의 대상이었다. 서아프리카의 가나는 그중에서도 가장 독창적인 방식으로 그를 기리고 있는데, 국가대표 축구단의 명칭을 가비가 만든 선박 회사의 이름인 블랙스타라인에서 딴 블랙스타즈(Black Stars)로 지어 가비의 명예를 기렸으며, 국기의 중앙에 검은 별을 그려 넣어 다시 한번 그의 영광을 높였다.

마이클 콜린스
MICHAEL COLLINS

시기	1890~1922
지역	아일랜드
투쟁 대상	영국

근대 역사의 대부분에서 아일랜드는 영국의 지배를 받은 것으로 되어 있다. 오래전 12세기에 아이리시 해를 건너 침략해온 이웃, 즉 잉글랜드 혹은 브리튼은 700년이 넘는 세월 동안 아일랜드를 점유했다. 마이클 콜린스와 그의 동료 혁명가들이 역사에 등장했을 당시, 아일랜드의 독립을 향한 바람은 이미 오래 끌어온 상태였고, 앞으로도 숱한 목숨을 대가로 치러야 할 상황이었다.

마이클 콜린스는 1890년 10월 16일, 아일랜드의 코크 카운티에서 태어났으며, 십 대 때 런던으로 이사하여 대학까지 졸업하고 우체국 직원으로 일했다. 그는 학창 시절의 은사와 이웃의 대장장이 두 사람에게서 영향을 받아 일찍부터 아일랜드 공화국의 열렬한 지지자였으며, 런던에서는 자연스럽게 신페인(Sinn Fein, 게일어로 '우리 자신'이라는 의미) 정당에 입당하고 '아일랜드 공화국 형제단'이라는 비밀 결사에도 가입했다. 두 조직 모두 최종 목표는 아일랜드를 영국의 통치에서 벗어나게 하는 것이었기 때문이다. 콜린스가 다시 아일랜드로 옮겨간 1916년은 독립운동이 막 성장하는 시기였다.

•••••••

사실 제1차 세계대전이 아니었으면 아일랜드는 이미 상당한 정도의 독립을 이루었을지 모른다. 1870년대에는 '자치' 운동이 아일랜드에서 어느 정도 기반을 확보하고 있던 때였다. 독립은 하지 않되 보다 많은 자치권을 행사할 수 있는 방향으로 방안을 모색하자는 것이었다. 1910년에 치러진 의회 의원 선거에서 영국의 두 주요 정당이 대등한 표를 얻었을 때, 아일랜드 의회당이 자유당의 손을 들어준 것도 이 때문이었다. 자유당이 재정 법안을 통과시킬 수 있게 밀어주는 대신 아일랜드 자치에 대한 지지를 약속받은 것이었다.

약속대로 영국 하원은 1914년에 자치법을 통과시켰다. 그러나 세계대전 때문에 법의 발효는 계속해서 미뤄졌다. 그 와중에 정부에서는 자치의 이행을 전쟁이 끝날 때까지 보류할 수 있다는 법안을 통과시켰고, 전쟁은 끝날 줄을 몰랐다.

1916년의 부활절 월요일, 참다못한 아일랜드의 공화국 지지자들은 아일랜드 공화국을 선포하고 군대를 창설한다는 포고문을 발표했다. 이어 약 1천2백 명의 봉기자들이 더블린 전역의 핵심 건물들을 장악했다(마이클 콜린스도 포함되어 있었지만 아직까지는 주요 인물이 아니었다). 몇 시간도 채 지나지 않아서 중앙우체국을 비롯한 목표 건물들이 거의 다 점거되었고, 영국의 거점과 연결된 더블린 성의 전화선도 잘려나갔다.

그러나 이틀 후에 곧바로 영국군의 추격이 시작되었다. 영국군에 비해 숫자는 스무 배나 많았지만 오로지 소총 하나에 의지했던 공화주의자들에게는 승산이 없는 싸움이었다. 군인들은 아일랜드 시민들까지 반란자들과 똑같이 취급하여 천 명이 넘는 인명을 살상했으며(그 과정에서 군인들도 5백 명가량 목숨을 잃었다), 더블린의 중심지를 거의 다 파괴했다. 단 4일 만에 영국군은 봉기의 지도자들에게서 항복을 받아 내고, 체포하여 거리에서 공개적으로 행진을 시켰다. 그런 다음 군 법정을 열어 재판을 진행한 후 비밀리에 봉기의 지도자들을 처형하고 사후에 그 사실만 발표했다.

많은 희생을 치르기는 했지만 부활절 봉기의 강경 진압은 그만한 가치를 가져다주었다. 그때까지만 해도 아일랜드의 대중들은 왜 아일랜드가 반드시 독립해야 하는가를 이해하지 못하고 있었다. 봉기 전에도, 봉기가 진행되는 중에도 이 부분이 봉기자들의 가장 큰 고민이었다. 심지어 봉기의 주모자들이 묶인 채 거리를 행진할 때 관중들 사이에서 야유가 쏟아져 나올 정도였다. 그러나 영국의 대응을 지켜본 사람들은 혁명가들이 말한 것처럼 그들이 압제자라는 것을 알게 되었다. 영국 내에서의 자치는 이제 현실적인 목표가 아니었다. 완전한 독립이 아니면 죽음이었다.

성패트릭데이에 연설을 하고 있는 콜린스, 1922년.

IMAGE COURTESY OF LIBRARY OF CONGRESS

•••••••

콜린스도 부활절 봉기로 체포되었지만 사형을 면할 정도의 가벼운 가담으로 처리되었다. 그는 감옥에 갇혀 있다가 1916년 12월에야 석방되었다. 덩치가 컸던 그는 '빅펠로The Big Fellow'라는 별명이 붙은 채 아일랜드로 귀환했다. 이 때쯤 그는 눈에 띄게 명성이 높아져 있었다. 콜린스는 공화주의 정당인 신페인당의 집행위원으로 선출되어 아일랜드가 영국의 통치로부터 완전히 벗어나기 위해 싸울 것을 촉구하는 일에서 주도적인 목소리를 내기 시작했다. 그는 아일랜드인들이 전투뿐 아니라 정치에서도 독립을 이루어야 한다고 생각했다.

신페인당은 1918년 영국 총선에서 총 105석의 아일랜드 의석 중 섬의 북단을 제외하고 73석을 휩쓸어 아일랜드를 장악했다. 마이클 콜린스는 의회 의원으로 선출되어 코크의 남부 지역을 대표하여 영국 하원에 진출하게 되었다.

그러나 신페인 당원들은 런던에서 의석을 확보하는 대신에 더블린에서 독자적인 아일랜드 의회인 다일 에이렌Dáil Éireann를 구성하겠다는 계획을 발표했다. 영국 정부로서는 자국의 영토에서 독자적으로 입법 활동을 시작하겠다는 것을 두고 볼 리가 없었다. 콜린스는 당원들을 무차별로 기습 체포한다는 소식을 전해 듣고 미리 경고를 해주려고 뛰어다녔지만 큰 소득이 없이 가까스로 체포를 피한 사람들에 속할 수 있을 뿐이었다.

아일랜드 의회의 나머지 멤버들은 자신들의 계획을 밀고 나가 1919년 1월에 의회를 소집했으며, 아일랜드를 독립 공화국으로 선포하고 아일랜드 독립 전쟁을 개시했다. 공화주의자들 중 많은 수가 죽임을 당하거나 투옥되었기 때문에 남은 사람들 중 마이클 콜린스가 지도자의 역할을 맡았다. 그는 재무 장관에 임명되었고, 지지자들에게 채권을 판매하여 젊은 정부가 필요로 하는 자금을 성공적으로 모았다.

다일의 첫 목표 중 하나는 자체적인 군대를 시작하는 것이었다. 이에 따라 아일랜드 의용군이 훨씬 더 조직적인 아일랜드 공화국군Irish Republican Army, IRA 으로 재편되었으며, 콜린스는 군 창설 직후 정보부장 직에 올랐다.

• • • • • • •

콜린스의 지휘 아래 IRA는 아일랜드 내의 영국 당국을 상대로 수년에 걸친 공격 작전을 수행해 나갔다. 부활절 봉기가 어떻게 무너졌는지를 겪었던 콜린스는 시민들에게서 사상자를 내지 않기 위해 최대한 주의를 기울였으며, 아일랜드의 재산을 파괴하지 않으려 애썼다. 그렇다 보니 수적으로 우세한 영국군에게 게릴라 방식의 매복 공격이나 암살을 주로 할 수밖에 없었다. 또한 마스크를 쓴 자경단을 특별 조직하여 스쿼드(The Squad, 분대라는 뜻-역주)라고 이름 짓고, 이들로 하여금 영국 경찰이나 첩자를 암살하는 방법도 병행했다.

1916년 때와 마찬가지로 영국의 대응은 또다시 긴장과 폭력을 고조시켰다.

이미 존재하고 있던 아일랜드 내의 영국 경찰인 왕립 아일랜드 경찰 외에 주로 1차 세계대전의 참전군인들로 이루어진 두 개 부대(보조국과 블랙앤드탠스)가 추가로 배치되었다. 이 부대들은 경찰이라기보다는 준 군사집단처럼 행동하기 일쑤여서 목표로 삼은 IRA의 활동에 대한 대응을 넘어서서 시민들을 학살하는 일도 종종 있었다. 또한 왕립 아일랜드 경찰보다 훈련이 덜 된 탓에 함부로 아일랜드의 가정집을 불태우고 약탈하기도 해서 사람들을 공포로 몰아넣었다. 그러나 이런 전술은 시민들에게 IRA에 협조하고 싶은 마음을 불러일으키는 역효과를 낳았다.

1920년 11월 21일, 악명 높은 피의 일요일Bloody Sunday에 더블린에서 IRA의 사수들이 열네 명의 영국 관원들을 살해했다. 블랙앤드탠스는 이에 대한 앙갚음으로 축구 경기가 진행되는 더블린의 크로크 공원을 공격했다. 그들은 장갑을 두른 차량을 경기장 안으로 몰고 가서 단숨에 열두 명을 죽였는데, 그

영화가 되다

마이클 콜린스의 이야기가 새롭게 관심을 받은 것은 1996년에 나온 전기 영화 덕분이었다.
〈마이클 콜린스〉는 할리우드에서 제작되었지만 아일랜드적인 성격을 명확히 지니고 있었다.
아일랜드 출신의 닐 조던(Neil Jordan)이 각본과 감독을 맡았으며,
콜린스 역을 리암 니슨(Liam Neeson)이 연기했고, 스티븐 레아(Stephen Rea)와
아일랜드계 미국인인 에이단 퀸(Aidan Quinn)이 출연했다.
음악도 시네이드 오코너(Sinéad O'Connor)와 프랭크 패터슨(Frank Patterson) 같은
아일랜드 가수가 참여하여 사운드트랙을 작업했다. 개봉 당시 미국에서는 큰 반응이
없었지만 아일랜드에서는 한때 최고의 흥행 수익을 올린 것으로 기록되었고,
아일랜드 정부는 이 영화를 중요한 작품으로 판단하여 관람 연령 등급을
낮춰가면서까지 아일랜드의 청소년들에게 관람을 권장했다.

중 한 명은 경기를 하던 축구 선수였다. 이 사건을 분수령으로 하여 전쟁은 더욱 유혈 양상을 띠어 갔다. 1920년 12월에서 1921년 7월 사이에 대략 천 명 정도가 살상되었으며, 처음 충돌이 시작된 몇 년에 비해 날이 갈수록 훨씬 더 많은 인명이 희생되었다.

●●●●●●●

1921년 7월이 되자 양쪽 모두 상황을 그대로 끌어가기에는 무리라는 것을 받아들이게 되었다. 10월에 이루어진 평화 협정에서 콜린스는 아일랜드를 대표하는 협상가로 활약했다. 석 달에 걸친 협상의 결과 영국–아일랜드 조약이 타결되었다. 아일랜드를 영연방 내의 자유로운 자치국으로 인정하며, 북부에 위치한 친 유니언 성향의 6개 카운티는 영국의 일부로 잔류한다는 것이 주요 내용이었다. 그런데 콜린스와 친 조약파들에게는 이 조약이 독립으로 가는 중요한 단계였지만, 일부 아일랜드의 강경파들은 아일랜드 전체의 완전한 독립이 아니었기 때문에 결과를 받아들이지 않았다.

　영국 정부는 조약을 빠르게 통과시켰지만, 결국 다일과 아일랜드 내각 사이에는 깊은 골이 생겼다. 그런 상태로 합의 내용이 가까스로 통과되고 콜린스가 임시정부의 의장이 되었다. 그러나 조약에 반대하는 세력은 신페인당을 둘로 나누었고 IRA도 분열되어 곧 10개월에 걸친 내전으로 돌입, 아일랜드인들끼리의 난투극이 벌어지게 되었다. 내전은 1923년 5월, 조약 반대 세력이 항복하고서야 끝났다.

콜린스는 한동안 친 조약파 IRA 군대를 이끌었지만 아일랜드 내전이 종식되는 것을 보지 못하고 눈을 감았다. 조약에 서명하고서 그는 "나는 나의 사망 보증서에 서명했다"는 말을 했다고 하는데, 그 말은 사실로 증명되었다. 1922년 8월 19일, 빌나블래스 작은 마을 근처에서 그의 차가 매복 공격을 당한 것이다. 고작 서른하나의 나이였던 콜린스는 누군지 모를 협정 반대파 IRA의 암살자에게 저격당했다. 그의 장례식에는 수천 명의 애도객이 모였으며, 그의 죽음을 둘러싼 상황은 이후 끝없는 음모론의 불씨가 되었다.

역사적인 기념일

아일랜드는 해마다 콜린스의 저격 사건이 일어난 장소에서 그의 죽음을 기리는 기념식을 연다. 그중 2012년의 행사는 그 자체가 역사적 사건이 되었다. 이날 행사에는 사망 당일에 콜린스가 운전했던 롤스로이스가 장갑으로 보호된 채 등장했으며, 이어 엔다 케니(Enda Kenny) 총리도 모습을 보였다. 아일랜드 정부의 총리가 처음으로 기념행사에 참석한 것이었다. 또한 콜린스 사망 90주기를 맞아 추도의 의미로 기념주화도 한정판으로 발매되었으며, IRA에 관한 새로운 문서가 발견되어 살인이 자행된 날 어떤 일이 있었는지에 대해 좀 더 자세한 정보가 나오기도 했다.

호찌민
HO CHI MINH

시기	1890~1969
지역	베트남
투쟁 대상	프랑스, 일본, 미국

성인이 된 후부터 호찌민의 삶은 한 가지 목표에 맞춰져 있었다. 바로 독립된 베트남인들의 국가를 만드는 것이었다. 또한 그가 이 목표를 달성한다는 것은 세계의 가장 강력한 몇몇 국가들, 즉 프랑스, 일본 그리고 미국과 대결해야 한다는 것을 의미했다. 그의 혁명 사상은 반식민지 민족주의에다 실용주의적 공산주의를 조합한 보기 드문 형태를 하고 있었다. 그는 자신이 일으킨 혁명의 결과를 보지 못하고 세상을 떠났으며, 그 과정에서 수많은 사람들이 희생되었지만 결국은 그의 노력이 독립국 베트남을 탄생시켰다.

호가 태어난 1890년경은 프랑스가 동남아시아의 많은 부분을 프랑스령 인도차이나 식민지로 만든 직후였다. 다른 곳에서와 마찬가지로 프랑스의 교육과 언어가 도입되었고 가톨릭이 전파되었으며, 지역의 자원을 프랑스를 위한 상품으로 전환시키는 경제체제가 구축되었다. 따라서 지역을 위해 쓸 자원은 한정되었다. 프랑스의 지배가 베트남에서 수많은 시위와 봉기를 촉발할 것은 시간문제였지만 어떤 저항도 호가 거둔 성공에 미치지는 못했다.

혁명 지도자로 활동하면서 호찌민이라는 이름을 갖기 전까지 그는 출생 당시에 지어진 이름인 응웬 싱 콘으로 불렸으며, 나중에는 응웬 닷 탕과 응웬 아이 쿠옥으로 알려졌다. 그의 아버지는 제국의 행정관 및 교사로 봉직했지만 한편으로는 프랑스어를 배우지 않겠다고 거부할 만큼 프랑스 지배의 강경한 반대자이기도 했다.

아버지의 방침과 별개로 응웬은 서구식 학교에 다녔고, 잠깐 교사 일을 하기도 했다. 그러다 배에 일자리를 얻어 배를 타고 세상을 여행하면서 20대의 많은 시간을 보냈다. 또 프랑스와 미국, 영국에서 얼마간 살아보기도 했다.

●●●●●●●

1차 세계대전 후반기에 그는 프랑스에서 지내고 있었는데, 그곳에서 프랑스 지배에 도전하는 첫 시도를 준비했다. 국외 거주 베트남인들을 모아 1919년의 베르사유 평화 회의에 가서 그곳의 대표들에게 프랑스령 인도차이나 거주민들의 시민권을 인정해줄 것을 청원한 것이다. 그는 적어도 식민 권력으로부터 독립한 역사를 가진 미국의 대표단은 자신들을 지지해줄 것으로 기대했다. 그러나 그의 청원은 미국을 포함한 어떤 나라로부터도 아무런 지지를 얻어내지 못했다.

　이듬해에 그는 프랑스 공산당의 공동 창립자가 되었으며 당의 식민지 위원회에 합류했다. 이로써 인도차이나의 프랑스 식민지에서 행해지는 인권 유린에 관해 알릴 수 있는 창구를 마련하게 된 것이었다. 그로부터 거의 20년 동안 그는 세계 여러 곳을 옮겨 다녔다. 소련의 공산당 대학에 다니기도 하고, 중국과 아시아의 여러 나라에서 마르크스주의 운동을 조직하거나 고문으로 활동하기도 했다. 1930년, 그는 국외에 거주하는 베트남인들의 독립운동을 조직으로 규합하여 인도차이나 공산당을 발족했다.

　당시의 다른 공산당 지도자들과 달리 호는 베트남 해방이 공산주의를 발전시켜 나가는 단계라고 생각하지 않았으며, 오히려 공산주의가 베트남 해방의 한 가지 방법이라고 생각하는 민족주의 우선의 사상을 지니고 있었다. 1941년, 이미 쉰 살을 넘긴 호찌민은 자신의 목표를 현실로 만들기 위해 마침내 조국으로 돌아갔다.

●●●●●●●

그가 조국에서 처음으로 한 활동은, 프랑스가 2차 세계대전의 서부 전선에서 독일을 상대하느라 바쁜 틈을 타 인도차이나를 침공해 들어온 일본과 싸운 것이었다. 이 시점에서 그는 이름을 호찌민(Ho Chi Minh, '빛을 가져오는 자'라는 의미)으로 정하고 스스로 베트민(Viet Minh, 월맹. 베트남의 공산주의적 독립운동 또는 집단-역주)이라

IMAGE COURTESY OF LIBRARY OF CONGRESS

베트남의 민족적 영웅 호찌민, 1946년경.

고 이름 붙인 무장 저항운동을 시작했다.

베트민은 구성원들 중 많은 수가 공산주의자이기는 했지만 독립에도 큰 목표를 두고 만들어진 군대였다. 베트민이 일본과의 싸움에 돌입하자 미국, 중국은 물론 다른 연합국들도 거들고 나섰다. 베트민은 오십만 명가량의 인원을 보유할 정도로 성장했으며, 만 명으로 구성된 게릴라 부대(Men in Black, 즉 '흑의단'이라고 불렸다)를 운용하여 정글 전투와 매복 작전 위주로 인도차이나의 지형에 익숙지 않은 일본군을 상대로 혁혁한 전과를 올렸다.

1945년에 2차 세계대전이 끝나면서 일본이 물러가자 호는 하노이를 수도로 하는 독립 베트남을 선언했다. 그런 다음 프랑스가 다시 등장했다.

호와 그의 지지자들은 나라의 북부를 확고히 통제하고 있었고, 프랑스는 남부의 도시 사이공을 확보하고서 이곳을 거점으로 과거의 식민지를 회복하려고 했다. 호는 베트남을 프랑스 영향권 내의 자유 국가로 만드는 것에 관해 협상을 해보려고 했으나 합의는 실패했고, 양쪽은 전쟁으로 들어갔다.

●●●●●●●

이로써 베트민은 거의 9년에 걸쳐 프랑스뿐만 아니라 반공산주의 베트남 동맹군과도 전쟁을 치르게 된다. 이 긴 전쟁의 결정적 순간은 1954년의 디엔 비엔 푸 전투에서 찾아왔다. 프랑스군은 베트민의 보급로를 끊고 공산주의 게릴라들을 평지 전투로 몰아가고 있었다. 그러나 베트민은 그 전에 이미 프랑스군을 포위한 채 더 높은 지대에 자리 잡고 있었다. 프랑스군이 예상했던 것보다 훨씬 더 강력한 중화기를 보유하고 있던 베트민은 포격하기에 더할 나위 없는 위치까지 차지하고 있었던 것이다.

전쟁에서 패한 프랑스는 인도차이나의 점유에 종지부를 찍는 협상을 할 수밖에 없었으며, 7월에 합의가 이루어졌다. 이 제네바 협정의 결과에 따라 북위 17도선을 경계로 베트남을 둘로 나누고, 북부에는 호찌민이 대통령인 베트남 공산주의 민주공화국이, 남부에는 서구의 지원을 등에 업은 또 다른 국가가 세워졌다.

제네바 협정에 따라 1956년, 두 개의 베트남은 전국적인 단일 선거를 실시하기로 되어 있었다. 그 무렵에는 누구나 북베트남이 어떤 선거에서든 이길 거라는 걸 알 수 있었다. 사람들 사이에서 '호 아저씨'로 통하는 호찌민의 인기가 지역을 막론하고 믿을 수 없을 만큼 높던 시기였기 때문이다. 미국 대통령 드와이트 아이젠하워는 투표를 하게 되면 호찌민의 지지율이 80퍼센트 정

미국적 영감

흥미로운 것은 베트남과 미국과의 관계가 극한 대립으로 치닫기 전까지
호는 미국 독립혁명의 찬양자였으며, 그가 1945년에 기초한 독립선언문도
미국의 것을 바탕으로 한 것이었다는 사실이다.
더구나 그는 미국 독립선언문의 사본을 구하지 못해서 미국에서 지낼 때
접했던 내용을 더듬어 가면서 자신의 독립선언문을 썼다고 한다.
실제로 그가 쓴 독립선언문의 첫 부분은 미국의 것과 아주 비슷하며, 이렇게 시작된다.
'모든 인간은 평등하게 창조된다. 그들은 창조주로부터 누구에게도 양도할 수 없는
권리를 부여받았다. 생존, 자유, 행복 추구의 권리 등이 그것이다.'

도 되리라 예측했다. 남베트남의 응고 딘 디엠은 인기에서 너무 밀렸기 때문에 제네바 협정을 따르지 않기로 결정했다. 남베트남에 있던 공산주의 게릴라들, 즉 베트콩은 선거가 취소되자 남쪽 정부를 향해 공격을 개시했다. 북베트남은 베트콩을 지원하여 보급품을 제공하고 의심스러운 동조자들을 엄중히 단속하기 시작했다. 싸움은 전쟁으로 비화하였다.

• • • • • • •

중국에서 마오쩌둥Mao Zedong의 혁명이 있고 난 뒤, 아시아에서 또 다른 공산 국가가 생길 것을 두려워한 미국은 남베트남 정부의 편에 섰다. 처음에는 원조를 하다가 다음에는 군사 고문을 파견했으며, 1965년 무렵에는 전투 병력을 배치했다. 이렇게 하여 압도적인 미국의 무기와 무자비한 게릴라 투쟁이 맞붙은 끔찍한 충돌, 베트남전쟁(호의 입장에서는 제2차 인도차이나 전쟁)이 시작되었다. 호는 1950년대 후반쯤부터 이미 북베트남 지도자로서의 일과를 수행하는 것은 그만둔 상태였지만 여전히 그는 국가 원수였으며, 갈등이 고조되어 가는 상황에서 큰 그림을 그릴 수 있는 가장 중요한 혁명가였다.

호는 늘 베트남이 다른 점령국보다 오래 갈 것이라고 내다보았지만, 그 자신은 전쟁보다 더 오래가지 못했다. 수년에 걸쳐 건강 문제로 고생하던 호는 1969년 9월 2일, 일흔아홉 살로 세상을 떠났다. 그가 없는 채로 전쟁은 계속되었고, 1973년 3월 29일, 리처드 닉슨 대통령이 마지막 미 전투 병력을 베트남에서 철수시키고서야 종전이 이루어졌다.

2년 후, 남베트남의 수도 사이공이 함락되면서 공산주의 국가로 통일되기 위한 마지막 걸림돌이 제거되었다. 결국 5만8천 명이 넘는 미국인의 목숨과 최소 8십만 명(어떤 추정치는 백만 명이 넘는다)의 베트남인들의 목숨을 전쟁의 대가로 치른 뒤였다. 1976년 7월 2일, 1년여 동안 북부군이 남부를 점령한 끝에 남과 북의 두 베트남 국가는 베트남사회주의공화국이라는 이름으로 통일되었다. 또한 사이공은 호찌민 시로 명칭이 바뀌었다.

사상적 순수성만이 아닌

호는 살아생전에도 사후에도 베트남에서 가장 존경받는 인물이었으며, 베트남인들 사이에서 그는 민족적 영웅으로 떠받들어진다.
호 자신이 화장을 원했음에도 불구하고, 블라디미르 레닌과 마오쩌둥처럼 그의 시신은 공공 묘소에 전시되어 있다.
그의 사후에 만들어진 전설에서는 그가 온전히 베트남의 건국에만 일생을 바친 것으로 되어 있어서, 그가 한 여성에게 마음을 주었다거나 심지어 여성과 밤을 보냈다는 이야기는 금기로 여겨진다. 그런 일들은 그가 국가를 두고 부정을 행한 것처럼 받아들여지는 것이다. 2002년에 베트남 정부는 호의 짧은 결혼 생활을 포함한 애정 생활을 논한 신간 서적을 판매 금지하고, 어떤 매체에서도 이 금지 서적에 대한 논란을 다루지 못하게 했다.
호가 생물학적 상속인을 남겨 놓지 않았기 때문에 당에서는 지금까지도 그가 금욕적인 독신자였다고(적어도 혁명가가 되고 나서부터는) 가르치고 있으며, 당원들에게도 그의 태도를 본보기로 삼도록 독려하고 있다.

마오쩌둥
MAO ZEDONG

시기	1893~1976
지역	중국
투쟁 대상	중화민국

50년이 넘는 세월 동안 처음에는 정부에 대항하는 혁명가로, 그 뒤에는 혁명 정부의 수장으로서 마오쩌둥은 투쟁을 거듭하여 자신의 이상이 반영된 공산 주의 중국을 건설했다. 인민공화국을 향해 나아가는 동안 마오가 죽인 자국 민의 수는 수백만 명을 헤아린다. 그러나 그렇게 하여 그가 이룬 국가는 60년 이상을 이어 오고 있다.

마오쩌둥(毛澤東)은 1893년 후난 성에서 소작농의 아들로 태어났다. 마오가 스무 살이 되기 전에 1644년부터 중국을 다스려온 청 왕조가 무너지고 1911 년, 최초의 공화국이 들어섰다. 마오는 청이 몰락하기 전 마지막 6개월 동안 쑨원(孫文)의 혁명군에 잠시 몸담았으며, 제대해서는 학문 연구 쪽에서 진로를 찾아보려고 노력하면서 몇 차례 진로 계획을 수정하기도 했다. 한때 대학교도서관에서 일했는데, 그곳에서 러시아의 공산주의 혁명에 대해 접하고 그 성공에 고무되어 학생 시위에 참여하게 되었다.

1921년, 중국 전역의 마르크스주의자들이 중국 공산당을 창설하자 마오는 지부 하나를 맡아서 본격적인 활동을 시작했다. 같은 해에 쑨원(초기 혁명 이후 잠깐 총통을 지냈다)은 광저우에 군사정권을 수립했다. 청 왕조가 무너지고 몇 년이 지나 중국은 북부의 강력한 군벌들을 포함하여 지방 정부들이 난립한 모양새가 되어 있었고, 쑨원은 국가의 통일에 매진해야 했다.

쑨원은 여러 군벌들과 싸우고 정부 및 외세에 맞서기 위해 공산주의자들의 도움을 받아들여 함께 국민당을 세웠다.

1925년에 쑨원이 세상을 떠나지 않았으면 혁명이 순조롭게 마무리될 수 있었을지도 모르겠다. 그러나 상황은 급변했다. 쑨원의 뒤를 이은 것은 장제스(蔣介石)였는데, 그는 공산당을 공격 대상으로 삼았다. 처음에는 지도자급 지위에서 축출하는 정도였는데, 1927년부터는 공산당원들을 죽이거나 체포하기에 이르렀으며 상하이에서는 수천 명을 살상하기도 했다. 마오는 장제스에 맞서 농민 봉기를 이끌었지만 실패하고 일부 지지자들과 중국의 남동부로 몸을 피하는 신세가 되었다. 1927년이 절반도 지나기 전에 이미 중국 공산당은 숙청에 의해 60퍼센트의 구성원을 잃은 상태였다.

숙청이 있기 전만 해도 마오는 부각되는 인물이 아니었지만 어느새 주요 인물이 되어 장시성에 근거지를 마련하고 게릴라 부대를 창설했다. 그리고 그 지역을 자신을 주석으로 하는 중화 소비에트 공화국으로 선언하고, 중국 공산당과 더불어 장제스의 국민당에 맞서 투쟁해가면서 이후 20년이 넘게 계속될 긴 혁명을 시작했다.

마오를 확고한 사실상의 지도자로 만든 것은 1934년의 '대장정'이었다. 마오는 장제스가 백만 명에 육박하는 정부군을 동원해 공격해올 것이라는 정보를 듣고 퇴각이 최선의 방책이라고 다른 공산당원들을 설득시켰다. 그리하여 그는 십만 명가량의 지지자들을 이끌고 북서쪽으로 탈출을 감행하게 되었다. 비록 1만3천 킬로미터의 긴 후퇴에서 살아남은 당원들은 절반도 채 못 되었지만, 장제스의 군대를 피해 생존하는 데 성공한 사람들은 그 자체로 사람들을 단결시키고 당원을 증원하는 구심점이 되었다.

중국이 일본과의 전면전을 치러야 했던 8년 동안 혁명은 중단되었다. 1931년에 이미 중국을 침공하여 만주를 점령하고 있던 일본이 1937년에 중국의 심장부를 공격해 들어가자, 국민당과 공산당은 군벌들을 상대했을 때처럼 다시 힘을 합쳐 공동의 적과 맞섰다. 둘 사이의 갈등은 2차 세계대전이 끝난 뒤로 미뤄졌다.

마오 쩌둥이 정면을 바라보고 있다. 1931년.

•••••••

연합군이 일본을 패퇴시키기가 무섭게 중국의 내전은 다시 시작되었다. 마오와 공산당의 지도자들은 일본과 싸우면서 익혀두었던 효과적인 전술을 장제스의 대군과 싸우는 데 요긴하게 이용했다.

그 결과, 1949년 10월 1일에 마오는 천안문 광장에서 자신을 국가 주석으로 하는 중화인민공화국을 선포할 수 있었다. 장제스와 그의 정부에서 요직에 있던 사람들은 타이완 섬으로 피신하여 새 중화민국을 건국했으며, 이들의 나라도 지금까지 독립국으로 유지되고 있다(그러나 타이완의 주권을 인정하는 나라가 많지는 않다).

본토에서는 마오와 공산당이 새로운 형태의 중국 공산주의를 창조하고 있었다. 그들은 산업과 농경을 국가의 통제하에 두고 개인 소유의 농장들을 집단 농장으로 바꾸어 나가는 작업에 박차를 가했다. 마오의 목표는 세계의 다른 강대국에 뒤처져 있던 경제를 빠르게 성장시키는 것이었다. 처음에는 그도 중국 인민들의 이런저런 요구 사항에 귀를 기울였지만, 당연히 그 어느 요구도 마오의 마음에 들지 않았다. 마오의 정부가 요구나 불만을 가진 사람들을 다루는 방식은 죽이거나 강제 노동 수용소에 보내 이른바 '노동을 통한 재교육'을 시키는 것이었다.

●●●●●●●

마오는 혁명을 통해 어렵사리 중국을 통합했지만 정작 그가 주석으로 재임했을 당시를 가장 잘 나타내주는 것은 중국을 분열시킨 두 가지 정책이었다. '대약진 운동'과 '문화혁명'이 그것이다.

일찍이 카를 마르크스가 예견하기를 공산주의는 농업 국가가 아니라 산업 국가의 다음 단계에 온다고 했기 때문에, 마오는 농업과 산업을 현대화하겠다는 목표로 1958년의 대약진 정책을 통해 국가를 재편하는 급진적인 프로그램을 시행했다.

이 노력은 그야말로 장렬하게 실패했다. 주요 자원들이 농업에서 산업으로 전환되었기 때문에 흉작의 영향이 그 어느 때보다 큰 타격을 주었던 것이다. 식량 생산이 엄청나게 감소하여 장기적인 기근이 발생했으며, 단 몇 년 사이에 2천만 명에서 4천만 명에 이르는 중국 인민들이 굶주림과 영양실조로 죽어 나갔다. 마오 자신도 이 계획이 재앙이었다는 점을 인정할 수밖에 없었다.

유명한 어록

마오는 자신의 정치적 견해를 널리 알리기 위해 1966년에
〈마오 주석 어록(Quotations from Chairman Mao)〉을 발간했는데,
지금은 주로 〈붉은 책(Little Red Book)〉으로 알려져 있다.
중국인들에게 붉은 책은 의무사항이었다. 당원들은 말할 것도 없이 늘 가지고
다녀야 했고, 군인들 용으로는 주머니에 들어갈 수 있도록 더 작은 판형으로 제작되었다.
인구가 십억 명이 넘는 나라에서 필수적인 책이 되다 보니 이 책은 성경을 제외하고는
시대를 막론하여 두 번째로 많이 인쇄된 책이 되었다.

문제는 농업 정책만이 아니었다. 농업 정책이 빈약한 계획으로 수백만 명을 죽게 만드는 동안 대약진 정책의 일환으로 추진된 문화혁명은 그보다 더 많은 사람들의 생명을 앗아갔다.

1966년부터 마오는 자신의 권위를 재천명하고 당의 목표에 비판적이라고 판단되는 사람은 무조건 숙청하기 시작했다. 그는 중국 내에 자본주의를 되살리려는 반동분자들이 있다면서 불충이 의심되는 사람은 누구든지 마녀사냥을 하라고 명령했다. 그가 이끄는 인민해방군은 홍위병으로 불리는 학생 집단으로 하여금 마오의 정치적 적대자들을 감시, 추방, 처형하게 했다. 결국 주요 도시들에서 지식인과 산업 노동자들을 중심으로 소요가 분출하듯 일어났고, 마오는 군대를 앞세워 자국민과 싸웠다.

이 문화혁명은 수많은 사람들을 죽였을 뿐 아니라(백만 명에서 2백만 명이 죽은 것으로 추정된다) 중국의 역사를 크게 단절시켰다. 마오가 혁명 이전의 역사와 불교, 학교 등 '낡은' 체제들을 인민공화국에 위협이 되는 것들이라고 지적했기 때문이었다. 문화혁명은 마오의 지도력을 개인숭배화 하였고, 마오에게만 충성을 다하는 홍위병이 개인숭배에 앞장을 섰다. 그에게 충성을 바치지 않는 사람은 제거되거나 강제로 입을 다물어야 했으므로, 그에게 반대하는 것은 그야말로 위험천만한 일이었다. 모든 시민들이 마오가 쓴 책을 읽어야 했고, 눈이 닿는 곳 어디에나 그의 사진이 걸렸다.

마오는 죽을 때까지 당의 주석 자리에 있었다. 어떤 의미로는 그가 중국의 경제를 근대화시킨 것이 맞다. 특히 1972년에 미국 대통령 리처드 닉슨의 방문을 계기로 양국 간의 교류와 무역을 재개한 것은 분명히 경제에 기여한 부분으로 인정된다. 마오는 1976년 9월 9일, 파킨슨병의 합병증으로 추측되는 사인으로 사망했으며, 시신은 베이징의 천안문 광장에 전시되어 있다. 얼마나 많은 목숨과 얼마나 많은 역사가 그의 지도력의 대가로 희생되었는지를 고려하면 그의 사망을 공식적으로 알린 성명의 한 대목은 꽤 얄궂다고 할 수밖에 없겠다. "중국 인민이 거둔 모든 승리는 마오 주석의 지도력 아래에서 이루어진 것입니다."

셈법

마오가 사망하고 몇 년 후, 중국 정부는 그가 남긴 것들을 어떻게 다루어야 할지에 대해 고심했다. 수많은 지지자들이 그를 완벽한 존재로 여겨 인격 숭배까지 한 데다 국가적으로도 그것이 올바른 견해라고 가르쳤기 때문이다.

새 주석인 덩샤오핑(鄧小平)은 아주 기발한 해결책을 찾아냈다.

1981년, 덩샤오핑 정부는 마오 주석의 행동과 사상에서 70%가 옳고 30%는 잘못되었다고 선언했다. 이 비율이 어떻게 산출되었는지에 대한 셈법은 딱히 명확하지 않았고, 정부에서도 어떤 사상이 어떤 항목에 부합하는지에 대해서도 자세한 설명을 내놓지 않았다. (중국에서 마오의 실책에 대한 공개적인 대중 토론은 아직까지 이루어진 적이 없었다.) 그러나 이 선언으로 정부는 마오의 유산을 공식적으로 뒤집거나 무효화시키지는 않은 셈이 되었고, 덩샤오핑은 필요한 만큼 마오의 선례를 깨고 정치 개혁을 단행할 빌미를 얻을 수가 있게 되었다.

넬슨 만델라
NELSON MANDELA

시기	1918~2013
지역	남아프리카
투쟁 대상	아파르트헤이트

넬슨 만델라가 남아프리카의 인종 분리 정책인 아파르트헤이트에 대항해 봉기하기 시작했을 때, 그의 지지자들조차도 그가 그처럼 대단한 성공을 거둘 것이라고는 기대하지 않았다. 초기의 봉기 이후 거의 삼십 년을 감옥에서 보내고 풀려난 만델라는 인종차별이 폐지된 남아프리카에서 민주적으로 선출된 최초의 지도자가 되었다. 그는 다양성이 존중되는 새로운 사회의 건설자였으며, 평화와 정의에 대한 헌신으로 전 세계적으로 존경받는 정치인이었다.

1918년, 템부 부족의 족장 가계에서 태어난 롤리흘라흘라 달리브훙가 만델라Rolihlahla Dalibhunga Mandela는 일가 중에서 처음으로 학교(그는 이곳에서 서양식 이름을 갖게 되었다)에 다닌 아이였으며, 그 후 지역의 대학에도 잠깐 다녔다. 아홉 살 되던 해에 족장이었던 아버지가 세상을 떠나자 만델라는 유력한 지방 섭정에게 입양되어 부족의 지도자 역할을 할 수 있도록 키워졌다.

그러나 만델라는 정략결혼을 하지 않기 위해 1941년 고향을 떠난다. 요하네스버그로 간 만델라는 법률사무소의 서기로 일하면서 비트바테르스란트 대학에서 유일한 아프리카 원주민으로서 법률 공부를 하기 시작했다. 그러면서 좌익 아프리카민족회의(African National Congress, ANC) 정당에 가입하고, ANC의 청년 동맹인 ANCYL의 공동 창설자가 되었다. ANC는 상당히 소극적인 흑인 해방 기구였기 때문에 만델라는 적극적인 비폭력 저항과 시민 불복종에 대한 신념을 가지고 ANCYL을 실천적인 풀뿌리 운동으로 변모시켰다.

그로부터 불과 몇 년 사이에 이미 법으로 정해져 있던 남아프리카의 인종차별과 흑백 분리는 훨씬 더 나쁜 상황으로 치달았다. 1948년의 선거에서 집권한 새 국민당은 아프리카너(Afrikaners, 네덜란드계 백인-역주)가 주도권을 가진 정당이었는데, 드러내놓고 인종차별을 정강으로 삼고 있었다. 이 당이 도입한 정책이 문제의 아파르트헤이트로, 전국적으로 인종을 철저히 분리해 차별하는 법이었다. 아파르트헤이트에 따라 정부는 수천 명의 사람들을 이주시켜 격리했으며, 비(非) 백인들(대부분이 흑인이었고, 인도인과 혼혈 인종들도 더러 있었다)은 명부를 등록하도록 하여 정치적, 재정적 분리를 공식적인 정부 정책으로 삼았다.

인구 면에서 소수였던 아프리카너들은 이후로도 훨씬 더 효율적으로 권력을 장악할 수 있는 통치 방안을 마련하기 시작했다. 아파르트헤이트가 공식화된 지 일 년이 지났을 무렵, ANC는 모든 남아프리카인들의 평등을 위한 투쟁에 적극적 비폭력으로 맞서자는 만델라의 계획을 받아들이기로 했다.

1937년 무렵의 젊은 만델라.

1952년, 만델라는 남아프리카 최초의 흑인 법률사무소를 열어 아파르트헤이트 법에 맞서기 시작했다. 그가 시위를 주도했다는 죄목으로 처음으로 체포된 것도 이 해였다. 아파르트헤이트 정책에는 통행법이 포함되어 있었는데, 흑인들은 반드시 통행증을 가지고 다니다가 백인 관리가 요구할 때마다 꺼내 보여주어야 한다는 내용의 법이었다. 만델라는 지지자들에게 이 법을 따르지 말라고 촉구하면서 공개적으로 자신의 통행부를 불태워 버림으로써 의도적으로 체포를 부추겼다.

만델라는 점점 더 지도자로 주목받았고, 정부는 여러 차례에 걸쳐 그가 대중 앞에서 연설하거나 다른 행동가들과 연합하지 못하게 금지했다. 1956년, 그는 1백56명의 반 아파르트헤이트 행동가들 중 한 명으로 체포되어 반역죄로 재판을 받았다. 이들은 결국 무죄 선고를 받았지만 그렇게 되기까지는 몇 년이 걸렸다.

1960년에 샤프빌에서 백인 경찰들이 무장하지 않은 흑인 시위자들에게 발포하여 69명이 사망하고 2백 명이 넘는 부상자가 생긴 대규모 시위가 일어난 후, 정부는 ANC를 불법 조직으로 규정하고 구성원들을 잡아들이기 시작했다. 만델라는 경찰에 잡히거나 살해되지 않기 위해 지하로 숨어들 수밖에 없었다. 정부는 그를 침묵시키기 위해 백방으로 노력했지만 역효과였다. 몸을 감추는 데 성공했다는 것까지도 그가 더 많은 사람들에게 영웅으로 떠받들어지는 데 보탬이 되었을 뿐이었다.

만델라와 ANC는 그동안 줄곧 비폭력을 옹호했지만 숨어 지내는 동안 그의 심경에 변화가 생겼다. ANC의 전략이 효과가 없었음을 인정하고 반정부 사보타주(sabotage, 파괴 행위를 동반한 저항운동-역주)를 준비하기로 한 것이다. 그는 ANC의 새로운 군사 조직인 움콘토 웨 시즈웨(국민의 槍이라는 의미)의 대장이 되어 정부 기관에 폭탄을 터뜨리고, 사흘에 걸친 노동자들의 폭력 시위를 일으켰다. 그 후 그는 국외로 나가 6개월 동안 지내면서 반 아파르트헤이트의 대의에 대한 지원을 이끌어내기 위해 노력하는 한편, 알제리에서는 정부군에 대항하기 위한 게릴라 전술을 배웠다. 그 뒤 다시 국내로 잠입한 만델라는 다른 ANC의 지도자들과 함께 리보니아의 교외에 머물면서 다음 단계를 계획했다.

●●●●●●●

그러나 만델라는 1962년 8월 5일, 거리 검문에서 체포되었다. 경찰은 그가 사보타주 운동에 연루되어 있다는 증거를 충분히 확보하지 못했기 때문에 불법 출국과 전국 파업을 부추겼다는 혐의를 씌워 그에게 5년 형을 선고했다.

그러나 그것이 끝이 아니었다. 그가 감옥에 갇혀 있는 동안 리보니아의 은신처가 발각되었다. 당국은 은신처를 급습하여 정부를 상대로 한 게릴라 작전 계획의 증거를 찾아내고 만델라의 동료들을 체포했으며, 만델라를 포함한 그들에게 사보타주 및 국가를 폭력으로 전복하려 한 음모죄를 적용했다.

피고인들은 사보타주는 인정했지만 폭력에 의한 국가 전복 음모는 부인했다. 여기서 만델라는 자신들의 행동이 "모든 사람들이 조화롭게 함께 살며, 동등한 권리를 누리는 자유로운 사회"를 지지하기 위한 것이었다는 감동적인 변론을 남겼다. 1964년 6월 12일, 만델라와 ANC의 다른 지도자들은 사형은 면했지만 유죄 판결을 받고 종신형에 처해졌다. 곧 그들은 케이프타운 앞바다의 경비가 삼엄한 로벤 아일랜드로 이송되었다. 혁명가들은 채석장에서 고된 노동을 견뎌야 했으며, 서로 대화를 나누는 것조차 금지당했다.

만델라는 이후 27년 동안을 감옥에서 보내게 되는데, 그중 18년은 로벤의 작은 독방에 갇힌 채였다. 그가 하는 말은 물론 그의 사진도 모두 금지되었고, 정부는 더 강력한 아파르트헤이트 법들을 계속해서 통과시켰다. 1970년쯤에는 남아프리카의 흑인들에게는 선거권, 의회 진출권은 물론이고 집단 시민권조차 없었다.

● ● ● ● ● ● ● ●

만델라가 감옥에 있는 동안 새로운 세대가 등장하여 아파르트헤이트에 대항하고 있었다. 1976년에 소웨토에서 또 다른 학생 봉기가 일어나 정부가 수백 명을 죽이면서 진압에 나서자, 무슨 일이 일어나고 있는지에 대한 국제적인 관심이 쏠리게 되었다. 해외로 망명한 ANC는 더 큰 저항운동을 조직하기 시작했다. 1980년대에 정부는 또다시 엄중 단속을 지시하면서 엄청난 수의 시위자들을 죽이거나 체포할 수 있는 권한을 치안부대에 주었고, 이와 함께 혁명의 제2 라운드가 시작되었다.

ANC와 만델라의 아내 위니는 투쟁 내내 만델라의 이름을 전면에 내걸었으며, 만델라의 자유는 남아프리카 정부를 압박하는 국제적인 대의명분이 되었다. 또한 만약에 그가 감옥에서 죽기라도 하면 엄청난 사태를 불러오는 도화선이 될 수 있다는 두려움으로도 작용했다.

1988년경, 만델라는 은밀히 본토로 이송되어 가택연금에 처해졌고, 정부 관료들이 그와 만나 협상을 시도하기 시작했다. ANC를 포기하면 석방해주겠다는 것이었다. 동지들 중에서도 그가 정부의 농간에 놀아나게 될까 봐 우려하는 사람들이 있었지만, 만델라는 아파르트헤이트가 종식되어야 한다는 굳건한 소신을 다짐하면서 이를 거절했다. 1989년, 새 대통령으로 취임한 클레르크^{F. W. de Klerk}는 마침내 만델라의 석방을 발표하기에 이른다. 그때까지도 많은 백인들의 눈에는 그저 테러리스트에 불과한 그였으나, 만델라는 이미 옥중에서 희망의 상징으로 타오르고 있었고 그 불길을 잠재우기는 불가능했기 때문이다.

대중적 대의명분

1980년대, 만델라의 석방은 남아프리카 밖에서도 대중적인 대의명분이 되었다.
팝 문화의 영역에서는 만델라의 지지자들이 그의 일흔 번째 생일을 기념하는
콘서트를 열기도 했으며, 유명 음악가들이 연합하여 남아프리카에서
공연하지 않겠다며 보이콧을 조직하고 연주를 거부한 일도 있었다.
그가 그런 식으로 세계만방의 보편적인 존경을 받게 되자
1993년에는 노벨평화상이 주어졌고(F. W. 데 클레르크와 함께),
미국 대통령 자유훈장과 소비에트연방 레닌훈장도 수여되었다.

•••••••

넬슨 만델라는 1990년 2월 11일에 자유의 몸이 되었다. 거대한 사람들의 물결이 그가 감옥에서 걸어 나오는 것을 지켜보았다.

물론 만델라는 여전히 아파르트헤이트가 지배하는 남아프리카로 귀환한 것이었다. 그는 석방된 이듬해에 ANC의 의장으로 임명되었으며, 클레르크 대통령과 자유선거 실시에 대한 타협을 시작했다. 그러나 만델라가 석방되었다고 해서 나라의 혼란 상태가 멈춰진 것은 아니었고, 타협이 시간을 끄는 사이에 인종 간 폭력 사태는 오히려 더 심해졌다. 게다가 1993년에는 ANC의 지도자가 암살되는 일까지 생겨 상황은 내전으로까지 치달았다. 만델라는 텔레비전 연설에 나섰다. 계속되는 폭력을 끝낼 유일한 해결책이 자유선거와 일반선거라는 사실을 호소하는 내용이었다.

마침내 1994년에 치러진 선거에서는 남아프리카 인구 대다수에게 처음으로 투표권이 부여되었다. 선거 결과는 만델라의 압승이었다. 또한 다당제 선거에서도 투표자의 62퍼센트가 넘는 사람들이 ANC를 지지했다. 4월 27일, 만델라는 남아프리카 최초의 흑인 대통령으로 선출되었으며, 이날은 공휴일인 프리덤데이Freedom Day로 지정되어 전국적으로 기념되고 있다.

만델라로서는 이전의 지도자들에게 보복을 할 법도 했지만 그렇게 하지 않았다. 그는 갈등이 아닌 화해를 선택했다. 그는 '모든' 남아프리카인들의 대통령이 될 것을 약속하고 클레르크를 부통령으로 하는 다양한 인종의 연합 정부를 구성했다. 사회, 경제적 법률을 도입하여 백인이 아닌 사람들의 처우를 개선했으며, 새로운 탈(脫) 아파르트헤이트 헌법을 제정했다. 그렇게 그는 온갖 반대를 무릅쓰고 남아프리카를 모두의 권리를 지켜주는 다수결의 국가로 변모시켰다.

만델라는 종신으로 대통령 자리에 있을 수 있었지만 한 번의 임기만 지내고 1999년, 여든한 살에 정계에서 물러났다. 그리고 다시 십 년 남짓의 세월 동안, 이번에는 한 사람의 시민운동가로서 인종과 성 평등에서부터 AIDS의 인식 개선, 그리고 국제 평화에 이르기까지 다양한 분야에서 봉사했다. 마지막 순간까지도 세계적인 아이콘이었던 넬슨 만델라는 2013년 12월 5일, 폐 감염을 일으켜 자신이 일구어낸 자유로운 남아프리카에서 아흔다섯 살을 일기로 세상을 떠났다.

챔피언십

만델라가 대통령이 된 이듬해인 1995년에 남아프리카에서 럭비 월드컵이 열리게 되었다. 만델라는 이 기회를 인종 분열을 치료하는 또 다른 방법으로 이용하기로 했다. 그는 오랫동안 흑인에게 원한의 대상이었던 럭비팀의 가장 열성적인 팬을 자처하면서 선수들 한 명 한 명과 친분을 쌓았다. 그리고 약체였던 국가대표 스프링복스(Springboks) 팀이 이례적인 우승을 거두게 하여 모든 남아프리카인이 함께 축하할 수 있는 잔치로 만들기로 했다. 그의 작전은 효과가 있었다. 결승전이 시작되기 전, 만델라가 스프링복스 팀의 셔츠를 입고 필드에 나타나자 만원사례였던 (그리고 대부분이 백인이었던) 관중들이 일제히 일어나 그의 이름을 부르며 환호를 보냈다. 불과 몇 개월 전만 해도 상상초자 할 수 없는 광경이었다. 이 이야기는 클린트 이스트우드 감독에 의해 2009년에 〈인빅터스〉라는 영화로 만들어졌다. 만델라 역에는 모건 프리먼이, 스프링복스 팀의 주장 역으로는 맷 데이먼이 열연했다.

맬컴 엑스

MALCOLM X

시기   1925~1965

지역   미국

투쟁 대상   인종차별

아프리카계 미국인들의 평등을 위한 투쟁에서 강력한 목소리를 낸 대표적인 인물로는 마틴 루터 킹 주니어^{Martin Luther King, Jr.}를 꼽을 수 있다. 그러나 비슷한 시기에 또 다른 인물이 등장하여 역시 강력한 대변자의 역할을 했다. 그가 바로 이슬람국가^{Nation of Islam}의 맬컴 엑스였다. 맬컴 엑스는 흑인 민족주의와 분리주의를 주장하며 수많은 지지자를 얻었다.

맬컴 엑스의 아버지는 그리스도교 목사이면서 마르쿠스 가비의 백투아프리카 운동의 지지자였다. 1925년 네브래스카의 오마하에서 태어난 맬컴 엑스의 원래 이름은 맬컴 리틀^{Malcolm Little}이었다. 그의 아버지는 실천적 행동가였던 탓에 백인 우월주의자들의 공격 대상이 되었으며, 쿠 클럭스 클랜^{KKK}의 분파인 블랙 레기온(Black Legion, 검은 군단-역주)의 직접적인 위협을 받았다. 리틀

마틴 루터 킹의 기자 회견장에 참석한 맬컴 엑스, 1964년.

일가는 위협에서 벗어나기 위해 미시간으로 이사했지만, 맬컴이 여섯 살 때 결국 그의 아버지는 시신으로 발견되었다. 십중팔구 비밀 극단주의자 집단에 의해 살해된 것이 분명했지만, 당국에서는 자살로 처리하면서 남은 가족에게 유족 급여가 지급되지 못하게 막았다. 그 일로 맬컴의 어머니는 신경쇠약에 걸려 보호시설로 보내졌고, 아이들은 여러 위탁 가정으로 나뉘어 맡겨졌다.

빈털터리로 고아 신세가 된 어린 맬컴은 마약 판매, 매춘 알선과 도둑질 등의 범죄로 생계를 이으면서 뉴욕과 보스턴을 전전하다가 1946년에 절도죄로 체포되어 징역형을 선고받고 보스턴의 주립 감옥에 갇히게 되었다. 그가 이슬람국가에 관심을 가지게 된 것이 바로 그곳이었다. 이 종교에 이미 가입해 있던 형이 면회를 온 것에서 영향을 받아 그 역시 개종하게 된 것이다.

원래 이 종교 운동의 창시자들은 이슬람교에 바탕을 두고 교리를 만들었지만, 실제의 이슬람국가는 인종 이론과 흑인 민족주의를 기반으로 역사에 대해 엇갈리는 설교를 하는 매우 다른 종교가 되어 있었다. 예를 들어 백인들이 과학자에 의해 흑인들로부터 창조된 '악마'라고 가르치는 식이었는데, 어린 시절에 극악한 경험을 한 맬컴에게는 대단히 매력적인 사상이 아닐 수가 없었다. 그는 당장에 '노예 이름'인 리틀이라는 성을 버리고 조상들에게서 전해 내려온 아프리카의 이름을 넣을 자리라는 의미로 '엑스(X)'라는 글자를 성으로 삼았다. 감옥에 있는 동안 맬컴은 이슬람국가의 지도자인 일라이자 무함마드Elijah Muhammad와 편지를 주고받기 시작했다. 일라이자 무함마드는 얼마 후 맬컴에게 전국적인 활동 기반을 제공해주었다.

IMAGE COURTESY OF LIBRARY OF CONGRESS

맬컴 엑스는 1952년에 석방되자 시카고로 가서 무함마드를 만나게 된다. 무함마드는 특유의 총명함으로 맬컴을 감동시켰으며, 맬컴에게 무한한 책임감을 불어넣었다. 그로부터 일 년이 못 되어 스물여덟 살의 맬컴은 디트로이트의 이슬람국가 사원에서 부사제가 되어 있었다. 이후 맬컴 엑스는 보스턴에 사원을 창설하여 사제로 봉직했으며, 그다음에는 할렘의 사원에서 더 고위의 사제 역할을 수행했다. 또한 블랙 무슬림 신문인 〈무함마드 스피크스Muhammad Speaks〉를 발행하고, 사원의 모든 사람을 동원해 거리에서 신문을 판매함으로써 폭넓은 포교 활동과 자금 마련의 기회로 활용했다.

이슬람국가는 그의 지도력 아래 극적인 성장을 기록했다. 전국에 사원이 생겨 1950년대 말까지 네 군데이던 사원이 마흔아홉 군데로 늘어났다. 조직에서 공개한 것은 아니지만 신도의 수 역시 불과 몇 년 사이에 수백 명 수준에서 수만 명까지 늘어난 것으로 추산된다. 무함마드는 맬컴 엑스를 대변인으로 임명하여 이슬람국가의 2인자임을 공식화했다.

이 모든 일이 일어난 때는 시민권 운동이 미국 정치에서 실질적인 힘을 발휘하기 시작한 것과 같은 시기였다. 그러다 보니 맬컴 엑스는 여러 면에서 마틴 루터 킹 주니어 그리고 킹이 주도한 대중 운동과 대비되었다. 킹이 평화적 저항을 설파한 반면 맬컴 엑스는 킹을 백인 미국인들에게 팔려간 인질이라고 생각하면서 그를 '얼간이', '톰 아저씨' 등으로 불렀다. 맬컴은 "비폭력의 혁명이란 존재할 수 없다"면서 아프리카계 미국인들이 백인들에게 반격하기 위해서는 "필요한 어떤 수단이라도 동원"해야 한다고 주장했다. 킹은 인종차별의 철폐를 위해 싸웠지만 이슬람국가는 분리와 아프리카로의 귀환을 원했다. 킹이 자신의 지지자들에게 완전한 투표권을 부여하고자 했다면, 이슬람국가는 신도들에게 투표에도 참여하지 말고 정치에 일절 관여하지 말라고 가르쳤다. 두 사람은 1964년에 딱 한 차례, 채 1분이 못 되는 만남을 가졌지만, 킹은 자신들의 견해가 다른 것에 관해 끊임없이 너그러운 태도로 일관했다.

●●●●●●●

그런데 맬컴 엑스가 국가적인 유명 인물이 되고 얼마 지나지 않아 그와 이슬람국가와의 관계에 균열이 생기기 시작했다. 무함마드는 1963년, 맬컴 엑스가 그 무렵에 발생한 존 F. 케네디 대통령의 암살에 대해 (이미 논평을 자제하라고 당부한 상태에서) '자업자득'이라고 기자에게 말한 것을 탓하며 그의 대변인 자격을 임시 정지시켰다. 그러나 맬컴 엑스의 입장에서는 오히려 무함마드에게 실망한 상태였다. 스스로 이슬람 사회의 귀감이라고 자처하며 신도들에게 엄격한 종교적 규칙을 강요했던 무함마드가 사실은 비서로 고용했던 여성들과의 사이에 여러 명의 혼외 자식들을 두었다는 사실을 알게 된 것이다.

게다가 이슬람국가가 시민권 운동에 참여하거나 정치적인 문제에 개입하는 것을 극도로 꺼린 것이 맬컴 엑스에게는 아무것도 하지 않고 변화를 기대하는 나태한 태도로밖에 보이지 않았다.

1964년 3월 8일, 그는 공식적으로 이슬람국가를 떠났다. 그다음 달에 그가 한 연설 '투표권이 아니면 총알을 달라The Bullet or the Ballot'는 그의 연설 중 가장 유명한 것으로 손꼽힌다. 그는 이슬람국가의 계율을 깨고 아프리카계 미국인들에게 투표에 참여할 것을 촉구하면서, 만약 정부에서 지속적으로 아프리카계 미국인들에게 다른 미국인들과 동등한 권리를 부여하지 않으면 폭력을 쓸 수밖에 없다고 했다. 그는 이렇게 외쳤다. "만약 내가 아침에 죽는다면 한 가지를 외치면서 죽을 것이다. 투표권이 아니면 총알을 달라. 투표권이 아니면 총알을 달라! 라고." 이 연설로 그는 이슬람국가와의 단절을 선언하면서 흑인 민족주의에 대한 신념을 천명한 셈이었다.

맬컴 엑스가 인종과 종교를 바라보는 시각은 이슬람교의 메카 순례 핫즈Hajj에 참여하고 난 이후에 더욱 변화하였다. 그곳에서 그는 수니파 이슬람교로 공식적으로 개종하고, 일라이자 무함마드에게서 가르침을 받은 인종 분리를 거부했다. 또한 이름도 맬콤 엑스에서 엘 하지 말리크 엘 샤바즈el-Hajj Malik el-Shabazz로 바꾸었다.

•••••••

미국으로 돌아온 그는 자신의 옛 종교를 보다 포괄적인 시민권의 메시지와 결합할 수 있는 새로운 조직을 창설했다. 종교 단체인 '무슬림 모스크 인코퍼레이션'과 세속 단체인 '미국흑인통일기구'를 조직하고, 이슬람국가 지도자 시절에 자신이 보였던 다소 극단적인 태도에 대해 사과하면서 반(反) 백인적인 인종차별주의를 철회했다.

그러나 개종으로 말미암아 그에게는 위험한 적들이 생겼다. 이슬람국가의 신도들은 그를 죽이겠다고 위협하고 차를 폭파했으며, 그가 창간했던 이슬람국가 신문에서는 그에게 배신자의 낙인을 찍어 그의 잘린 머리에 악마의 뿔이 달린 모습을 묘사한 카툰과 기사들을 연이어 게재했다.

1965년 2월 21일, 그는 뉴욕의 오듀본 볼룸에서 연설을 하기로 되어 있었다. 연설이 막 시작될 찰나 세 명의 암살자들이 일제히 연단을 향해 총을 쏘았다. 그들이 쏜 여러 발의 총알은 얼마 전까지 맬컴 엑스라 불렸던 서른아홉 살의 남자를 결국 숨지게 했다. 총을 쏜 세 사람은 뉴어크에 기반을 둔 이슬람국가의 신도였으며, 모두 재판에서 유죄 판결을 받았다. 일라이자 무함마

엑스, 정격 영화화되다

1992년에 맬컴 엑스 자서전을 바탕으로 한 전기 영화가 만들어지자 일부에서 논란이 일었고 영화제작사에도 시련이 잇따랐다.

스파이크 리(Spike Lee)가 감독을 맡았다는 소식이 전해지자 이슬람국가의 신도들이 뉴욕에서 항의 시위를 벌였는가 하면, 예산 문제로도 난항을 겪었다.

결국 유명한 아프리카계 미국인인 빌 코스비, 마이클 조던, 오프라 윈프리 등이 기부금을 내 겨우 촬영을 마칠 수 있을 정도였다. 그러나 막상 영화는 평단과 상업적인 부분에서 모두 성공을 거두었으며, 맬컴 엑스에 대한 관심도 높아졌다.

또한 맬컴 엑스 역을 맡았던 배우 덴젤 워싱턴은 아카데미상 후보에 올랐다.

이 영화는 패션 트렌드를 탄생시키기도 했는데, 1990년대 유행했던 'X' 자가 새겨진 검정 야구 모자가 그것이다.

드는 살인을 지시하지 않았다고 했지만, 잡힌 사람 중 한 명이 "그의 메시지를 받았다"고 진술했다.

생을 마감하기 몇 년 전부터 맬컴 엑스는 꽤 많은 시간을 작가인 알렉스 헤일리(Alex Haley, 〈뿌리〉의 저자로 유명하다)와 면담하는 데 쓰고 있었다. 이때 작성된 면담 내용이 그가 세상을 떠나고 얼마 후에 〈맬컴 엑스 자서전〉으로 엮여 나와 수백만 부가 팔려나갔다. 블랙팬서(Black Panthers, 미국의 급진적인 흑인 운동 단체. 흑표당이라고도 함-역주)나 학생비폭력조정위원회 등의 단체에서 주도한 1960년대 후반의 흑인 권력 운동은 맬컴 엑스에게서 크게 영향을 받았으며, 그가 한때 동지였던 사람의 손에 순교하게 되자 이슬람국가의 신도였던 많은 사람들이 덜 극단적인 조직을 지향하게 되었다.

이슬람국가의 분열

맬컴 엑스가 이슬람국가와 결별하고 나자 새로 대변인 역할을 이어받은 사람은
한때 이름이 루이스 엑스(Louis X)였던 루이스 파라한(Louis Farrakhan)이었다.
그는 맬컴 엑스가 조직을 떠나자 동료였던 맬컴을 공공연히 적대시하고
인쇄 매체를 통해 그에게 위협을 가해왔다. 맬컴 엑스가 암살되고 난 뒤
그의 가족들은 파라한이 암살을 부추겼다고 비난하고 나섰다.
맬컴 엑스의 아내 베티는 1994년의 텔레비전 인터뷰에서도 같은 말을 했으며,
그 이듬해에는 1965년의 암살을 지켜본 맬컴의 딸 중 한 명이 청부살인업자를
고용해 파라한의 살해를 사주한 혐의로 체포되기도 했다.
암살은 한 번도 성사된 적이 없었고, 논란 많은 파라한은 계속하여
이슬람국가의 지도자 자리를 지켰다.

피델 카스트로
FIDEL CASTRO

시기	**1926~2016**
지역	**쿠바**
투쟁 대상	**쿠바의 독재 정권**

피델 카스트로의 경력은 현대의 다른 혁명가들과는 꽤 다르다. 무엇보다 상당히 젊은 나이로 자국의 정부를 전복하는 데 성공했으며, 거의 50년 동안 권력을 쥐고 있다가 자신의 방식대로 권좌에서 내려왔다. 그가 보여준 국가 수장으로서의 지도력은 긍정적인 면과 부정적인 면을 동시에 지니고 있었다고 하지만, 적어도 혁명 지도자로서의 성공은 진정한 약자의 성취라고 할 수 있었다.

1926년 8월 13일, 그는 정치적 불안이 이미 일반화된 문제로 자리 잡고 있던 쿠바에서 태어났다. 그 직전의 60년 동안 이 섬나라는 두 번의 독립전쟁, 스페인-미국 전쟁 후 미국 영토로 귀속, 미국의 점령, 선거, 이 선거에 대한 전국적인 시위 등을 겪어온 뒤였다. 1933년에는 중사인 풀헨시오 바티스타

Fulgencio Batista가 군사 쿠데타를 일으켜 정부를 무너뜨리고 십 년 동안 나라를 통치하다가 다시 전임자에게 권력을 이양했다.

카스트로는 대학생 때부터 아메리카 대륙의 여러 혁명에 참여했으며, 무산되기는 했지만 도미니카공화국의 군사 독재자인 라파엘 트루히요 정권 타도 혁명에도 가담했다. 카스트로는 가난하다고는 할 수 없는 가정 형편에서 자랐지만(그의 아버지는 부유한 지주였으며, 그는 아바나대학교 법학과를 졸업했다), 주변에서 목격한 빈곤과 불평등 때문에 마르크스주의 혁명 사상에 경도되었다.

빈곤과 불평등은 1950년대의 쿠바에서는 일반적인 문제였다. 바티스타는 1952년의 쿠데타로 다시 한번 정부를 전복하고 가혹한 군정을 펼쳤다. 이 두 번째 쿠데타 이후에 바티스타는 심하게 부패하게 되었으며, 나중에 확인되기로는 뇌물과 리베이트로 3억 달러 이상을 긁어모은 것으로 드러났다. 바티스타 정부는 주로 미국과 미국 기업의 이권을 뒷배로 삼고 있었다. 바티스타는 '합법적'인 사업 외에도 마피아를 밀어주기도 했는데, 악명 높은 미국인 갱단 두목 메이어 랜스키가 카지노와 호텔, 매춘업소, 경마장 등을 세우면서 전국적인 거물이 된 것도 바티스타의 지원 때문이었다. 그러나 큰돈이 쿠바로 유입되는 동안 그 혜택을 입은 시민들은 찾아보기 어려울 정도로 드물었다.

처음에 카스트로는 법률 전공을 활용하여 정부와 싸우기로 하고 바티스타가 쿠바 헌법을 위반한 것에 대해 소송을 제기했다. 그러나 곧 이 방법이 소용없다는 것을 깨닫고는 무장봉기만이 유일한 방책이라는 생각을 굳히게 되었다.

••••••

카스트로가 쿠바에서 일으킨 첫 봉기는 계획대로 진행되지 않았다. 1953년 7월 26일, 그는 1백60명의 인원을 이끌고 몬카다 병영을 공격하여 산티아고 데 쿠바에 주둔하고 있는 바티스타의 군대와 맞붙으려 했다. 그러나 바티스타 군은 이미 준비를 끝낸 상태였다. 카스트로 측이 도착하자마자 바티스타 군이 기관총을 일제 사격하기 시작하여 카스트로는 어쩔 수 없이 후퇴할 수밖에 없었고, 살아남은 사람들은 대부분 사로잡히고 말았다. 카스트로는 법정에서 위헌적 정부에 대항해 봉기하는 것은 불법이 될 수 없다고 주장했지만 결국 유죄 선고를 받았다.

카스트로와 그의 동생인 라울Raul은 똑같이 15년 형을 선고받고 감옥에 갇혔다가 특사로 일찍 풀려나게 되었다. 두 사람은 또다시 봉기를 계획하기 위해 멕시코로 몸을 피했다. 멕시코에서 카스트로는 에르네스토 체 게바라 Ernesto "Che" Guevara를 만나게 되는데, 게바라는 장차 그의 가장 중요한 동맹이자 다가올 혁명에서 부사령관을 맡게 될 좌익 혁명가였다.

그들은 앞서의 병영 공격을 기념하여 '7월 26일 운동'이라고 이름 붙인 82인의 혁명군을 조직했다. 이들은 낡은 요트를 타고 일주일을 항해하여 1956년, 쿠바로 귀환했다. 그러나 이번에도 미리 대비를 하고 있던 바티스타 군은 고작 이틀 만에 카스트로의 부하들을 거의 모두 죽이거나 체포했으며, 카스트로 형제와 게바라 등 소수의 생존자만이 시에라 마에스트라 산맥으로 달아났다.

산속에서 지내는 동안 점차 지역의 주민들이 이들의 대의에 동조하기 시작했다. 그들은 군대의 전초기지를 습격해 보급품을 확보하고, 바티스타 군을 상대로 게릴라 공격을 수행하는 한편으로 학교와 병원, 공장 등을 장악해 직접 운영하기도 했다. 어느덧 그들이 산악 지역 전체를 통제하게 되자, 바티스타는 그들을 일망타진하겠다는 생각으로 대규모 공격을 지시하기에 이르렀다. 1958년 여름, 그는 폭격기와 해군함정들의 뒷받침 아래 시에라 마에스트라로 만 명의 군대를 파견했다. 말도 안 되는 수적 열세였지만 카스트로와 지지자들은 공격을 견뎌낸 후 반격을 시도했다.

게릴라전이 계속되고 거의 일 년 만에 바티스타는 도미니카공화국으로 달아나고, 아직 서른둘의 나이에 불과했던 카스트로가 승리를 거두었다. 처음에는 호세 미로 카르도나 수상이 새 정부를 이끌었으나 한 달 만에 자리에서 물러났다. 새 정부에서도 계속해 군사령관을 맡고 있던 카스트로가 수상직을 이어받은 것은 1959년 2월이었다. 당시 그는 공산주의를 직접적으로 표방하지는 않고 '잘 계획된 경제에서의 대의 민주주의와 사회 정의' 지향이라는 표현으로 정치 강령을 내세웠지만, 결국 서반구 최초의 공산주의 국가를 세우게 된 셈이었다.

IMAGE COURTESY OF LIBRARY OF CONGRESS

카스트로가 유엔총회에 참석하고 있다.
1960년.

•••••••

통치자로서의 카스트로는 처음부터 대단히 급진적이었다. 우선 1차 토지개혁을 단행하여 누구를 막론하고 개인이 소유할 수 있는 땅의 크기를 제한하고, 광범한 땅을 20만 명이 넘는 소작농에게 분배하여 새로이 땅 주인이 되게 했다. 또 학교, 도로, 기타 기반시설의 수를 엄청나게 늘리고, 모든 쿠바 국민의 완전한 고용을 보장했다. 이 새 정책으로 빈곤층은 혜택을 입게 되었지만 상류층과 중류층에 속했던 사람들 수천 명은 무더기로 국외로 빠져나가기 시작했고, 플로리다가 이들의 새 정착지로 급부상했다.

카스트로가 쿠바 내에 있던 수많은 미국인 소유의 기업들을 국유화하고 소련과의 관계를 발전시키자, 플로리다 해안에서 고작 145킬로미터 떨어진 곳에 세워진 공산국가에 대한 미국의 우려가 깊어졌다.

미국과 쿠바의 관계는 짧은 시간에 급속도로 악화되었다. 드와이트 아이젠하워 대통령은 1960년 쿠바와의 국교를 단절하고 무역을 제한했으며, 이 무역 금지 조치는 카스트로의 통치 기간 동안 줄곧 이어졌다. 뿐만 아니라 대통령직을 떠나기 직전, 아이젠하워는 미국에 거주하는 쿠바 망명자들이 포함된 군대가 카스트로를 타도하기 위한 공격을 할 수 있게 재가했다. 그리하여 1961년 4월 17일, 1천4백 명의 CIA 훈련을 받은 군대가 쿠바의 피그만에 상륙했다. 그러나 이들은 금세 카스트로 군에게 패배하여 1천2백 명이 넘는 사람들이 붙잡혀 갇히는 신세가 되고 말았다. 이들 중 1천1백 명 남짓은 5천만 달러어치의 유아식 및 의약품과 맞교환하는 조건으로 미국으로 되돌려 보내지기는 했지만, 일부는 재판을 받고 결국 처형되었다.

1962년, 카스트로는 소련이 쿠바에 핵미사일 기지를 세우는 것에 동의했다. 여기에는 미국이 또다시 침공을 해올지도 모른다는 우려도 한몫을 했다. 미국이 이 사실을 알아차리게 되면서 쿠바 미사일 위기Cuban Missile Crisis가 시작되어 강대국 간의 긴장이 고조되기 시작했다. 핵전쟁이 심각하게 고려되는 순간까지 다다랐던 위기 국면은 극적인 순간에 타협되었으며, 13일간의 교착 상태도 끝났다.

●●●●●●●

카스트로는 1976년에 수상에서 대통령으로 직위를 변경했으며, 독재자로서

플레이 볼

카스트로가 혁명을 일으킨 또 다른 것이 있다면? 바로 쿠바 야구다.
평생 동안 야구팬이었던 카스트로는 야구를 국가적 자존심의 원천으로 장려하고
대단히 경쟁이 심한 야구 리그를 발족시켰다. 쿠바 국가대표팀은 국제 대회에서도
탁월한 성과를 거두었으며, 야구가 정식 종목으로 채택되고 난 후 다섯 차례의 올림픽에서
잇따라 금메달 또는 은메달을 땄다. 그러나 메이저리그에서 자국의 몇 배가 넘는 연봉을
제시하면서 쿠바 선수들을 탐내기 시작하자, 수년에 걸쳐 최고의 쿠바 선수들
수십 명이 수백만 달러를 벌기 위해 미국으로의 위험한 여정을 감행했다.
카스트로가 한때 마이너리그의 워싱턴 세니터스(Washington Senators)에서
뛰었다는 유명한 이야기도 전해지지만, 이는 사실이 아니다.
그렇기는 해도, 그는 아주 훌륭한 고교 투수였다는 것만은 사실이다.

통치를 계속했다. 또한 1970년대에는 자신의 국제적인 역할도 강화했다. 쿠바는 아프리카와 남아메리카의 공산주의 반군에 대해 지속적인 원조를 했으며, 1979년에는 미국과 소련 양국 중 어디에도 속하지 않겠다고 선언한 국가들의 비동맹 운동을 이끄는 주도국이 되었다.

국내적으로 그의 혁명 정부는 정치적 적대 세력들을 탄압해 가면서도 몇 가지 목표를 이루어냈다. 쿠바의 문해율(文解率)은 남녀 모두에서 꾸준히 세계 최고의 수준을 기록했으며, 의료 체계 역시 이에 못지않게 성공적이었다. 그러나 경제 발전은 심각하게 뒤처졌으며, 정치적으로는 카스트로의 정적들 수천 명이 체포되어 핍박을 받았다. 또한 1980년대에는 소련의 붕괴와 경제 자유화로 인해 쿠바는 가장 중요한 무역 상대국을 잃는 처지가 되었다. 1990년대가 되자 카스트로는 쿠바 내 경제의 대부분이 공산주의로 남아 있는 채로 일부 사기업을 허용하지 않을 수 없게 되었다.

몇 년에 걸쳐 건강 악화로 고생한 카스트로는 2008년에 자리에서 내려와

죽이기 힘든 사람

카스트로의 전 비서실장에 따르면 미국은 6백 차례나 그를 암살하려 했다는데,
주로 리처드 닉슨과 로널드 레이건 행정부 시절에 이루어진 시도였다고 한다.
물론 숫자가 너무 높아 보이기는 하지만 카스트로가 수많은 위협에서 살아남은 것은
분명한 사실이며, 그중에는 대단히 창의적인 방법들도 있었다.
가장 괴상해 보이는 사례를 들어 보면, 카스트로가 가장 좋아하는 다이빙 장소의
소라고둥 속에 폭탄을 장치했다든지, 잠수복에 치명적인 박테리아를 발라 놓았다든지,
또는 호텔의 밀크셰이크에 독약을 탔다든지 하는 것들이 있다. 아무튼 CIA가 개발한
폭발성 시가와 보툴리누스균을 채운 시가 등의 살인 무기는 흡연이
얼마나 위험한 일인지를 증명하는 데 기여한 셈이다.

국가평의회장을 대리하던 동생 라울에게 나라를 맡겼다. 카스트로의 재임 동안 그를 축출하려는 시도는 계속 있었지만 늘 실패했고, 그 사이 미국은 아홉 차례나 대통령 선거를 치렀다. 은퇴 후에 카스트로는 외국의 지도자들과 꾸준히 만나는가 하면 교황의 방문을 주선하고, 콜롬비아의 게릴라 전쟁에서 양 파벌 사이의 평화회담을 중재하는 등 원로 정치인의 역할을 자처했다. 카스트로는 2016년 11월 25일, 노환으로 사망했다.

세자르 차베스
CESAR CHAVES

시기	**1927~1993**
지역	**미국**
투쟁 대상	**부당 노동 행위**

노동운동이 최고조에 이르는 동안 산업 노동자들 대부분의 노동 조건과 안전, 급여가 개선되어 많은 것들이 좋아졌다. 그러나 조합을 결성하는 것은 생각도 하지 못할 뿐 아니라 가난한 이민자들이 많아서 쉽사리 고용주들에게 착취의 대상이 되었던 농장 노동자들에게 이러한 혜택은 수십 년 동안 여전히 먼 이야기였다. 이것이 세자르 차베스가 투쟁을 선택한 이유였다.

세자르 차베스는 1927년 애리조나 주 유마에서 태어났다. 그의 부모는 멕시코계 미국인 이민자였으며, 조그만 가게를 운영하다가 대공황 때 모든 것을 잃게 된다. 차베스는 어린 나이에 이미 부자들이 어떻게 노동자들을 착취하는지에 대한 가혹한 교훈을 얻게 된다. 아버지가 한 건의 토지 계약으로 두 번 사기를 당하는 일이 일어난 것이다. 그의 아버지가 좀 작은 땅에 대한 토지

문서를 받기로 하고 큼직한 땅 한 구획을 포기하겠다는 계약을 하게 되었는데, 정작 자기 땅을 내놓고 나자 땅 주인이 거래 계약을 어기고 주기로 한 땅을 다른 사람에게 팔아버린 것이 첫 번째였다. 두 번째는 변호사의 말을 듣고 이 땅을 사기 위해 은행 대출을 받은 것이 사단이었다. 그 직후부터 오르기 시작한 이자가 너무 높아져서 차베스 가족이 감당할 수 없을 지경에 이르자 변호사 본인이 그 땅을 차지해 버린 것이다.

일자리가 절실해진 차베스 가족은 1938년에 애리조나에서 캘리포니아로 이사를 하게 되었으며, 이민 농장 노동자를 써주는 곳이면 어디든지 찾아다니는 삶을 살게 되었다. 들에 나가 열매를 따는 일은 보수가 박했다. 차베스 가족은 겨우 입에 풀칠하는 정도로 간신히 생계를 꾸려나갔다. 세자르 차베스가 고등학교에 들어갈 무렵까지 다닌 학교가 거의 40군데에 이른다는 사실이 말해주는 고된 떠돌이 생활이었다.

그나마 아버지가 사고로 부상을 당한 뒤에는 차베스가 학교를 그만두고 온종일 들일을 했다. 그가 가족을 부양한 덕분에 어머니는 일을 하지 않아도 되었지만, 막 8학년을 마친 차베스는 그 뒤 다시는 학교에 다니지 못했다.

• • • • • • •

이론적으로는 그의 아버지와 같은 농장 노동자들도 프랭클린 루스벨트 대통령이 대공황 대책으로 내놓은 뉴딜 정책에 따라 1933년에 통과된 전국 산업 부흥법NIRA의 혜택을 받을 수 있어야 했다. NIRA는 경기 부양을 위한 수많은 조항을 통해 노동조합의 집단 교섭권을 보장할 뿐 아니라, 당시 유행하던 '황견계약yellow-dog'을 고용주가 이용하지 못하게 금지했다. 황견계약은 노동조합에 가입하지 않겠다고 서약하는 조건으로 고용하는 방식을 가리키는 것이었다.

NIRA의 표현에는 예외 조항이 포함되지 않았지만 정부는 농장 노동자들을 위해 기꺼이 조항 하나를 추가해 주기로 했다. 다행히 농장 지역 출신의 의원들이 많았기 때문에 이 예외 조항은 전국 노동 관계법NLRA에 명시되었다. NLRA 또한 뉴딜 정책의 결과물로서, 꽤 오랫동안 노조 설립을 원하는 다른 산업의 노동자들을 보호하는 역할을 했다. 2차 세계대전 후, 미국의 중산층은 기록적인 수준의 성장을 보였는데 이것은 다분히 노동조합의 뒷받침이 있었기 때문이었다. 그러나 농장 노동자들만은 여전히 노동 계층을 벗어나지 못했으며, 심지어 노동 빈곤층으로 머물러 있기도 했다.

세자르 차베스는 20대 초반의 나이로 문제를 바로잡는 일에 나서게 되었다. 인생에서 최악의 시기였다고 표현했을 만큼 인종차별이 심한 해군에서 2년을 보내고 서부 해안으로 돌아온 그는, 결혼을 하고 캘리포니아 새너제이의 빈민가에서 십 대 시절과 똑같이 들일을 했다.

1952년, 차베스는 그곳에서 도널드 맥도널 신부Father Donald McDonnell가 주재하는 예배에 참석하기 시작했다. 맥도널 신부는 설교에서 사회 정의와 노동권을 중요하게 다루는 성직자였다. 맥도널의 주선으로 차베스는 공동체 지원 기구CSO에서 일자리를 얻게 되었다. CSO는 투표 운동과 반 인종차별법 지지 등을 통해 캘리포니아의 라티노(Latinos, 라틴아메리카계 미국인-역주)들을 결집시키는 풀뿌리 단체였다. 차베스는 이곳에서 거의 십 년에 걸쳐 노동조합의 결성에 대해 배우게 되었다. 그러는 동안 그는 모한다스 간디가 주창했던 비폭력 저항의 방법에 깊이 감동을 받았으며, 이후 일생 동안 평화적 시위에 헌신하는 삶을 살게 된다. 차베스는 윤리적 (또한 건강상의) 이유로 엄격한 채식주의를 실천했는데, 지지자들에게는 자의로 하려 들지 않는 한 아무것도 요구하지 않았다.

●●●●●●●

1962년, 차베스는 농장 노동자들의 문제를 정면에서 다루기로 하고 CSO의 동료인 돌로레스 후에르타와 함께 전국 농장 노동자 조합NFW을 결성하기에 이른다. 처음에는 조합원 수가 더디게 늘었지만 1965년에 NFW에게 기회가 찾아왔다. 그해 9월, 필리핀 농업 노동자 조직 위원회AWOC의 조합원들 대부분이 캘리포니아의 딜라노에서 작업을 중단하는 일이 발생한 것이다. 그 지역의 포도 재배업자들을 상대로 파업에 돌입한 것이었다.

재배업자들이 심하게 임금을 낮추려 한 것이 파업의 원인이었다. 차베스는 업자들이 파업을 구실로 다른 노동자 집단을 선동하여 필리핀계 노동자들과 맞서게 함으로써 민족 간의 분열을 일으키고, 그 틈에 더 낮은 임금으로도 기꺼이 일할 집단을 물색하려고 할 것이라는 것을 눈치챘다. 일이 그렇게 되기 전에 차베스는 자신의 조합을 움직여 파업에 동참하게 하고 모든 포도 채집 자들의 연대를 호소했다. 1966년, 차베스의 NFW는 AWOC와 연합하여 하나 의 조직으로 뭉쳤다가 나중에 미국 농업 노동조합^{UFW}이 된다. UFW는 미국 역사상 가장 큰 노동조합이다.

차베스의 지도력 아래 포도 채집자들의 파업은 국가적 관심을 받게 되었다. 1966년, 차베스는 지지자들을 이끌고 딜라노에서 캘리포니아의 주도인 새크 라멘토까지 약 547킬로미터를 행진하며 사람들의 의식을 일깨웠다. 또한 전 국적인 포도 불매 운동을 벌이면서, 조합원들이 일일이 식료품 가게로 가서 소비자들에게 파업의 배경과 상황을 설명하기도 했다. 결국 노동자들이 공정 한 임금을 받게 될 때까지 1천3백만 명의 소비자들이 포도를 사지 않고 이들 의 대의에 힘을 보태주었다.

차베스는 1968년 2월을 기하여 일절 음식을 먹지 않는 단식 파업에 들어갔 으며, 단식은 25일간 계속되었다. 이 일로 그의 몸무게는 16킬로그램이 줄어 들었다. 건강이 위태로운 상황 속에서 이미 두 해 동안 이어지고 있는 파업에 관해 빠른 속도로 소식이 퍼져나갔다. 마침내 차베스가 단식을 끝냈을 때, 그 와 함께 식사하기 위해 모습을 보인 사람들 중에는 대통령 후보였던 로버트 케네디^{Robert F. Kennedy}도 있었다.

1970년 7월 29일, 차베스와 노동조합이 큰 승리를 거두면서 거의 4년 동안 이어진 딜라노 포도 파업이 마무리되었으며, 스물여섯 군데의 포도 재배 농

IMAGE COURTESY OF NATIONAL ARCHIVES

차베스, 1972년.

장이 노동조합과의 새로운 계약에 서명했다. 외부의 지지를 이끌어내고 비폭력적인 수단을 이용하는 능력을 보여주었던 차베스는 노동운동가를 넘어 영웅 대접을 받게 되었다.

●●●●●●●

딜라노에서 가장 주목할 만한 업적을 이루기는 했지만 차베스에게는 싸워야 할 이유들이 더 있었다.

1970년대에 UFW는 캘리포니아의 살리나스 밸리에서 양상추를 수확하는 계약을 두고 팀스터스(Teamsters, 수송 트럭 운전기사-역주) 노조와 충돌했다. UFW가 조직한 파업이 진행되는 동안 팀스터스가 끼어들어 재배업자들과 협상한 뒤 헐값에 계약을 해버린 탓이었다. 그런 중에도 UFW와 계속해서 협상하려는 재배업자들도 있었기 때문에 두 노동조합 간의 영역 다툼은 점차 폭력성을 띠기 시작했다. UFW 조합원들이 공격을 당하고 몇 명은 총에 맞았으며, 지역 사무소에는 폭탄이 터졌다. 법원에서는 UFW에 시위 금지 명령을 내렸으며, 차베스는 시위를 계속했다는 이유로 연방 경찰에게 체포되어 두 주 넘게 감옥에서 보내야 했다

UFW가 넘어가야 할 장애는 여전히 많이 남아 있었다. '샐러드 그릇'을 두고 벌어진 파업은 1971년 3월에 비폭력의 전략을 앞세운 UFW의 승리로 끝이 났다. 팀스터스는 농장 노동자들에 대한 관할권을 UFW에게 일임하기로

했다. 하지만 파업을 끝내기로 하고 맺은 협상 조건은 이후로도 몇 년에 걸쳐 꾸준히 지켜지지 않았다.

팀스터스와 충돌을 겪으면서 차베스는 농장 노동자들이 풀뿌리 운동뿐만 아니라 정치에 참여할 필요가 있음을 절실히 깨닫게 되었다. 그가 정치적으로 이끌어낸 가장 큰 성공은 1975년에 새로 선출된 주지사 제리 브라운이 캘리포니아 농업 노동 관계법CALRA에 서명하게 만든 일이었다. 최초로 미국의 주에서 농업 노동자들이 노동조합을 결성하고 단체교섭을 할 수 있는 권리를 법적으로 보증한 것이다.

1980년대에는 새크라멘토와 중앙의 워싱턴 두 곳에서 모두 훨씬 보수적인 정부가 들어섰다. 이에 따라 농업 노동자들의 운동은 CALRA를 정상적으로 집행하도록 촉구하는 방향으로 돌아섰다. 차베스는 계속해서 노동조합의 권리를 위해 싸우면서 한편으로는 살충제 사용에 반대하고, 이 약품이 노동자의 건강에 어떤 영향을 미치는지에 대해 주의를 환기하는 것까지 아우르면서

긍정의 힘

차베스는 1972년에 피닉스에서 단식투쟁을 하던 중에 농장 노동자들을 분발시키기 위한 구호로 '시 세 푸에데(Sí se puede)'라는 문구를 써서 널리 퍼뜨렸다. 이후로도 UFW는 이 말을 슬로건으로 계속 사용했고, 이민자 권리 운동에서도 2006년의 전국 시위에서 이 문구를 구호로 삼았다. UFW에서는 이 말을 '그래, 이루어질 수 있어(Yes, it can be done.)'라는 영어로 번역해 썼지만, '그래, 할 수 있어(Yes, we can.)'로 옮겨도 된다. 2008년에 버락 오바마가 벌인 대통령 선거 운동에서도 이 문구가 슬로건으로 채택되었는데, 오바마의 경우에는 라틴계 유권자들의 표심을 얻기 위해 '시 세 푸에데'를 그대로 썼다.

적극적인 행동주의를 확대해나갔다. 또한 포도 불매운동도 다시 시작했다(이전과 마찬가지로 단식투쟁도 함께 벌였다).

차베스는 생의 마지막 순간까지 운동가로 일했으며 1993년 4월 23일, 66세의 나이로 자신이 자란 곳에서 멀지 않은 애리조나의 한 호텔에서 잠을 자다가 사망했다. 그는 캘리포니아 컨 카운티^{Kern County}에 있는 UFW 본부의 구내에 묻혔다.

그를 기억할 시간

2010년 초는 세자르 차베스를 기리는 사람들에게 큰 의미를 지닌 시기였다.
버락 오바마 대통령이 3월 31일을 세자르 차베스의 날(Cesar Chavez Day)로 선포한 것이다.
의회의 지지를 얻지 못해 공식적인 공휴일로 지정하지는 못했지만, 이미 이날을
주의 공휴일로 삼고 있었던 캘리포니아, 텍사스, 콜로라도 주에 백악관의 정식 승인이
내려졌다. 2014년 3월에는 디에고 루나(Diego Luna) 감독, 마이클 페냐(Michael Pena)
주연으로 차베스에 관한 첫 장편 영화가 제작되어 미국 전역의 영화관에서 상영되었다.
또 2012년 10월에는 차베스가 묻힌 UFW 자리가 연방정부에 의해
세자르 차베스 국립 기념지(Cesar Chavez National Monument)로 지정되었다.

체 게바라
CHE GUEVARA

시기	1928~1967
지역	쿠바, 콩고, 볼리비아
투쟁 대상	독재정권

역사적으로는 마르크스주의 혁명이 차례로 일어나는 양상을 보였지만, 원래 공산주의 철학에서 주장하는 혁명은 전 세계적인 것이었다. 레닌에서부터 카스트로, 호찌민에 이르기까지 20세기의 공산주의 혁명가들 대부분이 주로 한 국가에 집중한 반면, 체 게바라는 여러 국가의 혁명에 잇따라 투신했으며, 그가 목숨을 대가로 치르며 걸어갔던 진정한 마르크스주의 혁명의 여정은 그를 불멸의 전설로 만들었다.

에르네스토 게바라 데 라 세르나Ernesto Guevara de la Serna는 1928년 아르헨티나의 중산층 가정에서 태어나 무탈하게 자랐다. 그의 부모는 진보적인 정치 성향을 지니고 있어서, 1930년대에 일어난 스페인 내전에서 반파시즘의 대의를 내건 공화파를 지지하고 좌파 정치를 후원했다. 게바라는 이미 어릴 때부터 다양한 분야에 흥미와 재능을 나타냈으며, 럭비, 체스는 물론 정치철학까지 두루 섭렵했다. 장차 혁명 동지가 될 피델 카스트로가 법률가였던 것처럼, 게바라 역시 혁명에 투신하기 전에는 전문직의 길을 가고 있었다.

1948년에 그는 부에노스아이레스대학 의학과에 입학했다. 그리고 1951년, 스물세 살의 게바라는 일 년을 휴학하고 홀연 친구 한 명과 남아메리카 여행에 나섰다(원래는 모터사이클을 타고 다녔으나 도중에 망가졌다). 게바라는 이 여행에서 남아메리카의 일상에 깃든 광범위한 궁핍을 몸으로 느낄 수 있었고, 결국 혁명에 헌신하기로 결단을 내리게 된다. 그는 칠레의 광부들, 페루의 원주민 농장 노동자들, 심지어 아마존 열대우림의 한센병 격리지구에서 환자들과 함께 부대끼면서(그는 자신이 받은 의학 수련으로 환자들의 치료를 도왔다) 그들의 실상을 몸으로 느꼈다.

이 여행으로 게바라는 가난한 사람들과 노동자 계층의 삶을 개선하는 방법으로서의 범 민족주의와 마르크스주의 혁명에 대한 신념을 굳혔다.

●●●●●●●

1953년, 젊은 혁명가는 과테말라로 이주해 갔다. 과테말라에서는 1950년에 좌파 대통령인 하코보 아르벤스가 선출됐는데, 게바라가 보기에는 이 대통령의 토지개혁 정책이 과테말라를 살 만한 나라로 만들겠다는 알림 표시 같았다. 그러나 아르벤스는 1954년, CIA와 유나이티드 프루트 컴퍼니^{United Fruit}

IMAGE COURTESY OF LIBRARY OF CONGRESS

수천 장의 티셔츠를 장식한 체 게바라의 얼굴.

Company의 지원을 받은 쿠데타로 실각하고 만다. 유나이티드 프루트 컴퍼니는 아르벤스가 국유화한 땅의 많은 부분을 자사의 소유라고 주장해왔다. 게바라는 새로이 CIA가 앉혀 놓은 독재자에 대항해 싸우는 민병대 운동에 합류했는데, 아르벤스는 모든 것을 포기하고 국외로 달아나면서 자신의 지지자들에게도 포기를 촉구했다.

게바라는 과테말라에서 안전하게 빠져나가기 위해 아르헨티나 대사관에 도움을 청했다. 이때 그가 얻은 별명이 "체Che"였는데, 이것은 원래 사람들 사이에서 반가움을 표시하는 인사말이었다. 이 시기에 그는 무장 항쟁이 마르크스주의의 이상을 실현할 유일한 길이라는 것을 다시 한번 확신했다.

그가 다음으로 향한 곳은 멕시코였다. 바로 카스트로가 봉기에 실패하고 달아나 패배의 상처를 치유하고 있던 곳이었다. 두 사람은 만나자마자 의기투합하여 몇 시간이고 대화를 나눴으며, 그날 밤 게바라는 두말하지 않고 카스트로의 대의에 투신하기로 했다. 카스트로는 게바라가 지닌 의학 지식과 지적 능력이 대단히 가치 있으리라는 것을 한눈에 알아보았고, 게바라를 계획 중이던 쿠바 침공의 지휘관으로 삼았다.

게바라는 1956년에 보트를 타고 쿠바로 간 여든두 명 중 한 명이었다. 이들의 공격은 실패로 끝났고, 살아남은 사람들은 시에라 마에스트라 산맥으로 달아나 게릴라 전쟁을 시작했다. 게릴라 전쟁에서 게바라는 유능한 지휘관이자 전략가였다. 규율에는 대단히 엄격했으며 탈영을 하거나 첩자로 붙잡히면 처형을 서슴지 않았지만, 한편으로는 군인들의 교육에 힘쓰고 이들로 하여금 마을 사람들에게 읽고 쓰기를 가르치게 했다.

또한 그는 언론을 통제하는 것이 어떤 가치를 지니고 있는지를 잘 알았다. 그는 산속에 라디오 방송국 하나를 만들어서 반군의 메시지를 쿠바 전역으로 송출했다. 오늘날에도 이용되고 있는 라디오 레벨데^{Radio Rebelde}가 그것인데, 당시 이 방송은 반군들을 모집하거나 바티스타 군사 정권에 반감을 지닌 사람들이 카스트로를 지지하게 만드는 데 큰 역할을 했다.

●●●●●●●

카스트로와 비교해도 게바라는 대담성이 돋보이는 인물이었다. 그는 승산이 없어 보이는 작전도 서슴없이 시도하곤 했는데, 부상당한 부하를 구해내기 위해 무기도 없이 전장 한가운데로 달려 들어간 일화는 유명하다. 아바나를 장악하기 위한 혁명군의 반격이 이루어지는 동안 게바라는 자신의 분대를 이끌고 일주일 동안의 도보 행군을 감행했는데, 이때 길가에 늘어선 소작 농민들이 이들을 응원한 것도 놀라운 일은 아니었다.

1958년의 마지막 며칠 사이에 게바라는 가장 중요한 고비가 되었던 산타클라라 전투에서 승리를 거두었다. 그때까지 이들이 치른 전투는 주로 게릴라 전술로 급습하거나 작은 규모의 접전을 벌이는 것이었는데, 산타클라라 전투는 3백 명이 못 되는 인원과 빈약한 무기로 2천5백 명이 넘는 수비군을 상대로 벌인 좀 더 전통적인 교전의 형태였다. 승산으로 볼 때 놀라운 기록을 이룩한 이 전투의 승리는 게바라의 전략 덕분이었다. 그는 부하들을 두 줄기로 나누어 수비군을 둘러싸듯이 하고 무기를 잔뜩 실은 장갑 기차를 탈취했다. 이때 투쟁에 가담한 지역 주민들의 지원도 한몫을 했다. 산타클라라 전투는 혁명의 마지막 주요 전투였으며, 게바라의 인상적인 승리 이후 바티스타는 국외로 달아났다.

혁명이 끝나고 카스트로는 신임하는 부관인 게바라에게 새 쿠바 정부의 요직을 여럿 맡겼다. 그중 하나는 수많은 바티스타 정부의 관리들을 군사재판에 세워 처형하는 일이었다. 그뿐만 아니라 게바라는 쿠바의 국립은행 총재, 산업 장관, 농지개혁 위원회 위원장 등의 직책도 맡아 혁명 후 쿠바의 전반적인 경제에 대한 청사진을 만들어냈다.

● ● ● ● ● ● ●

카스트로가 오랫동안 쿠바를 경영하는 일에 온전히 집중했다면, 게바라는 혁명가로서 다른 국가를 위해서도 본분을 다해야 한다고 생각했다. 그는 국제적으로 카스트로 정부를 대표하는 일을 자주 맡았는데, 유엔에서 연설을 하거나 소련과 원조에 대해 협상하는 일 등 세계를 순방하는 일을 주로 했다.

1965년, 게바라는 정부의 이인자 자리를 내려놓고 조용히 쿠바를 떠나 콩고로 향했다. 벨기에의 식민지였던 이 나라는 1960년에 독립 콩고공화국이 되어 있었다. 내전 중이던 콩고에서 게바라는 쿠바와 소련의 합동 고문단에 합류하여 마르크스주의자인 심바Simba의 반란을 지원했다. 그러나 이번에는 실패였다. 게바라는 그곳에서 게릴라전을 조직하려 한 자신의 시도가 실패했으며, 반란군들이 투쟁에 전력하지 않았다고 일기에 기록했다. 9개월 만에 그는 콩고를 떠났다.

1966년 11월 3일, 그는 변장을 하고 이름을 바꾸어 볼리비아로 잠입해 들어갔다. 그곳에서 다시 한번 혁명을 시도하기로 한 것이다. 쿠바인 지지자들 수십 명만 데리고 가서 현지의 볼리비아 소작 농민들로 지지 세력을 구축하려는 계획이었다. 초기에는 그가 이끈 게릴라들이 볼리비아 군대에 맞서 성공을 거두었지만, 결과적으로 이 혁명은 게바라에게 재앙이 되었다.

● ● ● ● ● ● ●

CIA 기관원들은 콩고에서부터 게바라를 감시하기 시작하여 볼리비아에서도 정부군을 양성해가면서 그의 뒤를 따라다녔다. 게바라가 대중들에게 확신을 불어넣으며 지지자들을 모으는 사이에 볼리비아 정부는 이를 방해하기 위해 갖은 방법을 동원하고 있었다. 위협이나 폭력은 물론 그가 있는 곳을 알려주거나 그의 대의를 배신하는 사람들에게는 막대한 재정적 보상을 제공했다.

1967년 10월 8일, 볼리비아 군대는 라이게라 마을에서 게바라와 몇 명 남지 않은 그의 부하들을 에워쌌다. 두 시간도 채 못 되어 게릴라 전원이 사살되거나 사로잡혔다. 다리에 잇따라 총을 맞은 게바라도 어쩔 수 없이 포로가 되었다. 이튿날, 그는 다른 수인들과 함께 처형되었다. 죽음에 이르러서도 게바라는 살인자들 앞에 무릎 꿇기를 거부했으며 다음과 같은 마지막 말을 남겼다고 한다. "쏴라, 당신은 고작 남자 하나를 죽이는 것일 뿐이다."

백만 명이 넘는 쿠바인들이 게바라의 공개 추도 행사에 모여들었으며, 그는 계속해서 쿠바에서 사랑받는 인물로 남게 되었다. 그가 세상을 떠나고 오랜 시간이 지난 후에도 어린 학생들은 체 게바라처럼 살겠다고 약속하는 내용의 노랫말을 매일같이 외운다. 1997년에 그의 유해가 볼리비아에서 쿠바로 반환되었을 때, 카스트로는 게바라가 승리를 거두었던 산타클라라 근처에 커다란 공공기념관을 세우고 그곳에 영원히 꺼지지 않는 불꽃을 밝혀 놓았다. 친구와 적 모두에게 게바라는 철학적 안내자이자 전쟁 지도자이기도 한 복합적인 인물이었다. 그러나 이 때문에 더욱 감동을 주는 인물로서 그는 불굴의 혁명적 의지를 대변하는 강력한 상징으로 남아 있다.

유명한 얼굴

마르크스주의자였던 체 게바라의 얼굴이 누구나 한눈에 알아볼 수 있을 정도로 유명해진 것은 얄궂게도 자본주의적인 이유 때문이다. 1960년 3월 5일, 알베르토 코르다(Alberto Korda)라는 사람이 CIA가 꾸민 것으로 추정되는 화물선 폭발 희생자들을 위한 추도식에서 게바라의 사진을 한 장 찍었는데, 이것이 단숨에 상징적인 이미지로 떠오른 것이다. 코르다는 게바라의 얼굴을 '영웅적 게릴라(Guerrillero Heroico)'라는 이름으로 널리 퍼뜨려 혁명을 고무시킬 수 있기를 바라면서 사진을 누구나 사용할 수 있게 저작권을 풀어 주었다. 게바라의 얼굴은 인기 있는 포스터 디자인이 되었으며, 티셔츠에 찍혀 수백만 명이 입게 되었다. 다만, 코르다는 자신의 사진이 게바라가 싫어할 만한 용도로 사용되는 것만은 탐탁지 않게 여겨, 2000년에는 게바라의 명성을 손상시킨다고 판단한 보드카 회사를 상대로 저작권 소송을 제기했다.

마틴 루터 킹 주니어
MARTIN LUTHER KING, JR.

시기	1929~1968
지역	미국
투쟁 대상	인종차별

마틴 루터 킹 주니어는 아메리칸사우스(American South, 미국의 남동부와 중부의 남쪽을 아우르는 넓은 지역-역주)에서 성장했다. 노예 제도가 종식된 지 수 세대가 지났지만 아메리칸사우스의 아프리카계 미국인들은 여전히 법률상의 이등 시민으로서 고등교육과 사업으로의 접근이 거부되고 있었으며, 투표에서도 커다란 장벽에 부딪혀야 했다. 이런 때에 등장한 킹은 고작 십 년 남짓한 기간에 그 누구보다도 시민권 향상에 크게 기여했다.

1929년에 애틀랜타에서 태어난 킹은 가장 인종차별이 심한 조지아 주에서 성장했다. 당시 조지아 주에는 짐 크로^{Jim Crow} 법이 적용되고 있어서 백인과 아프리카계 미국인들이 사용하는 시설을 분리해 운영하고 있었다. 이에 따라 다니는 학교도 달랐고, 식당이나 운동장의 좌석, 공원의 식수대, 수영장도 별

허먼 힐러(Herman Hiller)가 찍은
마틴 루터 킹 주니어의
자신감과 확신에 찬 얼굴. 1964년.

도로 구분되어 있었다. 킹은 아버지의 발자취를 좇아 실천적 행동주의자인 침례교 목사가 되었다. 역사적으로 흑인들만 다니던 무어하우스 칼리지를 졸업하고, 보스턴대학교에서 신학 박사 학위를 따서 박사 성직자가 된 것이다. 보스턴에서 코레타 스코트를 만나 결혼한 뒤 그는 아내의 고향인 앨라배마의 몽고메리로 이사했다.

1954년에 킹은 몽고메리 덱스터 애비뉴 침례교회의 주임 목사가 되었으며, 분리정책의 문제가 심각한 국면으로 접어들기 시작할 무렵에 남부로 돌아갔다. 그 해에 이 문제에 대해 큰 변곡점을 찍은 사건이 있었는데, 바로 '브라운 대 토피카 교육위원회 재판'의 대법원판결에서 '분리평등' 시설들이 분리만 할 뿐 평등하지 않다고 보고 분리정책에 반하는 판결이 내려진 일이었다.

비록 학교에 국한된 사안이기는 했지만 분리법이 헌법 수정안 14조에 위배되므로 위헌이라고 판단한 것이다. 남부의 당국자들은 계속해서 학교에서의 인종 통합을 막으려고 애썼지만, 이 판결은 성장하고 있던 시민권 운동 전반에서 분리정책에 도전할 수 있는 물꼬를 터 준 셈이 되었다.

더구나 가장 분리적인 주에 속했던 앨라배마는 벌써부터 시민권 투쟁에서 주요 격전지가 되어 있었다. 친 평등운동 측은 킹이 올바른 지도자로서 적격이라는 것을 알아차렸다.

IMAGE COURTESY OF LIBRARY OF CONGRESS

1955년의 몽고메리 버스 보이콧은 킹이 이끈 저항운동 중 최초로 두드러진 사례였다. 이 거부 운동이 성공함으로써 그가 채택한 비폭력 저항 방법이 성과를 거둘 수 있다는 사실이 증명되었다.

이 운동은 NAACP(미국 흑인 지위 향상 협회)의 회원인 로사 파크스가 1955년 12월 1일, 앉아 있던 자리를 백인 승객에게 내주고 뒤로 물러가라는 말을 듣지 않으면서 촉발된 운동이었다. 로사는 체포되어 벌금형을 받았으며, 그 지역 NAACP에서는 킹에게 도시 공공 운송수단의 보이콧을 이끌어 달라고 부탁했다. 킹은 아직 그곳 지역사회에서는 신참이었지만 이미 존재감을 나타내고 있었다.

킹은 도시의 모든 아프리카계 미국인들에게 분리 버스를 타지 말고 걸어 다니자고 호소했으며, 대부분이 보이콧에 동참했다. 보이콧의 지지자들은 이 일로 갖은 고초를 겪었다. 일터로 나가기 위해 몇 시간씩 걸어야 하는 것은 물론이고, 괴롭힘과 위협을 당하기도 했으며 심지어 공격을 당하기도 했다(킹의 집에서는 폭발물이 터졌다). 보이콧은 법정 투쟁을 병행하면서 3백81일 동안 계속되었고, 마침내 시 당국으로부터 공공 운송기관의 분리를 철폐한다는 동의를 받아냈다.

이 보이콧으로 킹은 전국적으로 유명한 인물이 되었다. 1957년, 킹은 남부 그리스도교 지도회의SCLC를 공동 창설하고, 수십 명의 종교 지도자와 시정(市

政) 지도자들을 가입시켜 남부 전역에서 비폭력 시위를 장려할 수 있게 했다. 킹은 인종차별 철폐를 위한 투쟁은 오로지 평화적 전술로만 해야 함을 분명히 했는데, 이것은 그가 개인적으로 모한다스 간디의 성공에서 강하게 영향을 받은 데다 그리스도교 자체의 평화적 교리 때문이기도 했다. 여기에, 미국의 대중들이 비폭력 운동을 지지하는 경향이 강하다고 느낀 그의 경험도 신념을 확고히 하는 역할을 했다.

SCLC는 남부를 돌며 시위와 행진, 투표 운동을 조직했으며, 킹 역시 전국 각지와 해외를 순회하며 시민권과 비폭력에 대해 연설했다. 또한 SCLC는 1960년에 북캘리포니아의 그린즈버러를 시작으로 흑인 학생들이 분리 식당의 백인 구역에 앉을 수 있게 하는 농성을 지원했는데, 이때도 수많은 괴롭힘과 폭력이 뒤따랐지만 결국 이들의 노력 덕분에 24곳의 식당이 분리 제도를 철폐했다. 물론 SCLC의 다양한 시위는 회원들의 체포로 끝나는 경우가 적지 않았는데(킹은 시민권 저항을 벌이는 동안 총 29회 체포되었다), 오히려 이런 적극적 실천주의에 감명을 받아 운동에 동참하는 사람들이 더 많아졌다.

• • • • • • •

1963년, 킹은 미국에서 가장 극심한 분리주의를 보인 앨라배마의 버밍엄에서 일련의 시위를 조직하는 데 앞장섰다. 시 당국은 킹의 방문에 앞서 미리 시위 금지 명령을 내려 계획되어 있던 시위를 불법으로 만들어 버렸다. 킹은 확고한 분리주의자인 유진 "불" 코너(Eugene "Bull" Connor, 황소처럼 고집이 세다는 의미의 별명을 붙인 이름-역주)가 경찰들을 이끌고 와서 폭력을 행사하기를 기다렸다.

아니나 다를까, 경찰들은 개를 풀고 고압 소방 호스를 동원해 평화적인 시위자들을 공격했다. 경찰의 폭력 장면이 뉴스로 나가자 오로지 동등한 대우만을 원할 뿐 쏟아지는 폭력에 전혀 대응하지 않는 평화적인 행렬은 일반 대중에게서 큰 감동을 이끌어냈으며, 뉴스를 접한 사람들마다 이들의 승리를 확인해 주었다. 킹은 또다시 체포 구금되었고, 이때 쓴 '버밍엄 감옥으로부터의 편지'는 평화적인 시민 불복종을 통해 정의롭지 못한 법을 위반하는 일이 왜 필요한지를 설명하여 미국인들에게 영향을 끼친 대표적인 공개서한으로 꼽힌다.

아마 킹의 역정에서 가장 유명하다고 할 수 있을 순간이 그로부터 몇 개월 후에 찾아왔다. 이날 그는 '직업과 자유를 위한 워싱턴 행진'을 주도하여 시민권 단체 연합을 이끌며 수십만 명의 시위대를 수도 워싱턴에 집결시켰다. 킹이 운동가로서 맞이했던 중요한 순간들 중 또 다른 정점, "나에게는 꿈이 있습니다 I Have a Dream"라는 연설이 시작되는 순간이었다. 1963년 8월 28일, 링컨 기념관의 계단에서 울려 퍼진 킹의 말들은 역사상 가장 유명한 연설 중 하나가 되었다. 평등이 실현되는 미래를 촉구한 이 연설에서 킹은 장차 아이들이 "피부색이 아니라 품성으로 평가되는" 나라의 비전을 펼쳐 보였다.

시민권 투쟁은 1964년에 린든 존슨 대통령이 상원에서 남부 의원들의 반대를 무릅쓰고 공민권법에 서명함으로써 전국적인 목표 하나를 달성하게 되었다. 이 법은 모든 주에서 인종과 성, 종교에서 비롯된 차별을 금지할 뿐 아니라 분리 또한 금지했다. 물론 법의 집행은 난관에 부딪히기도 하겠지만, 킹이 일생 동안 싸워온 남부의 분리정책이 마침내 법적으로 축출된 것이었다. 서른 다섯 살의 마틴 루터 킹 주니어는 1964년에 노벨 평화상을 받았다.

그 이듬해에 의회는 소수민족의 투표권 차별을 불법화한 투표권법^{Voting} ^{Rights Act}을 통과시켰다. SCLC가 뒷받침하여 일어난 앨라배마 셀마에서의 투표 운동에서 폭력 사태가 빚어졌고, 킹이 이 문제에 대한 관심을 고조시키기 위해 셀마에서 몽고메리까지 행진을 벌인 결과였다.

더 깊은 이야기

FBI에서는 에드거 후버의 지휘 아래 끊임없이 마틴 루터 킹 주니어를 감시했다.
1963년에 그의 집과 사무실, 그가 방문한 호텔 등에 도청 장치를 설치한 것을 시작으로,
그가 공산주의의 동조자라는 사실을 밝혀내려고 안간힘을 쓴 것이다(물론 성공하지 못했다).
뿐만 아니라 킹에게 익명의 위협을 여러 차례 보내기도 했는데,
그중에는 혼외정사에 대한 자세한 정황을 만들어 킹의 자살을 유도하거나
공개적인 스캔들에 시달리게 하려고 한 일도 있었다
(당연히 이런 전술들은 전혀 효과를 보지 못했다).
FBI는 1978년에 킹에 대한 수사 기록을 일부 공개했지만,
FBI가 그를 감시한 것에 대한 전체적이고 세부적인 내용을 알게 되기까지는 시간이
더 걸릴 예정이다. 법원에서 2027년까지 도청의 전체 사본을 봉인해 놓았기 때문이다.

킹은 시민권 운동에서 누구보다 눈부신 승리를 거둔 것으로 기억되지만, 그것이 다가 아니었다. 그는 시위를 조직하는 자신의 기법을 다른 중요한 대의에도 마찬가지로 적용했다. 베트남에서의 미국의 군사 작전에 반대하여 1967년, "베트남을 넘어Beyond Vietnam"라는 유명한 연설에서 자국의 평화와 해외에서의 평화가 지닌 의미를 연결하여 사람들을 감화시킨 것이 한 가지 예다. 이 일로 그동안 백악관과 맺어왔던 좋은 관계에 금이 갔지만, 그는 남은 생애 내내 전쟁 반대를 외치기를 멈추지 않았다. 그는 또한 빈곤 문제에 관심을 두고 가난한 사람들의 운동Poor People's Campaign을 조직하여 전국의 빈곤 퇴치 운동가들과 노동조합원들을 규합하고 함께 경제 정의를 위해 싸웠다.

1968년 4월 4일, 킹은 테네시 주 멤피스에서 어느 호텔의 발코니에 서 있다

국경일

킹은 미국에서 연방 공휴일로 지정하여 기념하는 몇 안 되는 인물에 속한다.
킹을 기리는 연방 공휴일을 제정하자는 의회 법안이 최초로 상정된 것은
1979년이었지만, 아슬아슬한 표 차이로 부결되었다.
몇 년 후인 1983년에 이 법안 통과에 서명한 대통령은 로널드 레이건이었다.
그는 처음에는 법안에 반대하다가 의회의 압도적인 지지에 밀렸다.
일부 개별 주에서는, 특히 남부에서는 킹의 날을 공휴일로 지정하는 데 더 오랜 시간이 걸렸다.
심지어 버지니아에서는 리-잭슨 데이와 합치기도 했다.
리-잭슨 데이는 남북전쟁 당시 남부 연합군의 장군이었던 로버트 리(Robert E. Lee)와
스톤월 잭슨(Stonewall Jackson)을 기리는 기념일이었는데도 말이다.
이런 관행은 2000년에 이르러서야 끝났으며 지금은 리-잭슨 데이를 금요일로,
킹의 날을 그다음 주 월요일로 정해 기념하고 있다.
같은 해에 사우스캐롤라이나가 끝까지 버티다가 킹의 날을 주 공휴일로 지정했다.

가 백인 우월주의자인 제임스 얼 레이가 쏜 총에 맞아 살해되었다. 그의 살해 소식이 전해지자 즉시 전국에서 소요가 일어났다. 킹이 멤피스를 방문한 것은 청소노동자들의 파업을 지원하기 위해서였는데, 사건이 일어나기 전날 그는 노동자들에게 한 연설에서 이런 말을 남겼다. "나는 여러분들과 함께 그곳에 가지 못할 수도 있을 겁니다. 그러나 오늘 밤 여러분들이 아셔야 할 것은, 우리가 하나님의 백성으로서 그 약속된 땅에 도착하게 될 것이라는 겁니다."